一目均衡表

ICHIMOKU KINKO HYO

黄怡中 著

企业管理出版社
ENTERPRISE MANAGEMENT PUBLISHING HOUSE

图书在版编目（CIP）数据

一目均衡表 / 黄怡中著 . —北京：企业管理出版社，2021.3

ISBN 978-7-5164-2337-0

Ⅰ . ①一… Ⅱ . ①黄… Ⅲ . ①金融交易 – 图表 Ⅳ . ① F830.92

中国版本图书馆 CIP 数据核字 (2021) 第 043320 号

本书简体中文版由作者本人授权

北京市版权局著作权合同登记号：01-2021-1382

书　　名：一目均衡表

作　　者：黄怡中

责任编辑：李坚　张楠

书　　号：ISBN 978-7-5164-2337-0

出版发行：企业管理出版社

地　　址：北京市海淀区紫竹院南路17号　　　**邮编：**100048

网　　址：http：//www.emph.cn

电　　话：编辑部（010）68414643　发行部（010）68701816

电子信箱：qiguan1961@163.com

印　　刷：北京明恒达印务有限公司

经　　销：新华书店

规　　格：170毫米×240毫米　16开本　18印张　220千字

版　　次：2021年3月第1版　2021年3月第1次印刷

定　　价：88.00元

站在巨人的肩膀上

且能把巨人的东西变成自己的

那么我相信

你的本事会不断地自我强化

——向价值投资学习　黄怡中

自　序

自2005年到郑州商品交易所讲解期权套利交易至今，我对大陆金融市场的经验已足足15个年头，而利用一目均衡表进行交易的经验也有二十几年，如今简体版要发行了，得要感谢北京三友诚品图书的李坚老师能给笔者出版机会，把《一目均衡表》介绍给A股市场投资人。期待本书能给投资人提供股票或期货市场交易中一种独特的交易技巧参考。我个人从学习并应用一目均衡表这套交易系统到目前为止，已经有25年的时间，应用的时间越长，越能对这个交易系统有所感触，好东西要与好朋友分享，这个过程自己也受益良多。

1994年初次接触一目均衡表(发明者：细田悟一，又名一目山人)，套句日文就是“珍纷汉纷”(Chin Pun Kan Pun—チンプンカンプン，意思是鸭子听雷，莫名其妙)，的确是“鸭子听雷”，只是没有莫名其妙就是。而有了应用挫败感后，进而才了解交易行为与价格行为到底是什么，也因此想要把一目均衡表正式介绍给A股市场投资人，当然在期货与期权市场它也是非常可用的交易系统。

对于只有兴趣赚取差价的人而言，交易就只有买进与卖出，但交易过程中赚钱与否，当然就要看投资人的能力而定。于是大多数人利用各种方法寻找价格的“喷出点”，其中最显著的是内线，好像有了内线就可以快速获利，但市场价格在“喷出”之前的征兆是什么？大家盲目追求快速获利的同时，最近几年却看到报道，自认为持有内线的投资人甚至是基金经理，最后还是赔钱，这是极为讽刺之事。**笔者认为价格“喷出点”的出现，应该由破坏均衡点那刻才会开始，也就是必须有滞后性的逻辑确认。**

一目均衡表最终是要得到一个简单结论，就是让投资人依据科学化的逻辑，懂得如何买进与如何卖出。但投资人在使用一目均衡表过程当中，却需要照顾到几个不同层面的问题，当然这些问题脱离不了投资人对于数字的兴趣，兴趣越高者越能够得心应手；除此之外，对赚钱有热情与远见的投资人也同样有许多帮助。笔者总结一下最佳投资人体质是，**不管投资人银行有多少存款，都觉得自己足够穷困，同时认为自己有一定聪明甚至有些智慧，而且对财富追求有强烈的想法，这样的投资人比较容易跨越失败。**所以笔者一直以来，都相信着一件重要的事情，就是自己能用多少视角看市场、看交易，那么，自己就有多少获利机会与增加财富的能力。笔者做得到，您应该更可以做到。

90 年前的交易系统，仍然有效。

20 世纪 30 年代一目山人发明了“一目均衡表”，一直到 1969 年对外公开，这时日本人才开始认识一目均衡表的使用方法，但一目山人生前对于日本人使用一目均衡表并不满意，认为有违他当初的想法。笔者倒认为这相当的正常，也显示了一目均衡表的可塑性与实用性，因为价格的行为模式有一定的规律，但每一个人所看到的、所感受到的情境却不一样，若要求人人都使用相同技巧、相同角度来看待市场，进而使用“它”去执行买卖行为，这无疑是错认了投资人的人性行为偏差有多大。

因此投资人所看到的一目均衡表的应用，实际上有一定程度是笔者多年来在股票、期货与期权市场上的应用心得，进而结合一目均衡表的原理，所呈现的分析与应用模式。这也符合笔者长期以来，一直强调的独立分析能力，当然笔者还是在本书中对一目山人的一目均衡表基本原理做了说明，并且把重点放在A股市场的应用上，让投资人不至于看不懂该用什么样的方式运用。当然，再次提醒投资人，不论是一般投资人还是机构投资者：

投资人不该忘记的是“价格”，它代表一切驱动交易获利的核心。

1981年全球第一台个人计算机上市，人类开始使用计算机计算更复杂的数据（价格），为的就是有更多的时间与空间进行数据的分析，但四十年后的今天，笔者发现大多数人对于数据的使用有些偏颇，例如过度相信财务工程的计算公式或过度依赖统计数据呈现结果，也就是以数据导向（模型导向）的企业管理，或是据此决定金融市场的买卖行为，这些无疑浪费了计算机的发明与功能，所有计算机科技与交易策略的产生与改变，都应该结合人性质量的提升。

也就是说，大数据势必成为未来的经济、商业、工程甚至政府政策制定的依据，**前提是人类运用了数据，而不是数据运用了人类，这个差异不知投资人能否理解？最明显的是抖音，目前已经是人工智能的最佳应用范例，笔者把抖音当作极快速的百科全书，如此利用抖音的AI功能才值得推荐。同时，国外TicTok已经有20亿日活用户，是中国市场的三倍多，其市场发展快速的原因在于符合人性的全面性需求，而且其功能扩张边界还有几倍机会，抖音在A股或港股上市值得期待。**

一双看得到的手与一双看不见的手，引导着投资人进入金融市场而备受人性考验与折磨，当人被自己的趋势误判蒙蔽之后，可想而知那会是怎样惨状，懊恼与后悔，但这一切都已无用。所以，思维上的“判断—

推断—果断”成熟模式比内线都来得重要，投资人必须随时进行决策，而你的决策是否正确更显重要，投资人必须遵循这个灵魂最深层所发出来的决策才行，因为那是你长期自我训练的结果。

不要违反你自己与价格之间的关系。

在计算机应用越来越能处理大量数据的时候，一目均衡表已经跃上计算机屏幕，我们可以轻而易举地在计算机里看到一目均衡表，不像当初一目山人为了画一目均衡表与K线图而常常劳累不已。目前全球在使用一目均衡表的投资人，除了日本市场最为兴盛之外，就属全球的外汇市场交易员，当然也包括中国外汇交易员，许多外汇交易员利用一目均衡表在进行交易。日本投资人不用说，他们是最熟悉不过了，因为日文的一目均衡表书籍相当多，但日本以外的市场对此就不一定那么清楚，这也是笔者希望把一目均衡表介绍给A股市场投资人的用意，一目均衡表在A股的运用也是极为有效。

不管如何，到底什么才是投资经理人的黑盒子——喷出点，笔者无此能力事先知道，但市场价格行为常常解释与呈现投资人现在的思维，笔者经常告诫自己要以学习态度看待市场价格变动，反而能够清楚地了解市场价格行为模式与行为心态，当市场波动性清晰可见的时候，投资人仓位操作就显得有自信一些，在进行最重要仓位调整的时候也相对有利，这种状态下，“交易”这个被许多人称为压力太大没兴趣做的工作，就被改观了，它会变成一种乐趣，它会由讨厌的工作，自然而然地变成每位投资人一生的事业。

巴菲特与索罗斯就是这种态势的投资人，笔者认为这是值得学习的事情。而相信投资人也可以了解巴菲特与索罗斯这种世界级投资人、交易员、投资经理，不会只懂得一种交易技巧，因此，笔者真心建议所有对交易有兴趣的人：

在战场上，不要只会用刀与剑，而是要懂得如何使用航空战舰打仗才好。

一目均衡表只是航空战舰里头的战斗工具之一而已。笔者也希望用一辈子的时间向巴菲特与索罗斯二位学习。当然也建议对于交易有兴趣的投资人们以此态度看待交易，它会是很好玩的事情。**譬如看到K线图就好像在听一首交响曲，看到一目均衡表就好像看到一波滚动的浪涛。**写这本书当然也是希望投资人能够因此而得到金融操作上的一些乐趣与利润，因为由一目均衡表可以看到市场的均衡或是不均衡现象，进而可以追踪或是发现“喷出点”的可能，借由这种趋势追踪模式买入该买的股票，卖出该卖的股票，在仓位调整过程中，获得最佳利益。

最后，本书以日本的一目均衡表为出发点，讨论股价波动的平衡破坏与趋势性，希望以此逻辑性的交易系统，让投资人可以从不同的角度来看投资人行为与价格行为的变化，从而发现喷出点的思维逻辑，应该如何由现状发现获利的机会。也由于这是来自日本的观念，笔者与同样在日本留学过的内人，对于一目均衡表的内容有些讨论，虽然她对于交易完全没有兴趣，但也给我许多非业界人士的意见，在此谢谢老婆孙国韵平日辛苦照料生活起居，更感谢上帝赐予的一切恩典！

黄怡中　2020年冬天

导　读

先简单说明本书各章节的内容概要。

第一章讲波浪理论与道琼斯理论要点，笔者认为重点应用是推动浪与调整浪的使用。

第二章介绍一目均衡表的画法。

第三章解释了云层的重要性，因为笔者在使用时发现，能把云层与股价之间的关系想清楚，对仓位管理上有很好的帮助。

第四章说明笔者在使用一目均衡表时的一些应用经验，尤其是对使用交易系统买卖点建议的理解。包含了重要的三役好转与三役逆转的交易方式。

第五章说明波动形态有哪些模式，这些内容的理解也有助于投资人理解一目均衡表与操作时机选择。

第六章讲了波动幅度，有些数字可以参考。据说一目山人也是参考了对称性逻辑而设计出来的一套应用方法。

第七章讲周期，这个是A股投资人最喜欢的吧！但是一目均衡表的周期表不大一样，它有黄金分割率的应用在里面，又不是纯粹的同比例叠加应用，据说是一目山人长年累月的经验得到的结果，笔者也觉得有些神奇。

第八章讲K线形态，例如三连阳、五连阳、九连阳等应用的例子。从趋势线走势来说，这些都是交易应用上的参考。

第九章讲了笔者在一目均衡表实际应用中的思考与经验，一目均衡表到底是保守日本人的交易模式，对于比较强调灵活应用的我们，需要一些不同的操作模式，在此一并介绍给大家。

第十章到第十四章，都是以A股市场中的例子作为操作案例的说明，意思是说，遇到不同的情境，笔者在使用一目均衡表进行交易时会如何操作，直接拿众多实例与投资人分享。

第十五章讲了很多有关交易上的建议，例如如何让交易系统化，作为一个成功的投资人应该具备什么条件，戴维斯双击与一目均衡表的应用等。还有三合一系统的应用，这是结合价值投资、数量分析与仓位管理的一套交易思维逻辑，确切地说是笔者给投资人的一套交易系统建议。

最后，还有给投资人练习的几个股票例子，当然之后也给出了笔者自己的答案，提供给投资人参考。

交易逻辑与条件

在一目均衡表系统中，确定性的进出场点如下。

三役好转买进讯号：

①转换线突破基线

②K线突破云层

③迟行线突破K线

三役逆转卖出讯号：

①转换线跌破基线

②K线跌破云层

③迟行线跌破K线

这是一目山人经过长期的追踪与应用经验，所创造出来的一目均衡表交易系统，被认为是属于科学性与经验逻辑性的综合体。什么是经验逻辑？一般我们说逻辑在于严密的推论与实证得到的结果，而且可以被放在各种情境下检验，并且得到一致的结果。

但笔者认为一目均衡表的经验逻辑性代表的，除了我们所谓的统计逻辑性，还有金融市场的交易逻辑性，而这个交易逻辑很可能是各说各话，不过，投资人可以不认同它，却也无法反驳它。在所有新型交易系统的发明上，都有这种现象，例如日本的K线理论、一目均衡表、陀螺线（趋势转折明确）；美国的波浪理论、道琼斯理论、动量理论、趋势理论、KD指标、MACD指标与DMI指标。还有其他如抛物线理论、圆形理论、X理论。

这么多交易系统，如何应用是见仁见智的，许多人喜欢绝对论，就是买进一定涨、卖出一定跌。然而，笔者比较愿意“相信”整个金融市场的买卖行为是属于“相对论”。那些认为技术指标无用论的，事实上他们没有能力利用数学公式与统计应用技巧，又或者他们没有能力建构一套由数学与统计、交易经验、市场行为逻辑组成的交易系统，连巴菲特年轻的时候都曾经使用过技术指标，虽然之后他放弃了，但巴菲特也没有否定过技术分析，只是不再使用而已。还有避险基金的交易策略，包含的数学公式，也就是一个又一个的技术指标，只是结合起来之后，变成非常复杂的交易系统，简单说，避险基金的交易系统涵盖的就是数学与统计的各种技巧而已。

一目均衡表就是这样的简化版交易系统，也让笔者在使用中领略到市场的有效性、有趣性与真实性。这样的经验令人有愉悦之感，但不会有痛快、爽快之感，因为一目均衡表非常需要耐心，因此笔者相信要在交易市场上赚钱，耐心是必备的能力，没有这个能力，其他的大概就不要谈了。

如何发现“喷出点”

本书是从发现“喷出点”出发的，但投资人不会看到笔者提出如何找到一只股票或是一种期货商品“喷出点”的最佳时机，最原始的理由是，“喷出点”的发现必然是在趋势追踪过程中产生的事后诸葛定论，如果市场真有事前“喷出点”，那么非属内线交易不可，笔者认为投资人应该可以认同这个观点。然而内线交易并非正途，也不是一个投资人应该有的思维与行为，因为笔者看过许多想靠着内线交易致富的人，最后都招致失败的命运。

因此，笔者企图以发现“喷出点”为目的，以一目均衡表为工具，让投资人了解，在发现“喷出点”的操作上，应该是由另一方面的思维开始，也就是一目均衡表所强调的均衡问题，当影响市场价格的多空双方势均力敌，表示目前市场并非上涨也非下跌，而是进行盘整格局，那么，这时的市场状态呈现的是盘整格局，这盘整格局可分为小幅度盘整与大幅度盘整，又可分为慢速盘整与快速盘整。

像这类的划分已经是高阶系统分析范畴，本书并不讨论。

透过一目均衡表这样的交易系统，投资人可以知道，什么是价格的平衡依据，日本人对于交易这件事情的思维是什么，对交易系统有研究的投资人也可以通过一目均衡表，看到日本市场的专业交易思维是什么。

一目均衡表有几个重要的逻辑，这在第一篇当中会有清楚的介绍与说明，同时把如何制作一目均衡表也交代得相当清楚，有兴趣自己画图的投资人可以自行绘制，当然，目前计算机功能强大，像一目均衡表可以轻松地画出来。透过一目均衡表对市场关系的呈现，所谓交易行为与价格行为，可以说已经相对清晰地展现在投资人面前，如果使用者无法真正了解一套交易系统的深层思维，那么就得不到使用的乐趣，更不用说因此得利。

波浪的诞生与争议

波浪理论是证券技术分析的主要理论之一，由艾略特提出。一目均衡表以波浪理论与道琼斯理论为基础科学，但谈论最多的应该是属于价格的波动性。一目均衡表对市场波动的认知，是建构在有循环性的特征之上，也就是说当市场没有波动性特征时，那么波浪理论也好，道琼斯理论也好，都会失效，平静无波的海面，是不会有震撼人心的景观可言。金融市场也是一样。

当价格在极小幅度下波动，失去它原有的波动性时，明显地，一目均衡表也会被认为失去意义。投资人并不喜欢小幅度的盘整格局，因为没有可观的差价可以赚；另外，不是非常看坏后势的人，会说这是“以盘待跌”的行情走势。然而，以一目均衡表的逻辑与应用来看，这就是不好吗？并不见得！因为市场存在一种至今仍然有效的循环性“盘久必喷、喷久必盘”，当市场价格盘整越久，应该是越可能获得巨大利润的时候。投资人需要的就是耐心而已，当然这也是很多人最难以控制的。

在国外做交易的人大概都听说过一个笑谈，当年艾略特炒股赔钱，心绪不定，走至海边看到浪打悬崖，原本只是纾解心中之痛，事情却出现极重大的改变。艾略特在思忖之际，无意识地从奔涌的海浪中悟出了股价起伏的规律，他认为月球引力造成的潮汐起伏可算最为自然之物，其中必然蕴含了丰富的自然、人性和社会组织的道理。艾略特在他出版的书中指出，这是他对证券行情走势波浪理论分析方法的思考源头。

波浪理论是股票技术分析方法中争议较大的一种。由于允许数个层次波形的出现，因此对于同一波行情，通常会有几种数浪方法的争论。有些观点认为，波浪理论通常是在行情发生后，反观波浪的形状时，方能看清所经历的究竟是何种类型的行情，但在事先判断的方面略显不足。对该理论的争议之处也衍生出技术分析的新方法。

笔者却认为这是必然的，如果事先可以知道波浪的形状，那么事实上不会有波浪理论或是道琼斯理论，更不会有证券、期货等经纪商的存在，因为那样的话在市场上赚钱效率更高，经纪商老板也不用雇人，不用花心思管理人。

所以，一目均衡表不全然以波浪理论与道琼斯理论为重要基础，笔者认为它可以说是从这两者衍生出来的另一种形式的交易系统，因为一目均衡表的基本理论并不难了解，只是它所想表达的交易应用精神，令人较难在短时间内意会出来，到最后变成各说各话，这也是一目山人在生前觉得一般人并不了解一目均衡表的原因。笔者在自序中提到，正因为如此方才显出一目均衡表的可塑性与实用性。

一目均衡表导读：一个插曲

2015年初在微博上网友Kevin提出有关“时间、波动与幅度”三论的问题，我做了比较完整的回答，也是在推广一目均衡表过程中的一段小插曲。

读者疑问：黄老师，您好，我通过淘宝从中国台湾买到了您的这本书，等待两个月时间，现在终于拿到手中，正在学习。但是个人看到，书中内容，注重了转换线、基准线、云层对价格的支撑压力，以及迟行线的过度乖离，因为我看到日本一些资料中重点放在介绍时间论、波动论及值幅论的理论与应用结合，比如，时间论变化日的重拟、隔拟、值幅论的计算，及几种波动的具体划分原则等举例应用，而您这里对三论只是做了简要介绍，在后面的举例中也未有结合三论的应用。不知是否侧重点不同，或是我未能理解您的初衷？另您提及一目均衡表的核心是平衡，那么我们如何界定平衡被破坏，书中好像未有答案，比如是否可以认为，时间论中的基本变化日到达时的左右几天就是平衡即将被破坏的时机，或是值幅到达计算值区间时平衡即将破坏。当然我说的不是一个具体的数字，而是一个大概的思路，希望得到您的指教。

笔者的回答如下：

1. 第一，日本从2015年至今，仍然由三世细田哲生讲解一目均衡表，其说明结构维持了一目理论在日本市场上的应用，没有跳脱日本人超长期持有股票的操盘习性，因此你会看到着重在三论说明，其实例也是为了说明三论而找到的例子，这也不能说不好，只能说那是为了打造一个让日本人看得懂、可以接受的模式而设定的。第二，三论在操盘实务上的应用，除非是长期持有股票，在加仓、减仓上可以帮到忙，若是在我们华人世界，尤其是中国台湾或是上海股票市场，仅仅使用三论进行操盘，至少现阶段我认为不适合。第三，其适用对象应该是使用大资金的机构法人，一般散户的操作模式必须加以调整，才会适用我写的中文版《一目均衡表》，事实上，就算是机构法人的一目模式也要再调整。当然，一目均衡表的根基是不变的，是有意义的。

2. 所谓的“三论”指的是时间移动论、波动形态论与幅度测试论，到目前为止我看到三世他所解说的日元、日经225指数的走势分析，仍维持在三论的“左侧交易”说明，极少提到操盘上的应用经验，更没有进入我们真正需要“右侧交易”的“应用逻辑解说”。也就是说，在媒体、杂志、YouTube上发表的，只是针对过去已经发生的事实进行说明，这对学习者仅有提示意义；对于实际操盘上，我个人认为自己不用再赘言说明。

3. 就像Kevin您可以在网络上看到许多中文的一目均衡表理论介绍，不论中文说明内容有何对与错、要义的精确性程度如何，或是网络中文解说有无真正传达细田悟一的交易精神，个人就姑且不谈，学习者自会判断。个人在《一目均衡表》书中想要传达的是使用经验分享，意思是说，利用一目均衡表作为交易系统，个人认为有用的东西，都在书中详细进行说明，尤其是实例的部分，都是为了让投资人领会我的实务应用逻辑与经验，比如说，书中提到的操盘应用与配套策略，这是一整套的交易系统，但也需要投资人多多思考才行，当然，碍于篇幅页数的限制，或有不尽详细之处，这点请您海涵。

4. 三论当中，个人认为时间移动受到波浪理论的影响还在转圈圈，这部分因人而异，每个人的注重面向不同，没有好坏之分，只能说我个人耗费十几年的时间在波浪理论上，已经不会再花时间去数波论浪了。另外波动形态与幅度测定二者比较有意思，在实务上，值得深思熟虑其应用逻辑，并加入加减仓的应用，建议您多思考。

5. 时间移动论的起始点认定，是最不可思议的！如同波浪理论的三五波，在第一波的起点价位没有抓对时，后面的波形就全错了，还要消耗更多时间去重新计算一遍，OK，又再做一次了，但又可能是有严重误差的结果，之后，还要再花一样的时间去数波论浪。因此，结合“三论”的结果就是在转圈圈，掉进波浪理论的计算回圈，就算是计算对了，结果也已经出台了，一切成为定数，对于建仓、加仓、减仓的实际需求没有及时性的帮助。所以，“三论”在我的书中没有详细说明的位置。

6. 另外，有关平衡破坏部分。平衡破坏的结果是“追踪而得”的，不是在第一时间就可以使用什么理由认定，未来一定会上涨或是下跌。如同 2015 年 1 月 23 日的上证指数一样，维持了三役好转的上升格局，但也出现乖离扩大的危险。乖离的正向、负向过大都是不能忽视的风险，波动形态幅度测试的结论，就是在找到现时点的乖离大小，并确认此幅度是否过大，进而在实际的加减仓位（股票股数调整、期货手数调整）之上产生有效的建议作用。

7. 在我的博文目录中，2014 年 7 月 24 日提到，三役好转的机会，那是一个“多方平衡破坏”的时间点，在当时，我的说明是：形成三役好转格局了，接下来只有“底部垫高格局”可以显示多方的攻击能力，反之，仓位调整是必要的策略。上证指数走势持续在①一底比一底来得高；②涨得多、跌得少的多头排列；③或者你也可以说是上涨是推动浪、下跌是调整浪等等模式下，那么，这多头走势将是持有多单操盘人的财富重新分配的好时机。

何谓三役好转？第 1 役：迟行线要大于相对应的 K 线。第 2 役：转换线要大于基准线。第 3 役：当日收盘价要站在云层之上。

以上说明，希望有所帮助。

希望这个插曲让一目均衡表各个章节的重点更加清晰一些。

/目录/CONTENTS

第一篇　一目均衡表基本篇

第二篇　一目均衡表应用篇

第一篇

一目均衡表基本篇

前　言

一目均衡表、国际舞台与A股机会

距离笔者出版第一本书《交易，简单最好》已有 17 年，这期间陆续出版几本书，而在 2013 年于台北出版《一目均衡表》，至今已经有 7 年，而笔者使用日本的一目均衡表进行交易也进入第 26 个年头。有趣的是，最近十年国际上，包括日本、美国、亚洲、欧洲与中国台湾、中国大陆，投资人对于一目均衡表的应用已经出现承前启后效果，更有许多专业投资人早一步开始注意一目均衡表的应用效益，在美国市场也出现几本有关一目均衡表的书籍，可见国际市场关心程度。在国内市场笔者的微博上，有一些朋友希望笔者以 A 股市场股票为标的，把一目均衡表介绍给内地投资人，这是一件好事，同时也感谢老朋友方正证券徐华康的介绍，让本书能与投资人见面，在此表示感谢。

21 世纪的今天，一目均衡表已经成为一项全球金融市场具备独特性且重要性的交易系统之一，笔者相信这是近 90 年前，当时的设计者细田悟一所没有想到的。笔者相信一目均衡表必然可以媲美其他许多投资人所熟知的交易技术分析，不，应该说是交易系统，因为一目均衡表结合了道琼斯理论、费波南西系数、黄金分割率等交易理论的优点，构成了足够让操盘人综合应用的交易系统。

资料一　日本以DVD形式介绍一目均衡表

我们再从所列资料一与资料二观察，日本金融市场对于一目均衡表的推广也越来越广泛，从书籍出版、广播放送到业界人士的演讲，一目均衡表通过专业人士的使用，已经开始让一般投资人感到强烈需求，虽然不讳言一目均衡表还是让投资人觉得不容易学习，但笔者认为这不是问题更不是障碍，所谓好东西不会因为别人的不学习而失去它的意义，或是丧失它的功能，加上在大陆市场中投资人的认真学习能力很强，笔者相信这个交易系统对投资人的正面影响是巨大的。

当然，一目均衡表的问题是使用者必须花较长时间学习，而优点是投资人理解越多，就越能在股票市场得心应手，对投资人的操盘系统建构而言，一目均衡表是一套不可多得的好物，因为投资人只要花时间学习，那么理财这件事会变成一项快乐的事业。

一目均衡表の研究 佐々木英信 (単行本 - 1996/11/30)
新品: ¥ 3,670
24 中古品 ¥ 2,258より
21時間 以内に「お急ぎ便」でご注文いただくと、2012/7/12 木曜日 までにお届けします・
4点在庫あり・ご注文はお早めに・
(28)
通常配送無料

ＦＸ　一目均衡表ベーシックマスターブック 福永 博之 (単行本 (ソフトカバー)) - 2012/2
新品: ¥ 2,940
6 中古品 ¥ 2,299より
15時間 以内に「お急ぎ便」でご注文いただくと、2012/7/11 水曜日 までにお届けします・
16点在庫あり・ご注文はお早めに・
(2)
通常配送無料
目次より: "... はじめに 一目均衡表はプラモデルの ように 組み立てる」ことで 細部までしっかり理解できる! ..." ランダ

一目均衡表の原理 (現代の錬金術師シリーズ) 三世一目山人 (大型本 - 2010/8/5)
新品: ¥ 8,925
5 中古品 ¥ 7,500より
15時間 以内に「お急ぎ便」でご注文いただくと、2012/7/11 水曜日 までにお届けします・
1点在庫あり・ご注文はお早めに・
(2)
通常配送無料
より: "... 日本の伝統に則った罫線手法 一目均衡表の正しい使い方と ..." ランダムにページを表示する この本に

「雲と線」私だけの株・ＦＸ教科書 秋津　学 (単行本 - 2012/3/1)
新品: ¥ 1,899
3 中古品 ¥ 1,394より
15時間 以内に「お急ぎ便」でご注文いただくと、2012/7/11 水曜日 までにお届けします・
7点在庫あり・ご注文はお早めに・
通常配送無料
前付より: "... まえがき「一目均衡表」は、非常に難しい方法な ..." ランダムにページを表示する この本に

一目均衡表の基本から実践まで (よくわかる!シリーズ) 川口 一晃 (単行本 - 2005/12/20)
新品: ¥ 3,990
7 中古品 ¥ 2,002より
21時間 以内に「お急ぎ便」でご注文いただくと、2012/7/12 木曜日 までにお届けします・
2点在庫あり・ご注文はお早めに・

资料二　日本许多书籍介绍一目均衡表的应用

资料来源：日本amazon、淳久堂网站

以笔者学习与使用一目均衡表 25 年（1994~）的经验来说，一目均衡表的整套交易系统涉及多个交易逻辑与原理，是一套相当专业的交易模型。虽然一般投资人不能很快上手，但经过些许时日的努力，必然可

以理解其大成精华；如果是专业投资人、专业操盘人，通过自己的经验，必然可以学得其精华，进而提升自己的操盘实力。

此外，在日本 Amazon 销售的《**一目均衡表の原理**》是细田悟一作者嫡孙细田哲生先生撰写的有关一目均衡表的应用说明书，也是细田哲生从 1995 年之后对一目均衡表的研究心得，同样值得懂日文的投资人买来研究参考。笔者理解对投资有兴趣又能熟读日文的投资人不多，这种状况也是笔者不断撰写有关一目均衡表书籍很重要的一个原因。对投资人而言，好东西就值得学习，而一目均衡表也值得笔者花时间与心思不断推广。

原创者孙子细田哲生在日本大学理工学部毕业后，进入经济变动总研（细田家族所设立）服务，并在日本最大信息平台 QUICK 与日本经济新闻上发表一目均衡表应用文章，受到相当欢迎。这正说明一目均衡表在乍看之下，似乎显得复杂而难学，但其交易逻辑绝对值得投资人在提升自我操盘技巧的进阶学习上借鉴并运用。

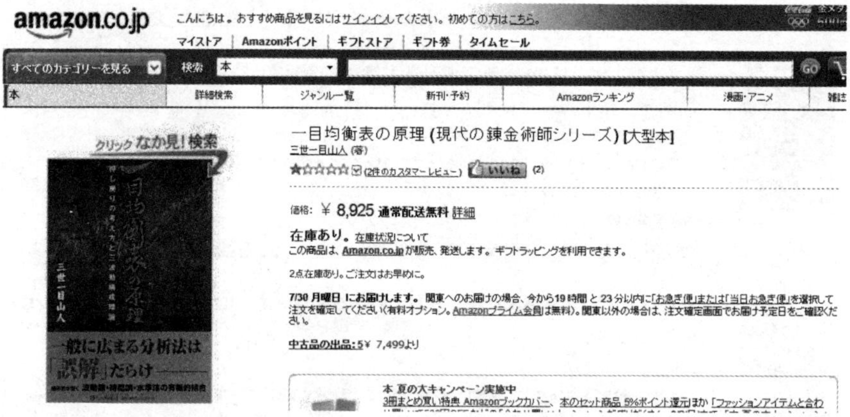

资料三　一目均衡表的原理

当然日本市场无疑是一目均衡表的大本营，也是目前使用一目均衡最多的金融市场。2013 年 1 月份的时候，笔者发现，从 Google 上搜寻到的有关一目均衡表的中文、英文与日文相关新闻、YouTube 影片、网络文章等在不断增加当中，路透社新闻也常常引用一目均衡表的分析模式，这进一步说明不论在日本还是欧美国家已经出现一股风潮。为了理解一目均衡表的特殊性，许多投资人与操盘人在讨论有关一目均衡表的内涵，笔者从其文章数据可以想象，欧美国家已经渐渐出现对一目均衡表的研究热潮。在大陆市场笔者也发现，在微博、微信、外汇等诸多平台都可以找到一目均衡表的踪迹，这表示中国市场有能力不断吸收外部优异交易系统，也不断地在强化自己的交易逻辑。

日本经济新闻网站

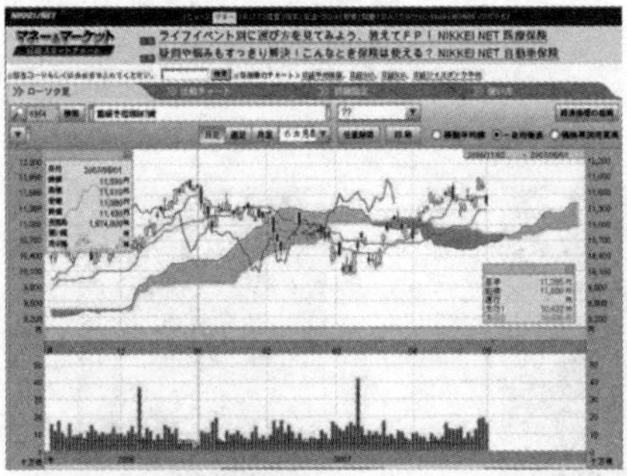

Barclay Capital Report

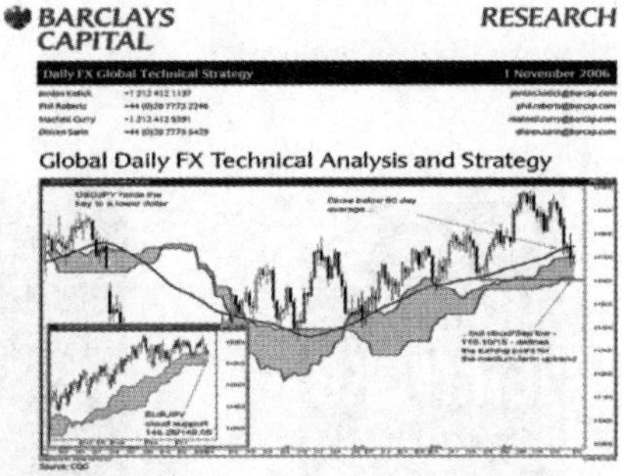

元大宝来 Easy Win

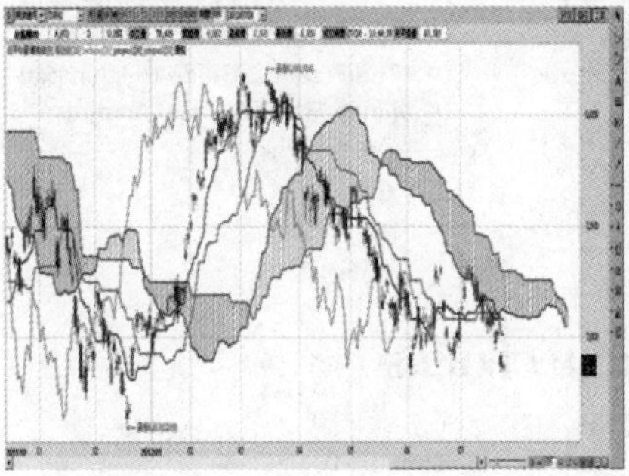

日盛 HTS

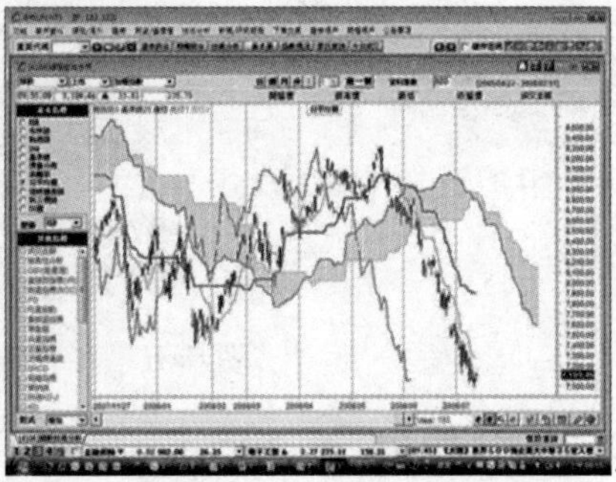

资料四　全球使用一目均衡表的情况

另外，国际信息平台路透社（Reuters）的技术分析、Trade Station、Multi Chart、MT4 交易软件，大陆市场的万得（Wind）平台、飞狐、通达信与其他程序编写软件，也可以看到一目均衡表或是自行设计程序使用，其他外汇交易平台如 FXCM 更是让一目均衡表的应用有了更高层次的表现机会，非常建议投资人下载使用，尤其是 FXCM 不仅把一目均衡表纳入主要外汇交易工作，更把平均 K 线放在工具箱当中，想要在一目均衡表进阶上有研究的投资人可以在 FXCM 找到答案。

欧美国家研究一目均衡表的书籍当中，最具特殊性的英文版作者 Manesh Patel 是一位美国期货基金经理人（CTA Fund Manager），就内容来说，他对一目均衡表也有一定程度的认识，只是可能在语言的隔阂下，没有那么深入地介绍一目均衡表深层内涵，也或许他只想以入门书的方式介绍一目均衡表给欧美投资人。但是就他自己而言，他以一目均衡表来做期货交易，获得不错成果，因此大力推荐一目均衡表的应用，也算是一个相当不错的印证。

资料五　ICHIMOKU CLOUDS

资料来源：美国amazon网站

其他的如 Nicole Elliot 先生的 *Ichimoku Charts: An Introduction to Ichimoku Kinko Clouds*，还有 Karen Peloille 先生的 *Trading with Ichimoku: A Practical Guide to Low-Risk Ichimoku Strategies* 也是以自己的经验，介绍一目均衡表的应用方式，这与本书的宗旨也是一样的。Karen 那本书在 2017 年 7 月出版，算是比较新的，至于每本书的优劣，常常会见仁见智而自圆其说，这不是笔者能解释的部分，就依靠投资人自己领会了。

金融，不应该被视为赌场！进入赌场，最不该做的，就是成为一名赌徒。另一方面，我们先不论一目均衡表可以得到多少人的认同，因为

那是没完没了的数字游戏，重点是投资人是否因为使用一目均衡表的功能而获利，或者是改变了对股票市场是个赌场、投资股票只会赔钱的刻板印象？笔者非常关心投资人建立起自身的交易系统，因为只有那样，才能避免投资失败。

对于有效的投资工具，笔者长年使用的经验说明一件事情，就是**正确的事物不会因为时间久远而减弱其真实性、恒久性与有效性**，一般人常常意识不到这个道理是真的，但我们醒悟时，却已经不再需要它了，因为需求已经不存在。这件事情让笔者常感唏嘘，也了解到投资人理财有多么不容易。**我们的自大与傲慢到底害我们赔了多少钱，恐怕也是算不清楚的。**

不过笔者还是相信，上一代的经验必然会传承到下一代，除非一目均衡表不是股票、期货与期权市场上操作的好工具（交易系统）而被淘汰，不然它一定会如同持续被全球投资人喜爱与使用的移动平均线、KD、MACD、布林通道等技术指标一样受到投资人喜爱。

近十年来，就笔者了解，一目均衡表设计者细田悟一先生的孙子细田哲生先生从 2012 年开始在加足马力推广一目均衡表，也不断地举办演讲并到各媒体去讲述他爷爷所设计的一目均衡表到底在表达什么，如何才能真正使用一目均衡表在金融市场获利。虽然细田哲生所讲述的方式有一些拘谨，但这也是日本人的民族性所致，倒是无可厚非。而他所表达的内容则是几近原汁原味的一目均衡表，值得我们多听多学。

当然，本书的目的并不只是让所有看得懂中文的投资人应用一目均衡表，更重要的是笔者期待，透过一目均衡表可以让投资人不再以无厘头的方式在金融商品上耗尽财产，更不会被所谓的市场主力玩弄，而导致失去生活自由。笔者相信，投资与投机不是一刀两断、善恶分别的修炼场，如何应用，如何做出绩效，如何让所做的事情对别人有益，而不是只满足自己的私欲，那才是最重要的。祈愿所有正处在亏钱失败当中的投资人，不要被自己打败，找出金融操作的核心，学习灵活应用交易技术、模型，加上高度的耐心，一定可以找出适合自己的投资模式，藉此而能享受到真正的有意义的财务自由，不似部分已经财富自由者玩物丧志的生活。

财富自由包含时间度与生存度的相对自由，否则就是伪自由。

因此，财富自由是不够的，财务自由更好；

然而，财务自由还是不够的，因为时间自由更佳；

可是，时间自由是不够的，精神自由才是最好的。

中国：成为国际金融中心态势明显

本书包含了笔者在一目均衡表的许多应用经验，这些都是花费许多金钱与时间得到的经验，过去二十几年笔者已经得到补偿，进而建构属于笔者自己更有效的交易系统，笔者已经相当满足。这样的满足感已经不是金钱数字可以比拟，笔者相信生命的价值绝对超越金钱的价值，所以真的希望透过《一目均衡表》这本书，让投资人了解一个完整交易系统的好处，虽然它只是笔者多套交易系统中的一套而已，但仍希望与大家分享这样的喜悦，至于投资人能否有效使用，就要看投资人的意愿与努力理解后的驾驭程度。

让我们一起找寻不只是国内，还有国外股票、期货与期权等市场的获利机会，而不是让北向资金的那些外资交易员在两岸的金融市场，不断挖走我们每个月辛苦工作赚来的钱。

由于中国内地的现货物资需求占全球的比率越来越大，中国未来将有机会成为全球商品市场的重要成员，甚至是领导者，中国成为国际金融中心或许指日可待。目前中国与全球市场正在有序接轨，包括中国经济市场开放中，“一带一路”倡议、外资进入金融市场、债券更高市场化制度设计、人民币国际化进程，最重要的是股票市场科创板的上市，把A股市场提了一个档次，未来国家在科技板块上被卡脖子的情况将会慢慢得到改善，在全新产业上甚至可能弯道超车，全球金融中心时代何时到来，就看国人的努力结果。

未来，投资人将从科创板中得到许多投资机会，那么更加重要的是，投资人自身必须要建构具有可长期操作性的交易系统，**有扎实的交易经验，就能健全投资人自身的市场获利能力**，未来的路途或许还很长，只有熟练掌握交易核心技能，我们的路才能走得稳当。

第一章　一目均衡表的背景

一目均衡表的涵义

一目均衡表在日本已经是应用相当普遍的技术分析系统，笔者要强调的是，它是一套不同于技术指标的交易系统，不是单纯的KDJ或是MACD指标，这是很多投资人对一目均衡表的误解，虽然它们可以在系统架构上互相置换。另外，在日本各类型金融理财网站都可以看到一目均衡表的踪影，包括前面提到的日本有名的日本经济新闻网站，日本经济新闻是日本财经方面的指标性报纸，一目均衡表能在其网站上出现，表示日本金融市场认同这样的量化交易系统，并且多数大众已经开始使用一目均衡表。

“一目均衡表”是由日本人细田悟一（又名一目山人）在1935年左右设计而成，并刊登于《都新闻社》，取名**新东转换线**。一目均衡表原为日文说法，但由于日本文字与中文的相通性颇高，所以就算是以中文来理解一目均衡表涵义也是绰绰有余。**这套系统的交易逻辑重点在于“均衡”两个字，无论投资人如何解读或是理解一目均衡表所代表的意义，都离不开市场目前“价格均衡点在哪里”这个焦点；所以各位投资人已经可以用一种几乎是不可能改变的核心思想，即利用“均衡或不均衡”的观念来看待一切价格的变化，如果偏离了核心又该如何，建仓、加仓、减仓、平仓模式，是永远要思考的问题。**

一目山人也像艾略特发明波浪理论一般，非常强调系统使用上交易面的艺术性。相信波浪理论的投资人主观地认为波浪理论是一种交易艺术而不是单纯的技术分析工具。一目均衡表也有同样的现象，它是可以让投资人发挥想象力的一种交易系统，或说是科学化的逻辑性系统，**笔者偏向认为一目均衡表同时具备金融交易上的艺术性与科学性**。

一套交易系统的可贵之处在于其灵活性与交易逻辑的一致性，同样的观念下，可以衍生出各种不同的交易思维与战略，尤其是战略部分最为可贵，这也是市场赢家的黑盒子，而且不同赢家会持有不同的黑盒子。笔者一直以来所提出的逻辑交易并不是表示把买卖逻辑程序化就可以说一定会赚钱。所谓的交易逻辑指的是买卖准则，这个准则不能今天一种（价格波动），明天又是另一种（成交量或其他因子）。因此，本书仅对于一目均衡表这套系统，提出笔者个人的应用经验说明，也算是对于原作者一目山人的一种敬意。

多年来笔者有一个领悟，当与好朋友分享好东西时，不能有要求回馈的期待，能够有机会分享出来就应该感谢上帝恩待，因为**能够给予分享是一种能力，但接受升华更是一种不同凡响的智慧**，因此笔者也仅期待一目均衡表能够在投资人之间开花结果，因为它实在是一套相当有意思而且好用的交易逻辑，夸张一点来说，它不输给美国人发明的海龟交易系统。

而且日本文化大多沿自中国唐代文化之下，在如此接近的思维当中，笔者相信有许多投资人，以他们的聪明智慧，应该可以再创造出比一目均衡表实用性更高的逻辑，发扬光大一目均衡表的效益性，让一目山人的辛苦研究加惠投资人，同时也能展现一目山人研究成果的时代意义。当然，笔者也不会一直闲着，如何提升或是改变一目均衡表的实用性，使其更加简易有效，也是笔者过去二十几年花许多心血，从实际基金管理与实盘交易当中研发的部分，近年来也有具体的效果，目前2021年，笔者还有幸乐在其中。

笔者再次强调，一目均衡表主要涵义在“均衡”跟“表”。我们必须先解释“表”的意思，所谓的表，就是可以显示多重、多种数据所结合而成的结果。“均衡”是平衡的意思，显示价格在目前位置是平衡状态、偏多状态，还是偏空状态，甚至目前价格偏离轨道的程度如何。在一目均衡表原文当中有提到乖离，但重视程度不高，但是以笔者的经验来说，价格与系统之间的偏离（乖离、背离）关系是相当重要的。

用简单的话解释一目均衡表，就是同时利用各种角度（过去、现在、未来、时间、幅度、波动等等）来观察价格的平衡性，以了解目前市场价格的现状。更简单地说，一目均衡表从各种角度寻求价格平衡点，这是2007年版本为何没有使用一目均衡表这个名称的主要原因。而本书书名则直接使用一目均衡表的原因，在于全球交易市场已经更加熟悉一目均衡表，不论是英文、中文（繁体、简体）还是日文网站，都在不断出现新文章介绍一目均衡表，新版书籍就更不用说了。就笔者的经验，了解市场现状之后，才可以提出适合当前市场环境的交易策略，让投资人仓位达到“进可攻、退可守”的状态，进而在风险与利润之间创造财富的最佳效果。在A股市场，1995年是第一次，2007年是第二次，2014年是第三次，笔者相信2019年开始是第四次，也是自中国改革开放以来，足以改变人生命运的第八次机会。当然笔者不是鼓励投资人辞掉工作，而是如何在目前工作的基础上，做出更好的财富增长操作。真心希望投资人能够学到一目均衡表的交易精神，甚至融入更加适合我们自己的思维，以提升一目均衡表对投资人的功用。

一目均衡表经由一目山人设计之后，经过几近40年的使用，在1969年才公开于世，其后20年才在日本流行起来，20世纪90年代后期欧美外汇市场才出现投资人开始使用一目均衡表，但受制于语言上的问题，投资人们也未能真正使用得得心应手。笔者认为这是文化上的根本差异，加上有些投资人赌徒心态，这种需要用心学习的东西比较不能吸引他们。

就一目山人的说法，世人喜欢将交易市场模型化这件事情是有问题的，也是困难的。因为一目山人从不将市场变化当作单一公式化的解释。对此，笔者认为从交易逻辑化、艺术化的层面来说，一目均衡表几乎可以说是建立在基本分析与技术分析之上的交易系统，甚至可以说包含了基本分析与技术分析，才有了一目均衡表这样的交易系统。如图1-1A与图1-1B。

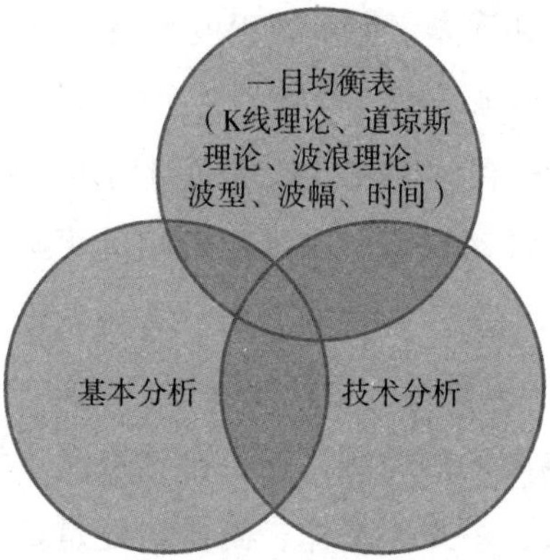

图1-1A　一目均衡表与一般分析方式的关系

本书并不想讨论基本分析结合一目均衡表的应用模式，因为基本分析应该是属于价值投资与资产配置投资人的应用方式，尤其是大资金投资经理人在资产管理上，肯定要结合基本面与一目均衡表。但同时一目山人对基本分析应用并没有任何的着墨，所以笔者希望把一目均衡表的应用焦点放在一般投资人范畴，单纯地从价格波动与心理分析来说明一目均衡表应用在交易上的好处，尽可能讨论它对投资人的影响。

图 1–1B 可能是部分投资人第一次看到的图形，心里可能会想，怎么有这样复杂的图形，根本看不懂！如同前面笔者所言，一目均衡表看似复杂，其实它只强调价格平衡点的概念，看似有许多参数需要思考但却是整体交易系统的枝节而已，统合起来之后，投资人会发现原来一目均衡表是如此的易懂好用。

投资人读懂平衡点之后，将会源源不断地探索出具有灵活性的交易策略，这是投资人在追寻如何操作仓位加减码的答案之一。为什么说是之一，而不是唯一，因为笔者相信还是有其他的技术指标或是交易系统能达到相同的效果，从交易系统开发的角度来说，我们都不能限制市场变化，甚而窄化金融市场的可塑性。

图1-1B 上证指数一目均衡表（2019.04.17）

资料来源：华尔街见闻

图 1–1B 所呈现的一目均衡表内容包括：

①转换线

②基准线

③迟行线

④先行线 1

⑤先行线 2

⑥云层（上升云层 = 支撑；下降云层 = 压力）

一般在使用上应该还包括下列配套策略思维：

①波动模式（波动论）

②波动幅度（波动论）

③时间转折（时间论）

④ K 线型态（笔者经验，K 线近年被平均 K 线所取代）

本书将一一介绍这些看似熟悉又陌生的名词，代表一目均衡表的这种思维逻辑，不同于全球投资人的交易模式。

K 线与波浪理论都是大型技术分析理论，可以说已经成为一个独立体系，时间论与波动论两者可以说是循环理论的主轴，只是常常被拆开使用，算是较为可惜的。

所以就笔者经验而言，尤其是思考型投资人可以更容易地融入一目均衡表中所提倡的交易精神。当然，这并不意味着，拥有复杂的思维逻辑能力，才能懂得一目均衡表的运用，而是一目均衡表的运用精神对于思考型的投资人比较有利罢了。而最后，还是要找出市场目前真正的平衡点，掌握平衡点要素，进而以最有利方式进行进场与出场操作。

一目山人曾说，一目均衡表是结合东方与西方交易哲学的一种交易、投资理念，主要是利用日本的K线理论，并结合美国的波浪理论、道琼斯理论等循环理论而成。

K线理论是一门相当实用的价格分析体系，简单而深远，由于K线理论本身已经被许多人所叙述与推演，能讲的都被讲完了，剩下的部分要么是没有人愿意讲，要不就是要讲也是一部天书。笔者倒是认为K线理论的实用性，投资人必须一天又一天地去使用，才能了解其中的奥妙，也才能练就一身化繁为简的功力。有趣的是，近年来平均K线出现后就体现出这样的效果。

笔者曾试图整理出K线理论的用法，并专门写本书出版，但最后放弃的原因，是K线理论可以简单到用一个价位解释，也可以复杂到用K线数计算趋势循环、连续性与不连续性型态强弱、不同K线的相对位置……笔者想应该没有人会花大量的时间去阅读一本，甚至是一套到最后可能看不懂的天书，而且那只是别人的经验而已，**想要复制别人的经验而从市场获利，是一件相当可怕的事情，**等于是拿自己的钱开玩笑。

此外，由于有关波浪理论的书籍相当多，在市场上交易多年的人对此也大多有所了解，但考虑到刚认识市场的投资人，或是不懂波浪理论的投资人，以下仅针对波浪理论主要精神做一说明，也算是投资人了解一目均衡表之前的温习工作，至于对波浪理论有一定程度了解的投资人，可以省略不看。K线应用部分会在本书后面提到一目均衡表时简要说明。

艾略特波浪理论

艾略特波浪理论由瑞福·尼森·艾略特（Ralph Nelson Elliott）所创造出来，上升五波与下降三波是波浪理论的基础。波浪理论认为：价格，尤其是股票市场的发展，遵循着上升五浪以及下跌三浪的基本型态，从而形成包含八浪的完整周期。前面五浪所组成的波浪是市场运行的主要方向，而后面三浪所组成的波浪是次要方向，如图 1–2 所示。

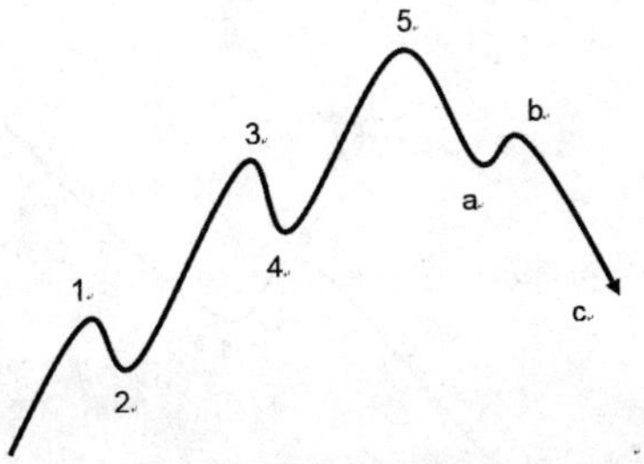

图1-2　波浪理论价格波动的基本结构

图 1–2 中的第 1 浪、第 3 浪和第 5 浪称为推动浪，第 2 浪和第 4 浪则称为修正浪。经过第 1 浪至第 5 浪推动之后，又会受到 a、b、c 三浪的修正。在这个完整的八浪周期结束之后，随之而来的是第二个类似的周期变动，如此不断地重复。这样，较小级别的波浪总是包含在较大的波浪中，或者说，波浪理论认为，任一序列中，任一级次的浪，均可被细分以及再细分为较小级次的浪。但五升三降乃是其基础。

波动的基本序列

艾略特波浪理论三要素：波浪型态、波动幅度和时间。三者的重要性如排列顺序。在前面，我们已经将所有的型态都已作过讨论，这上面还列出一个理想化的艾略特波浪序列，以便让投资人有一个较好的主观印象。波浪理论只是以近似的方式一而再、再而三地表达自然界波动轨迹。既然无人能利用某种工具完全捕捉到自然界波动轨迹，那么，其波动的某一部分出现的幅度及所需时间，反而就变成次要的。

重要的是，当它的型态完全呈现在我们的眼前时，我们能预知下一步它大概怎么走就行了。而我们所讨论的所有型态就变得非常有用，附带说明一下，在形态学当中 W 底与 M 头是非常基础的型态，另外旗形型态也具有相同的重要性。但笔者更加重视推动浪与调整浪的认知与应用逻辑。

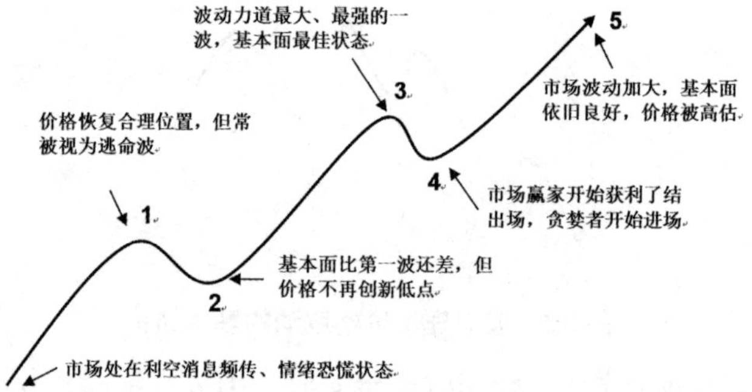

图1-3 波浪理论的基本思维

图 1–3 波浪理论的基本思维，反映出艾略特对于市场心理的了解，艾略特波浪的每一种波浪都具体地反映市场投资人的心态，而这种心态是在受到外界各种因素、现象刺激再加上个人不同的理解而出现的不同判断。市场心理从悲观到乐观，然后又乐极生悲，每一次都沿着类似的道路前进但又不尽相同。无论是超大循环浪或是细浪，其波段都相当清晰。

习惯上，笔者关心所有级别中九个级别的波浪：

超级大循环浪[1]**→大循环浪**[2]→循环浪[3]（基本浪[4]（中型浪[5]（小型浪[6]（细浪[7]（微浪[8]（次微浪[9]））））））

对波浪分析者而言，“浪中有浪”包含着相当丰富哲理，这与中国古代“太极生两仪、两仪生四象、四象生八卦……”含义有些相似，可见世间道理没有东方与西方之分别。根据过去资料，有人说超级大循环浪的运行时间往往会超过一个人的寿命。而细浪以下更小级别小波浪的运行时间很少超过1小时。因此，在实际应用上，又经过这些年的经验，**笔者更关心这九个级次的波浪当中，什么是推动浪的根本力量来源？就是股价本身不断的、持续的出现创新高价的状态。什么是产生修正浪（调整浪）的条件？就是调整浪幅度必然小于推动浪。为何如此重视？因为这是多头市场的基本结构，这个结构被破坏了，就是多头的结束。这一点，投资人绝对不能轻视或忘记它的绝对性、恒久性。**

对于初学者来说，如何比较正确地辨别波浪的级次是相当困难的。特别是在一个新的波浪开始之际，波浪分析者工作中经常会面临这样的困难。但是，一般投资人所该关心的是相对级次！而且当经验变得丰富之后，投资人会开始觉得不靠级次的分析，也可以做好分析工作，这是波浪理论的根本也是持续有效的部分，值得投资人下功夫研究。

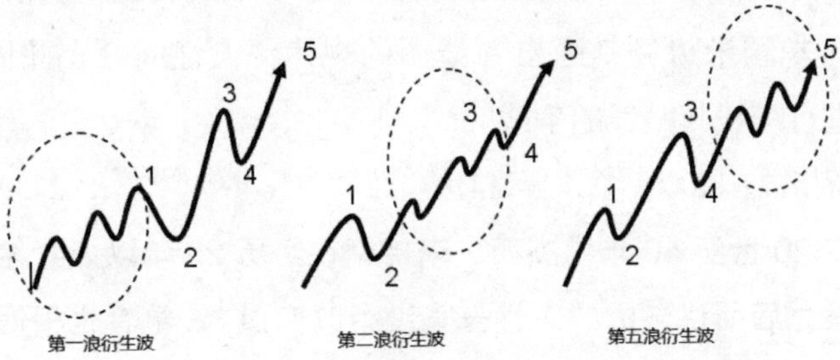

图1-4　波浪理论衍生波

如果面前站着一个人，投资人应该能轻易地分辨出这是男或是女，你会知道他们之间的主要相似之处与差异在哪里，**但投资人更知道他们的最大共通点是“人”，就好像波浪理论讲的是“浪”，我们随时要记住这最根本的逻辑。**在艾略特波浪理论中，波浪的型态决定其性质是推动浪还是修正浪，它不像男人或女人可以根据外在型态的不同使用二分法作解读，而必须依赖前面的状态，来决定它的型态或说是长相。通常，在一个趋势（不论大小）当中，推动浪幅度较大，修正浪（调整浪）幅度较小。

第一浪衍生波，因为是第一浪，所以也是在市场最差的环境下产生，因此若不是市场条件相当明确，否则难以出现清晰可期的走势。

第三浪衍生波也是相同情况，市场刚开始有信心，但市场条件是各说各话的环境，也容易出现复杂走势。

第五波衍生波，由于是第五波也就是逃命波，但市场对于交易环境条件的意见也是最分歧的，因为此时市场信心算是相当强烈，许多高点的形成就在于对价格变化的任意喊价，或是任意调高对价格的目标期待值，类似五千点、一万点之类的数字。

2006 年 10 月 9 日当天，笔者晚间在看 CNBC 报道美国股市时，主播访问来宾的标题就是“道琼斯能否上 12000 点”，而 2007 年道琼斯指数一度来到 14198 点，之后经过 2008 年的狂跌，道琼斯指数还下跌到 6469 点，但到 2013 年 1 月 28 日道琼斯指数来到 13881 点，再到 2019 年 7 月 16 日道琼斯指数来到 27398 点。**对一个投资人而言，只有赚钱与赔钱的问题，根本不会在意价格会上涨到哪里或是下跌到哪里。**自从有交易市场开始，日本稻米市场刻画出 K 线图的规律，人性问题在此周而复始，几百年来进行赚钱与赔钱的争战。

道琼斯指数：12000（2006 年）→ 14198（2007 年）→ 6469（2008 年）→ 27398（2019 年 7 月）

诚如在 20 世纪 40 年代杰西·李佛摩在经历 20 年以上叱咤风云的一场一场战役之后所讲述的“人性一直没有改变过”，笔者也相信，A 股市场经过 2015 年与 2018 年的磨砺到 2019 年，甚至是 2020 年发生新冠肺炎疫情后到现在 2021 年，人性的恐惧与贪婪还是没有改变，那么，重要的是在趋势转变过程中，上涨时，投资人持有什么样的仓位？下跌时，投资人持有什么样的仓位？这才是一切问题的症结所在。就笔者经验，以一个想要赚钱的投资人角度来说，如果持仓不是在获利状态下，再去说三道四却有不该之处！

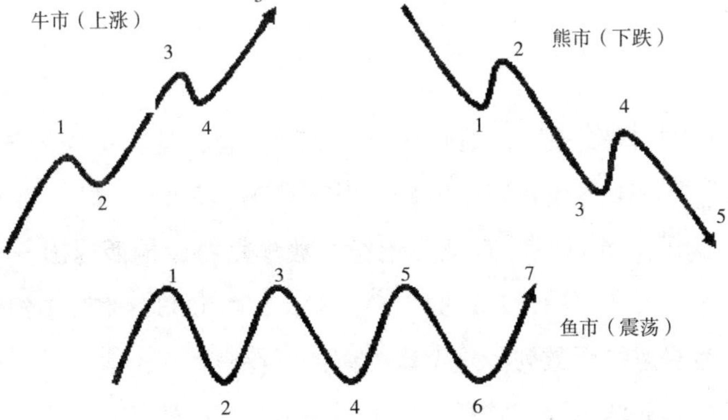

图1-5　市场型态

但是每一个浪的型态也不完全一样。在现实情况中，推动浪会因基本面的不同而出现一些变异型态。但以标准的推动浪来说，它们是五浪推动的，在牛市中是五浪上升，在熊市中是五浪下跌，五浪结束就会运行修正浪（如图 1–5）。推动浪的变异型态则有数个种类。最初艾略特只提出了“浪的延伸”“失败的第 5 浪”“倾斜三角形”等类型。但到近代，市场环境改变，价格波动型态也更加复杂，“鱼市（想象一条鱼在海平面跳上跳下的情景，是不是像极了盘整格局的样子）”环境常常出现，使得波浪分析更加困难。

所谓浪的延伸，是指浪的运动发生放大或拉长的现象。当波浪发生延伸时，将会使得此一波浪序列形成大小相似的九浪，而如果延伸浪中再出现延伸，则我们会见到十三个大小相似的波浪。根据笔者经验，在现实中波浪的延伸是经常出现的，也许在未来，浪的延伸会被认为是推动浪的正常型态。如果在分析中无法辨认是哪一个波浪出现延伸，这不要紧。因为在艾略特的理论体系中，五浪、九浪与十三浪甚至十七浪的意义是一样的。

波浪当中的黄金比率

波浪理论是“自然法则”，因此其理论基础应是在现实世界中的某些规律。“0.618”最初由古埃及数学家发现并被称为“黄金比率”。在日常生活中，这种例子随处可见。**直至三世纪，数学家费波纳西提出一个数列**：1，1，2，3，5，8，13，21，34，55，89，144，233，377，610……**这个数列被称为费波纳西数列**。这个数列有如下特性：

（1）任何相邻的两个数字之和都等于后一个数字，例如：

1+1=2；

2+3=5；

5+8=13；

………

144+233=377；

233+377=610

………

（2）最前面3个数（1，2，3），任何一个数与后一个数的比率接近0.618，而且越往后，其比率越接近0.618：

3 ÷ 5=0.6

5 ÷ 8=0.625

8 ÷ 13=0.615

21 ÷ 34=0.618

………

（3）前面3个数外，任何一个数与前一个数比率，接近1.618。有趣的是，1.618的倒数是0.618。例如：

13 ÷ 8=1.625

21 ÷ 13=1.615

34 ÷ 21=1.619

………

波浪理论主要缺陷

1. 无法明确定义完整波浪在哪里。就算被定义出来了，也是事后诸葛亮的事情，对交易没有意义。依据股票或期货市场涨跌次数，绝大多数并不按五升三降模式出现，而且投资人常常曲解波浪的升降状态，数算波浪的形态、波浪的级数（Wave Count）变得相当主观。更重要的是，**如果起始点看错的话，那么每一个波浪与幅度的计算就会出现重大错误，不仅导致看法错误，出现少赚甚至是赔钱的情况也不在少数。**

2. 波浪理论有延伸浪（Extension Waves）的问题，有时五个浪可以延伸成九个浪。艾略特本人也没有明言，使“数浪行为”变得模糊而没有定论，最后变成各说各话。

3. 投资人对每一个波浪看法，对第几波的认定，包括艾略特本人，并不一致。很多时候都会面临目前的波浪是否已经完成，而开始另外一个波浪这样的问题。有时 A 投资人看是第一浪，B 投资人看是第二浪，不同看法所做的买与卖行为会差之毫厘、失之千里。有人因此多赚，也有人因此多赔。

笔者认为，形成一个上升趋势最理想与最必然的，是在一底比一底还要高的格局当中形成，而形成一个下降趋势最理想与最必然的，是在一头比一头还要低的格局下形成，这与前述图 1-5 市场型态所呈现的一模一样，牛市与熊市的 2 与 4，只是上升趋势的 2 与 4 属于底部垫高格局，而下降趋势属于头部降底格局。更明显的是，在鱼市（盘整）市场中，没有看到底部垫高或是头部降低的任何一种格局，所以说市场像随机数一样波动，永远是一种不确定的景象，但却也有其轨迹可循。

道琼斯理论要点

在艾略特发表波浪理论之前，查尔斯·道（Charles H. Dow）、威廉姆·皮特·汉米尔顿（William Peter Hamilton）以及罗伯特·雷亚（Robert Rhea）等三人就共同研究出道琼斯理论。他们在研究观察美国工业指数变动时发现，股价指数的涨跌，尽管在某一时点上是随机不定的，但就股价指数一段时期的波动来看，它的市场趋向犹如海洋的潮汐波动，是有其规律可循的。

这种认为股价指数的涨跌波动就像海潮起落的观点，就是道氏理论的主要精髓。之后，此理论在美国运输平均指数和工业平均指数也得到相同的印证。由于上述两个工具是在同一市场上运行的，所以两者其中之一的走势变化必定和另一个走势变化相互辉映，彼此印证。

道琼斯理论五个定理

定理 1

不论是股票、指数、期货与期权等等市场都有三种趋势：

①长期趋势→一年到一年以上，此趋势最为重要，最容易辨识，在此趋势中交易的可归类为投资者。

②中期趋势→介于一个月到数个月，长期趋势修正波。

③短期趋势→六天之内，或是不超过三个星期，中期趋势修正波。

以上三种趋势常常同时存在，但是方向可能相反。

思考：就市场波动而言，工具的形成并不困难，重点是策略的制定。短期、中期或是长期的交易模式皆可，但稳定可行、有效的交易策略却是必要的。

定理 2

主趋势代表整体市场走向，但仍没有任何已知方法，可以精确预测主要走势持续时间转折。

思考：所以重要的事情是“顺势操作、逆势调仓”的操作技术成熟度。

定理 3

空头市场的特征是每次反弹高点，常常不会超过前面次级修正高点。同时空头市场会经过三个主要阶段：

第一阶段→市场不再期待价格出现新高而产生卖压，通常是高点。

第二阶段→反映市场环境（景气、情绪）衰退，市场出现连续性卖压明显。

第三阶段→经过二个阶段连续性卖压，对股票市场出现更大失望性抛压，第一个买点出现。

思考：一般投资人不知如何逻辑化操作，最后都在自身情绪的模式上打转，**追高杀低策略是可以赚钱的，但方法错了，也就是使用不正确的追高杀低策略、方法、模式，自然也就不能赚钱**。之后，只能不断花钱购买他人的黑盒子，或是寻找他人的圣杯，浪费金钱与时间。

定理 4

多头市场特征是每次拉回走势都不会跌破前面次级回调低点。而且多头市场会经过三个主要阶段：

第一阶段→投资人对未来市场环境（景气、情绪）恢复信心，第二个买点出现，如何确认方向的有效性是焦点。

第二阶段→市场对已发布公司盈余、大盘上涨（环境）产生积极反应而追涨，这时市场信心高涨，投资人不认为自己是帮别人抬轿的笨蛋。

第三阶段→超越公平价格，投机热潮强烈，市场价格明显过度膨胀，投资人贪婪之心油然而生，而且有较强烈理由相信价格会继续上涨，直到自己满意为止。

思考：同下跌时期方向相反，但价格波动逻辑是一致的。因此，懂得多头上涨逻辑，也就能体会空头的下跌逻辑。

定理 5

长期与中期趋势一定会有回调修正情况（次级折返）。这次级折返走势除非被认为重要，否则对主趋势不会有太大影响。所谓重要的判断，必须藉由市场筹码集中性、经济基本面优劣、个股主力动向、多空力量的展示等等综合因子的判断。在 A 股市场的主力可以思考为国家队相关、北上外部资金、游资与散户等三个群体，并用投资人认为最重要的影响因素加以佐证才行。

思考：一种交易方式可以很简单，但不是简单到今天买进，明天马上赚到 10% 的那种方式！检验是交易过程中相当重要的步骤，却也是最困难与最无聊的事情。所谓检验方法一般可以说，主要是针对目前持有仓位与市场价格方向的确认，我们常说实践是检验真理的唯一标准，就是在确认市场变动的最佳说明。

道氏理论三个假设

市场与人为操作

价格只会短时间被人为影响，但人为影响或操作不会对中期趋势产生任何影响。

市场会反映所有信息

市场参与者会将他所有的希望与失望、恐惧与贪婪等情绪性部分，以及掌握到的消息面、其他个人所发现的奇特现象反映到他在市场上对价格变动的决策之中。

道琼斯理论是客观分析的

任何采用道琼斯理论的投资人，**必须保持客观态度，并高度尊重已**

经存在的客观事实，绝不能主观判断未来趋势必将如何，甚至想要驱动客观事实。所谓死多头与死空头，并不能正确使用道琼斯理论，因为那并不客观。

笔者认为，投资人能够把这三项假设运用到极致，那么就是相当幸福的事情，因为投资人如此做，就已经跨过了成功投资人最基础的门槛，但这对靠赌几率赚钱的投资人却是几无意义，几率赌徒只想着“一翻两瞪眼”的结果，能如此客观进行交易的难度颇高。

道琼斯理论五项补充

补充一：反转讯号被确认前，仍需假设先前趋势并没有改变。

补充二：成交量与趋势须相互配合。

补充三：必须对两个相关性高的指数进行相互确认动作。

补充四：为摒除盘中干扰因素，计算上只采用收盘价。

补充五：出现窄幅震荡格局，可解读为次级修正行情。

波浪理论与道琼斯理论比较

其实两者对于基本波浪的观察和股价判断的变动原则有着非常相似的论点。波浪理论和道琼斯理论有一个共同认识，就是股价走势在一个攻击推动浪当中，走势应该也必须是在坚挺而稳健的状态，且其指数形态亦能够让投资人有足够的信心看待价格的发展。

一般而言，波浪理论与道琼斯理论大部分是可以相互印证的，只是波浪理论在定量方面对价格走势的描述要强于道琼斯理论，波浪理论只需要用一个大盘指数就能对市场全貌走势作出诠释，并且，波浪理论认为市场经常会依照一个基本的节奏来行进发展。但道琼斯理论则是用其他相关性高的指数作相互印证的动作，来寻求分析结果的准确性。

所以很自然地，道琼斯理论常常无法用足够的理由，来有效地对波浪理论的波动原理进行说明，然而，不管是波浪理论，还是道琼斯理论，两者的理论根基都是来自于实证观察。因而从另一个角度来说，道琼斯理论中所发生的无法印证的走势现象，有助于波浪理论者检验趋势是否会反转。

因而，这两种理论对于市场走势分析可以说具有一种互补的功用，同时亦不能否认道琼斯理论多年来的实证，毕竟波浪理论是从道琼斯理论中繁衍出来的。

另外，投资人也不能不注意，**所谓实证观察，通常就是用已经发生的事实加以验证，也常被讥笑为落后指标，然而，世上有所谓的领先指标吗？所以这跟技术分析又是一样的东西，同理，一目均衡表也是实证性质的分析工具。**

重点是，在投资人的交易系统中，所涵盖的因子是什么样的属性？恐惧还是贪婪？还是如同一目山人所提倡的交易思考根本为**“自立本愿、自助努力”**？就笔者在日本居住将近六年的领会，其用意是提醒**成为一个投资人必须是：一心一意、独立自主做交易，自立自助、努力获取利益。**

以上笔者已经就波浪理论与道琼斯理论的基本原理与观念做一说明，在 A 股市场有些投资人喜欢追逐龙头股，而不愿意花工夫去研究如何长期获利，这种态度基本属于不成熟市场的普遍情况，欧洲、美国、日本股市历史上都曾经发生过类似现象。此外，若自己不能花时间研发交易策略，又无法相信被委托者（私募代操）的道德性，更没有可以高度信任的基金经理人，导致投资人与资产管理者关系呈现恶性循环状态。加上 2000 年科技泡沫、美国 911 事件与 2008 年金融风暴、2015 年与 2018 年的 A 股暴跌之后，中国金融市场越来越复杂，也让操作难度越来越高。但就笔者所知道的成功投资人对于研究所下的功夫或是时间，都是相当长期性的，而且是终其一生在进行学习、研发与创新。

若投资人真的对交易有兴趣，或者说想要长期在这个市场上生存下来，而且能够获利，那么一目均衡表一定是投资人必须学习的一种交易体系。笔者长期以来也在强调，金融交易技术的学习只是一种过程，重要的是通过学习创建专属于自己的交易系统，这样才能在市场上求得生存权，否则只能用薪水来填补市场上的亏损，人的体力与脑力有限，但市场上的亏损却可能是无穷的。

在此还是要再说明一次，**绝对不要把金融市场当作赌场看待，要用智慧去面对，就算投资人进入了赌场，也绝不要成为赌徒，要像巴菲特、索罗斯、柯斯托拉尼等大师一样，才能立于不败之地，享受中国金融开放后，全球资金汇聚中国可能带来的A股企业ROE成长的甜美果实**。

交易系统

如前面所述，笔者仅将个人应用一目均衡表的经验提出来说明，而笔者强烈认为一目均衡表与道琼斯理论、波浪理论有相当的关联，投资人在学习一目均衡表的应用上，若是不了解道琼斯理论，不清楚波浪理论，将会是一种缺憾，也无法领略一目均衡表的真正意涵与可贵之处。

一目均衡表除强调如上述波浪理论的核心价值之外，还把时间观念放入整个交易系统之中，但笔者认为时间观念与应用仅能提供参考，一目均衡表最可贵之处在于其平均线的应用手法，例如延迟线、先行线1与先行线2，接下来陆续会介绍给投资人了解。

首先，一目均衡表的交易体系可以整理如下：

①K线与K线自身的各种组合

②平均线（包含基准线、转换线、迟行线、先行线1、先行线2、云层）

③时间转折

④波动幅度

⑤价格型态

仔细研究可以发现，一目山人的交易体系与笔者所提倡的交易模式有一定的相似处，当然笔者不能与一目山人相提并论，但笔者认为，在交易领域里，成功模式只有一种，即是正绩效与持续有效的报酬。而理解与学习一目均衡表这种模式，又跟投资人的交易经验没有太大关系，因为它对投资人是一种全新的思考。总之，交易系统是可以学习的，但成功的过程却是各有不同。笔者所谓的系统可以概括为：

①工具（一目均衡表、技术指标、斜率趋势线）

②策略（价值投资、量化分析）

③执行力（风险管理）

经过二十几年对美国与日本金融市场成功投资人的研究、分析，同时再加上个人的交易实证，这三者所形成的交易体系已经相当成熟。为何如此肯定？对投资人而言，工具→策略→执行力，不仅是笔者的长年交易经验而已，更是一种成熟的交易模式。笔者长期追踪巴菲特、索罗斯、罗杰斯、李佛摩以及日本股市几位成功投资人的交易思维与操作逻辑，他们的获利源头，几乎就是由这三个因子所形成。而且这个交易模式可以放入各式各样的工具，也可以因为不同的投资人产生不同的交易策略；**只有执行力是单一的，是每位投资人都必须共同遵从的部分，完全没有异议的空间，所谓“风险可控，报酬自来”。**

工具部分，除了要介绍给投资人的一目均衡表之外，也可以利用以下所简述的技术指标，当作交易工具。

工具

趋势理论：

①主趋势：长线发展趋势

②修正趋势：涨多拉回与跌深反弹

③小趋势：修正性波动

④扇形理论：主趋势的修正折返

⑤波浪理论：五波上升驱动与三波下降调整

⑥逆时钟曲线：融合价格与成交量关系

⑦压力与支撑：市场动量集中的位置

⑧单 K 线：单一 K 线与组合产生意义

⑨斜率：大小趋势、长短周期、正负乖离、波动速度

型态学：

①头肩型态：大波段行情结束讯号

② W 底 & M 头：双峰或双底反转讯号

③圆型：恰如碗公型态，合乎底部垫高的上升格局

④菱型：大波段行情讯号

⑤岛型反转：市场快速反转讯号

⑥三角型：换手后的压缩讯号

⑦楔形：在铁板与锅盖之间的盘整讯号

⑧旗型：并行线整理格局

缺口：

①突破缺口：大波段行情讯号

②逃逸缺口：行情结束第一次讯号与激情走势

③竭尽缺口：结束趋势的确认讯号

技术指标：

① %R：买卖力道强度分析

② ADL：以累计涨跌家数作为基本

③ ADR：涨跌家数观察市场气势

④ AR：以今日开盘价观察买卖气势

⑤ BR：以昨天收盘价观察买卖气势

⑥ DMI：大波段指标

⑦ KD：最敏感性指标

⑧ MA：支撑与压力观察值

⑨ MACD：市场常用的波段指标

⑩ MTM：以动能探测市场变动

⑪ OBOS：以涨跌家数作为基本

⑫ OBV：以成交量判断人气

⑬ PSY：测试整体市场投资人看涨看跌

⑭ RSI：观察物极必反的现象

⑮ TAPI：大盘平均每涨跌一点有多少成交量

⑯ VR：以成交量分析买卖气势

策略

所谓策略指的是，依据前面所形成的工具讯号，是偏多，还是偏空，或者是盘整，制定属于投资人本身的合适策略，而这策略需要考虑到下列几项因素：

①资金量→小资金没有亏损的能力，大资金如机构则有亏损能力，比较容易成功。

②风险度→市场波动情况（波动率 Volatility），设定可亏损程度，扩大可能获利程度。

③时间带→短线、中线、长线，还是周期混合型。

④灵活性→不论何种交易商品现货、期货与期权市场的知识，还有运用能力。

⑤专业性→包含专注力、知识性、学术性还有经验。

⑥执行力→包含意志与决心，有些人只是想沉浸在交易的快感当中，意志上，以赌博心态看待“交易”这件事情。决心，说的是想要成为有钱人的目的是什么？投资人想要获利的根本动机是什么？是否足够投资人用尽一生的心力去完成，自己给自己定下的使命性的目标是什么？这会相当程度地影响一个投资人的决心，因为获利所带来的快乐会是很不一样的。笔者建议投资人千万不要以赌博心态来看待市场、看待交易这件事情。

⑦市场相关性→现货、期货与期权市场可以说是相关性非常高的金融工具（市场），所以投资人必须能够透彻明白这三个市场间的应用关系。笔者相信，一目山人若有机会目睹期权市场的成长，他也会把期权交易策略精细地安排到一目均衡表的交易系统当中。

第二章　转换线、基准线、迟行线与先行线

该有的铺垫完成了，让我们开始进入一目均衡表的世界吧！

基本上一目均衡表由 K 线与五条平均线所构成，其所代表意义与公式如下：

①转换线（Ten Kan Line，TenK）$=\frac{H_{t-9}+L_{t-9}}{2}$

→以最近 9 天的最高价加上最近 9 天的最低价再除以 2

②基准线（Ki Jyon Line，KJ）$=\frac{H_{t-26}+L_{t-26}}{2}$

→以最近 26 天的最高价加上最近 26 天的最低价再除以 2

③迟行线（Ti Kou Line，TiK）$=Close_t$

→以当天收盘价作为计算

④先行线 1（Sen Kou Line 1，SK1）$=\frac{TenK+KJ}{2}$

→以转换线加上基准线再除以 2

⑤先行线 2（Sen Kou Line 2，SK2）$=\frac{H_{t-52}+L_{t-52}}{2}$

→以最近 52 天的最高价加上最近 52 天的最低价再除以 2

一目均衡表的制作方法

考虑到投资人的阅读习惯，笔者以 A 股市场众所周知的股票代号 601318 的中国平安为例子来做说明，希望投资人能有更清楚的认识。

转换线

将计算出来的价格画在当日 K 线图上，如 A 股市场上一般使用平均线的画法一样。如图 2–1。

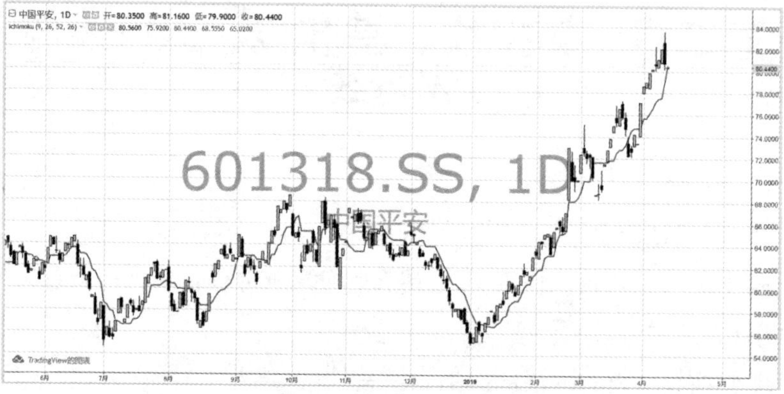

图2-1　中国平安日线图一目均衡表转换线

资料来源：华尔街见闻

转换线（Ten Kan Line，TenK） $=\dfrac{H_{t-9}+L_{t-9}}{2}$

→以最近 9 天的最高价加上最近 9 天的最低价再除以 2

投资人可以把转换线当作是 9 日高低点的平均价格，想法和计算方法很简单，单单从转换线的技术指标逻辑来看，也不是一个难以理解的计算方法。转换线是一条双周线的概念。

因为是以日线计算，表示这是从过去 9 天的真实价格中找出单纯价格的平均值，这个平均值代表多空双方的忍受基准，不管多空双方多么能忍受亏损时的煎熬，当市场价格持续往上突破，常常引来空方的恐慌，相对地，当价格持续往下跌破，也必定会引来多方的恐慌。所以转换线是一条快速呈现多空心态转换的方向线。

对 A 股投资人而言，9 日平均线算是中线，但对保守的日本人而言，这已经属于短线指标。如果暂时把 A 股市场习惯于短线交易的特性摆在一边，那么，以全球市场而言，9 日平均线是一条还算可行的趋势线，对一般投资人而言是可行的。

如果从交易面而言，一条 9 日平均线不是一目山人想要的，他要呈现的是一种黄金交叉，或是死亡交叉现象，并且据此偏多操作或是偏空操作。所以，接下来笔者要说明 26 日平均线——基准线。

基准线

将计算出来的价格画在当日 K 线图上，也是一般的平均线使用方法。如图 2–2。

图2-2A　中国平安日线图一目均衡表基准线

资料来源：华尔街见闻

基准线（Ki Jyon Line，KJ）$=\dfrac{H_{t-26}+L_{t-26}}{2}$

→以最近 26 天的最高价加上最近 26 天的最低价再除以 2

基准线是一条月线的概念。就一般 A 股市场对于月线的重视程度来说，基准线可以说是一条普遍受到重视的平均线。在一目山人的思维中，可以看出基准线的重要性，因为基准线与转换线组合起来，就是 A 股市场所谓黄金交叉与死亡交叉的现象说明。在应用上，投资人必须认识清楚平均线的线型交叉现象，代表的是短期（9 日）与长期（26 日）平均价格的转折点，这个转折是否成真，必须由日后价格真正走出与之前相反的转变走势才能证明，因此，世人才将技术指标诟病为落后指标。

事实上，所有数据结构都是过去已经形成的结果，包括财务报表、人类的行为数据，当然 K 线图上技术指标也都是落后的。众所周知，就算是公司资产负债表所代表的也仅是资产与负债的“现状”呈现。其他如历年损益变化表、营收成长表与接单变化表等等基本面数据分析，也是另一种现状说明的落后指标，在股票市场上，专业人士大都知道基本分析落后实际市场状态达三个月到半年之久，而技术分析就算是落后，只要使用期间属于短期性质，则落后程度将缩小。如果投资人使用一分钟线进行操作，那么投资人与事实的连动误差就是一分钟而已，所承受的也是一分钟风险。**那么，我们拿什么来确定风险呢？就是交易模型的可行度高低。这个是大资金操盘投资经理们要建立的“基本能力”**。

因此，笔者常常比喻，当市场没有领先指标（就算有也没有人会讲出来，更何况世界上根本没有黑盒子或是圣杯这类的东西！），就表示投资人仅仅使用技术性的交易工具，无法在金融市场上，如同美国股神巴菲特、彼得林奇、欧洲股神柯斯托拉尼，期货市场的索罗斯与罗杰斯等人一样赚到大钱。

图2-2B　中国平安日线图一目均衡表基准线与转换线

资料来源：华尔街见闻

在一目均衡表中，黄金交叉与死亡交叉的应用相当基础，也就是一个起跑点的意思。当市场出现黄金交叉，则建立基本的多头仓位；当市场出现死亡交叉，则建立基本的空头仓位。

请注意，仅是建立基本仓位而已，黄金交叉不代表市场必然要上涨，死亡交叉不代表市场必然要下跌。请不要忘记技术指标本身就具有明显的落后特性。

迟行线

画法与一般不同的是，将计算出来的价格，画在以当日 K 线图为准往前移动 26 天。也就是与过去 26 天前的价格做比较，观察乖离程度有多大，藉以判断目前价格的合理性。如图 2–3。

图2-3A　中国平安日线图一目均衡表迟行线

资料来源：华尔街见闻

迟行线（Ti Kou Line，TiK）$= Close_t$

→以当天收盘价作为计算

迟行线就是收盘价线。这么简单的价格线，一目山人把它放在过去 26 天的位置，来与 26 天前的价格做比较。对于专业技术分析者，迟行线在应用上可以说是一种创新的做法，相对于业余的投资人或技术分析者，则更是一个完全崭新的想法与做法。在理解上或许较为困难，但一目山人的用意，笔者从他使用迟行线的做法解读，就是分析目前价格与之前相对等期间的价格比较。

更重要的是，迟行线在一目均衡表中只是交易系统中的一部分，虽然有人单独使用迟行线的比较意义作为买卖参考，但一目山人则是将迟行线纳入交易系统因素，这个思维逻辑相当符合笔者在第一本书《交易，简单最好》当中所提出程序交易设计上的应用说明。**在交易策略中，笔者仍强调“价格比较”是获利重点之一。**

图2-3B　中国平安日线图一目均衡表迟行线乖离

资料来源：华尔街见闻

迟行线在笔者的使用上，一般当作仓位调节的观察指标。也就是说，当市场价格与 26 天前的价格乖离过大，则倾向将目前获利仓位做获利了结，或是两者之间的乖离开始扩大，则将亏损仓位止损出场，基本上，笔者不建议持有亏损仓位。

乖离率可分为正乖离与负乖离。A2、B1、C2 与 D2 代表迟行线位置，也代表每个相对 26 天前的价格位置。A1、B2、C1 与 D1 代表当时价格。这两者之间的差距就是乖离。

先行线 1

先行线与迟行线的最大差别在于，迟行线将价格往过去移动，而先行线则是将计算出来的价格，放在未来 26 天后的位置，也就是把先行线 1 当作未来市场可能走势的比较标准之一。同时，一目均衡表把先行线 1 与先行线 2 当作组合型态来使用。如图 2–4。

先行线 1（Sen Kou Line 1，SK1）$=\dfrac{TenK+KJ}{2}$

→以转换线加上基准线再除以 2

先行线 2

跟先行线 1 一样的，将计算出来的价格，放在未来 26 天后的位置，也就是把先行线 2 也当作未来市场可能走势的比较标准之一。先行线 1 与先行线 2 当作组合型态来使用。如图 2–4。

图2-4　中国平安日线图一目均衡表先行线

资料来源：华尔街见闻

先行线 2（Sen Kou Line 2，SK2）$= \dfrac{H_{t-52} + L_{t-52}}{2}$

→以最近 52 天的最高价加上最近 52 天的最低价再除以 2

先行线 1 与先行线 2 结合起来，也可以形成一种黄金交叉或是死亡交叉的现象，但是这两条线除此之外，一目山人还把它们设计成上升云层与下降云层的图像，从图 2–4 投资人可以看得很清楚。

价格在云层之上与云层之下，所代表的意义都有所不同，而且，它们所形成的云层厚度不同，也代表着支撑或是压力各有所不同。有技术分析基础的投资人也应该知道，在道琼斯理论中，必然谈到“过去的压力会是未来的支撑、过去的支撑会是未来的压力”这样的理论，在实务上，上升云层虽然以上涨看待，下降云层以下跌看待，但以笔者的经验，云层的上升下降、厚重轻薄对于走势有相对的影响性，同时云层与价格之间的距离也是重要的因素。

云层的核心应用逻辑

乖离程度

价格本身与云层的距离就是乖离程度。这个数字在量化模型中必须有定量给于机器计算，有人用 10% 或者 15% 不等。在笔者的逻辑化操作经验中，会以极端情景（请参考拙作:《逻辑化智能交易：趋势追踪与攻防策略》）来思考建仓、加仓、减仓与平仓的仓位管理操作。简单说，当价格与云层的乖离越大，目前趋势反转或停顿的概率就越高，投资人在此处操作调整仓位是最好的策略。

云层方向

价格在云层之上是趋势向上发展的基础；相对的，价格在云层之下是趋势向下发展的基础。不管是向上或向下，同步与基准线、转换线形成的黄金交叉向上，死亡交叉向下，那么，沿着该趋势发展的概率也是较高的。进一步说，云层的上升云层与下降云层就表示了市场价格的方向。

图2-4-1　海螺水泥的云层乖离分析

资料来源：华尔街见闻

图2-4-2　海螺水泥的云层方向分析

资料来源：华尔街见闻

云层厚薄

云层的厚度可以代表市场囤积向上支撑或说向下压力程度的大小。云层越厚，支撑或压力就越大，这是自然的，但当云层由原本的较厚状态转变为较薄，开始有收敛现象的时候，可以视为行情要在此处出现较大的趋势性，或压力或支撑。就是说在云层收窄与云层多空转换位置，投资人要注意变化。

图2-4-3　海螺水泥的云层厚薄分析

资料来源：华尔街见闻

云层内动

当价格在云层之内波动，不管是上升云层还是下降云层都可以视为一种支撑或压力的变化。如果云层被价格直接往上突破，或是直接往下跌破的话，就表示当下的市场趋势是强烈的、明显的，顺着这个趋势操作就是最好的策略。

图2-4-4　海螺水泥的云层内动分析

资料来源：华尔街见闻

如何找到实时的一目均衡表

前面也提过，虽然在A股市场的软件平台常常可以看到类似一目均衡表的身影，但就笔者的认知除了国外的一目均衡表交易平台，尤其是一目均衡表在外汇平台上被大量使用、正确呈现之外，能够让投资人免费又正确地使用一目均衡表的地方，大概就是华尔街见闻的实时行情平台了，这里以它为例做个介绍。另外在国外还有很多免费软件也是可以看到一目均衡表的，除了前面提到的还有TradingView软件（平台），投资人要是细心的话，可以看到华尔街见闻的图形是来自TradingView平台。

步骤 1：点击：https://wallstreetcn.com/

进入“华尔街见闻”首页，如图 2–5 所示。

图2-5　华尔街见闻首页

资料来源：华尔街见闻

步骤 2：点击 https://wallstreetcn.com/markets ？ from=navbar

进入实时“行情”页面。如图 2–6 所示。

图2-6　华尔街见闻实时行情页面

资料来源：华尔街见闻

步骤 3：举个例子，选择“上证指数”并点击“图表”，会看到如图 2–7 的 K 线图。

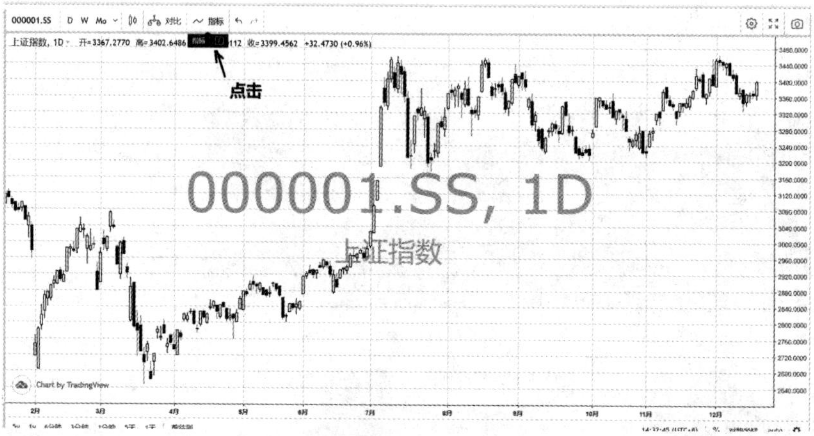

图2-7　上证指数K线图

资料来源：华尔街见闻

步骤 4：点击如图 2–7 的“指标”，会看到如图 2–8 指标。

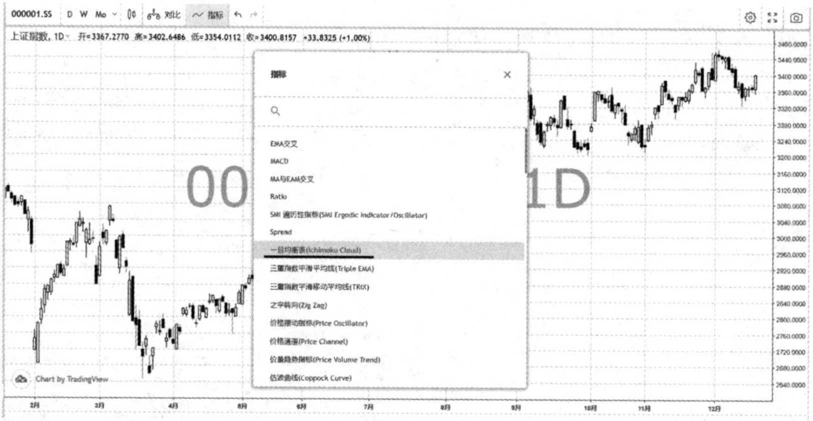

图2-8　指标中有一目均衡表（Ichimoku Cloud）

资料来源：华尔街见闻

最后，就可以看到具体而且完整有效的图 2–9 上证指数一目均衡表。至于颜色与线条粗细，就随投资人的喜好了。

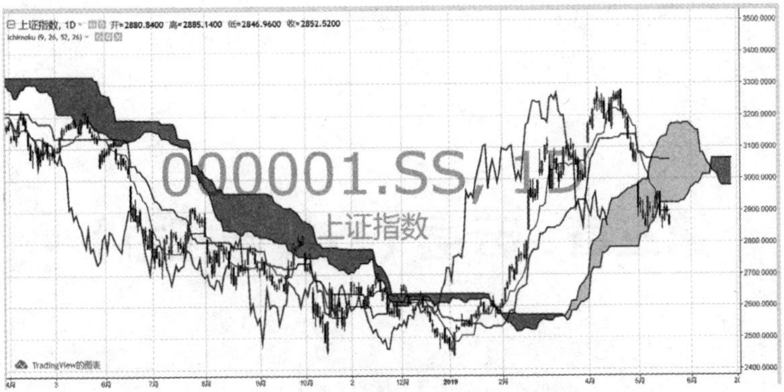

图2-9　上证指数一目均衡表

资料来源：华尔街见闻

这里顺便解读一下图中 2019 年 5 月的上证指数。从 4 月份市场价格没有持续创新高价开始，又受云层较厚价格不涨制约，同时在特朗普对两国贸易问题的强大压力下，市场不断偏弱走势越发明显，如果没有特别的消息面刺激，在仓位管理上要更加严格才是。

再一个方式，就是投资人可以依据自己的数据库，利用 EXCEL 表的函数功能进行建构图型，如图 2–9–1 形式。如果投资人有兴趣自己画图，可以自行编写程序，甚至可以画出比笔者更加优美的图像。

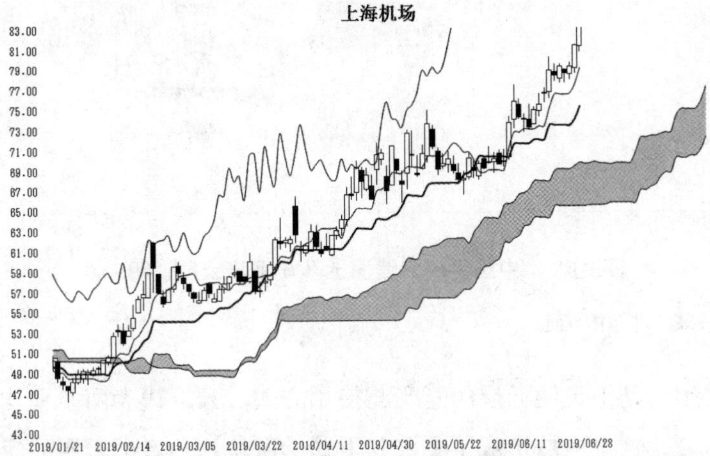

图2-9-1　EXCEL的一目均衡表

制作：黄怡中

第三章　云层（支撑与压力）

云层的应用

在一目均衡表当中，最具特色的是云层。

如图 3–1A 中国平安日线图所显示的上升云层与下降云层，这些云层所形成的公式在前一章已经完整地介绍过，在此不再赘述。

图3-1A　中国平安日线图上升与下降云层说明

资料来源：华尔街见闻

但必须清楚地说明云层的意义与使用方式。云层代表两条平均线所形成的区域，这个区域形成了上涨与下跌的区块，笔者把云层的应用观念整理如下：

①上升云层→趋势上涨，云层厚度越大，所形成上升推动力量越大，在上升格局或是上升趋势当中，代表目前价格往上攀升力道越大；反之，在价格往下探测时，原本厚厚的上升云层则变成强大的压力区块。

②下降云层→趋势下跌，云层厚度越大，所形成向下压制力量越大，在下降格局或是下降趋势当中，代表现在价格下跌力道越大；反之，在价格往上探测时，原本厚厚的下降云层也会变成强大的支撑区块。

③云层与价格→由于云层是由两条平均线所形成的，所以云层具有市场平均价格的概念，同时目前价格位置与云层相对的距离，代表目前价格与云层的乖离现象，这一现象又可以分为正乖离与负乖离。

④上升云层与下降云层→值得注意的是，在云层变化之际，就是上升云层（下降云层）转为下降云层（上升云层）时，常常会是趋势有所异动的位置，虽然不能说就是趋势拐点，但在判断上也有不小的助益，值得投资人关注。

乖离→代表目前价格脱离市场平均水平的程度。

正乖离→正乖离越大，表示价格上涨速度越大，若出现失速现象，代表市场回调修正机会较大。

负乖离→负乖离越大，表示价格下跌速度太大，若出现失速而超跌现象，代表市场容易出现反弹修正乖离的机会。

投资人可以看图 3-1B，在出现价格与云层乖离过大现象的同时，并没有直接下跌，而是整理几天之后，呈现稳步反弹现象，虽然过程中有些曲折，但是没有打坏上升的节奏，除了在下降云层的下缘与云层之内磨蹭了几天外，行情快速上涨，甚至是直接上冲至上图最高位置，这波的上涨来得算是快速的了。也就是说乖离现象在一目均衡表的云层分析上占有重要地位。

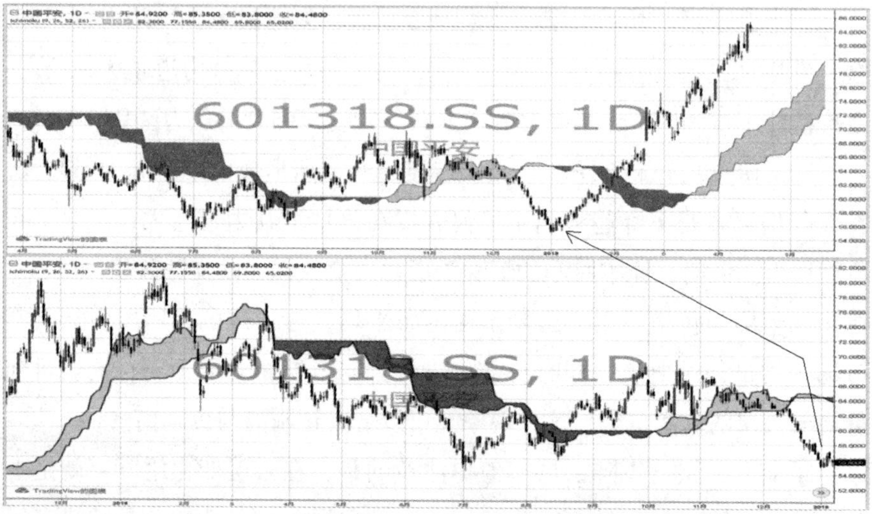

图3-1B　中国平安日线图乖离比较图

资料来源：华尔街见闻

总而言之，上升云层与下降云层的应用必须是相对性的思考，必须灵活进行交易策略的应用才行。不能独断或是主观判断，独断或主观判断都是投资人的大忌。

云层与一般趋势分析方式

上升云层顾名思义就是上升趋势的意思，但与一般的上升趋势线（如图 3–2 中国平安日线图上升趋势线），或是由平均线所形成的上升格局（如图 3–3 中国平安日线图平均线上升格局）不同。

图3-2　中国平安日线图上升趋势线

资料来源：华尔街见闻

从图 3–2 可以看出来上升趋势线相当的清楚明了。在 A 点、B 点与 C 点就可以看到或者是理解到中国平安正在走一个上升通道的行情，这时候，投资人必然是以建立多单为主，同时，在 2019 年初，市场经历过 2018 年大幅度下跌洗礼后，情绪慢慢在恢复当中，直到 D 点位置，出现一个较为明显的回调下，市场再度确认行情还没走完，因此，中国平安又再度往上攻坚，直到创历史新高 80 元以上，再又出现价格休息状态。

再来仅就平均线所组合而成的上升格局来做说明（如图 3–3）。

一般而言，投资人会以周线、月线、季线、年线等方式利用平均线进行操作，但是笔者个人比较建议使用有规律性的等距平均线进行操盘，例如图 3–3 的 10 日、15 日、20 日、25 日与 30 日线，如此比较能够看清楚市场趋势在拐点位置的变化。

尤其是当投资人需要进行仓位管理时，这种有规律性的平均线最能带领投资人的建仓、加仓、减仓与平仓时的量化对应操作，如果投资人能多用些时间去检验这种操作模式，对于资金较少的投资人而言，必然有较大的助益，这是笔者在一目均衡表应用上意外发现的操作模式，对一般投资人的波动式的短线操作，能发挥一定的功效。

图3-3　中国平安日线图平均线上升格局

资料来源：华尔街见闻

平均线的多头排列、空头排列、平均价的扣抵位置与应用方式，都已经是大陆 A 股市场绝大部分投资人相当熟悉的技术分析方式，所以，原本很好用的技术分析指标就变成不适用的工具。当然，不好用或变成不容易赚钱的原因，不应该只是纯然技术指标太多人使用的问题，笔者倒是认为，一般的投资人不能花更多时间与精神在研究与发展上面，大家还是喜欢靠内部消息轻松赚钱，可是在网络极端发达的时代下，所谓“信息不对称 ”现象已慢慢解除，除非是利用不法手段刻意隐藏或是扭曲事实，以便赚取短时间的爆发性利润，但这终究是非法的方式，不可以被鼓励。

更重要的是，就前面所谈到的，以趋势线与平均线来分析市场走向的方式，虽然已经有太多人在使用，但是绝大部分的投资人早已经扭曲了技术分析发明者当初的用意，因此，我们必须创造新的交易逻辑，以符合市场环境的变化。或者，投资人至少要将既有的分析方式加入新的元素，例如，以平均线分析市场格局，应该可以再加上其他技术分析来搭配，或是平均线的使用再更单纯一些，两者配合起来，就笔者的经验，它可以发挥更大的实用性，让投资人的交易节奏变得更加稳定，甚至是更加具有独立性。笔者的第二本书《交易，选择权》中，第 7 章与表 7–1

当中就有提到如何搭配不同交易逻辑的技术系统，投资人可以参考看看。

所以，以一目均衡表当中所呈现的云层来说，一目山人把两条交叉平均线简单地勾勒出来变成一种解释市场的多空现象，这是相当有趣的发现与发明，同时还可以说明相对一方所承受的支撑与压力有多少。如图 3–4 所呈现的，投资人可以清楚地看见每个时期、每个波动所形成的状态是什么，这是笔者个人在学习一目均衡表所得的应用经验，因此而更深刻了解，交易是一种科学，更是一种艺术，一目均衡表可以说是集其大成也不为过。

我们再来看看图 3–4 云层所呈现的一些现象，希望能较为详实说明其中的思维逻辑与笔者的应用经验。

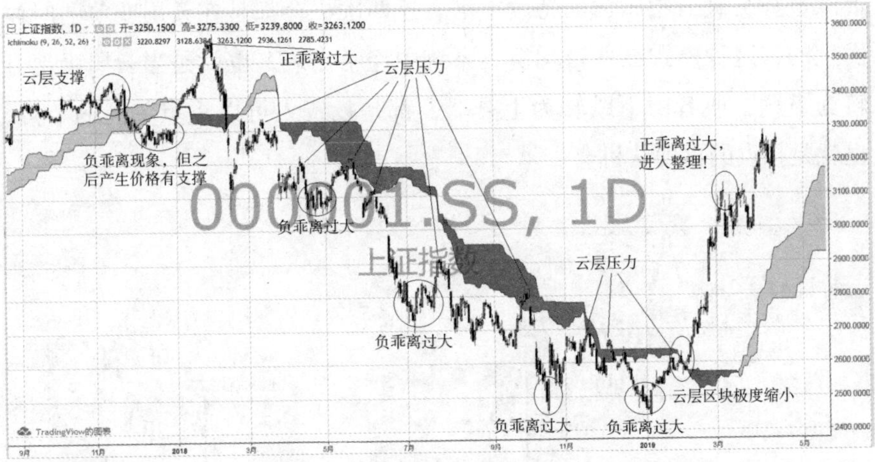

图3-4 上证指数日线图云层说明

资料来源：华尔街见闻

云层的压力与支撑。上升云层为支撑，下降云层为压力。这在一目均衡表交易系统中可以非常明确地理解，也是投资人在使用时必须严格遵守的规则。从图 3–4 可以清清楚楚看到当价格上涨时，云层就像托稳价格的铁板，就算回调到云层上缘，基本上也会有一定的支撑意义，而能托住价格几天，要看云层的支撑力道有多大。2017 年 9 月到 12 月初，上证指数就被云层稳稳地支撑住，当然因为没有出现强者恒强走势，在一段支撑行情后，就不断地跌落云层之下，形成了下跌走势，那么多天的支撑之后，上证指数才开始下跌，同时也可以理解当时的多头压力有多大，空方的力道也就有多大。

到了 2018 年 2 月之后，云层的压力就明显地由上升云层转变为下降云层，而且每次遇到反弹都在云层压力下又出现持续下跌的走势，这一整年里头，多方真的是没有多少机会可以喘口气。

正负乖离过大。价格与云层之间的关系也是重要的观察指标。当价格离开云层越远，则表示市场的过度反应情绪越不合理，因此，出现反弹机会是比较大的。从图 3–4 可以看到 2018 年的 2 月、4 月、7 月、10 月与 2019 年初都是在负乖离过大现象出现之后，开始走出反弹行情。

云层转换时的收敛。在 2018 年 1 月与 2019 年 1 月反弹后，都沿着上涨走势突破云层压力而持续上涨。这两次机会都是在云层变薄的时候发生的，这种模式在一目均衡表系统中经常出现，也就是当云层由上升转为下跌，或者由下跌转为上升时，都是投资人可以重点关注的节点，也就是拐点的再确认机会。

图3-5A　上证指数与当日迟行线乖离太大

资料来源：华尔街见闻

迟行线正乖离过大。迟行线是把价格从当天收盘之后，移动到过去 26 天的位置。这个移动的意义是把当天价格与 26 天前的价格、云层同时去进行比较，如果是正乖离过大，那么表示这一天的价格已经是正向的过度反应，讲通俗点就是涨太过头，有必要进行一次回调，先让市场冷静一下再说。2018 年 2 月与 2019 年 3 月都有这种现象，导致市场下跌又或者进入震荡行情。

迟行线负乖离过大。相对地，负乖离过大可以解读为市场已经跌过头了，再下跌的话就不合理了，市场需要一定程度的反弹来淡化过度下跌的情绪。2018 年 5 月就是在持续的下跌过程中，空方已经卖出股票到过度反应的阶段，必须给多方一点喘息空间，之后，再来看市场还是否需要继续下跌走势。当然，这种模式又反复了几次，市场才真正开始出现横向整理的震荡行情，不断化解市场压力之后，才有 2019 年的大幅度上涨行情出现。

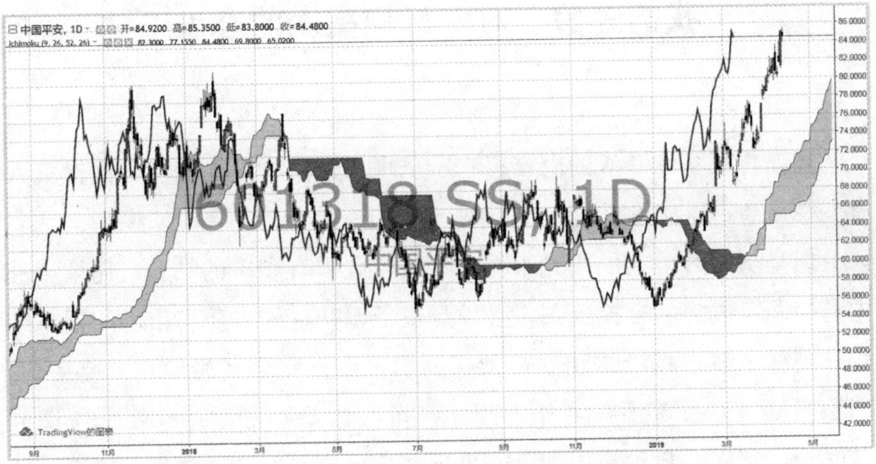

图3-5B　中国平安价格与当日迟行线乖离修正后再度上涨

资料来源：华尔街见闻

乖离过大的修正。投资人可以从中国平安的例子，看乖离的修正会不会影响当前的趋势走向。2018 年 11 月到 12 月中国平安在正乖离过大后向下修正，但在云层的支撑下又再度出现上涨走势，但此时的正乖离过大只是反弹行情，因为市场没有持续形成强者恒强走势，加上当时上证大盘走势不理想，中国平安也就跟着下跌了。

再来看 2019 年 3 月的例子，这个例子中，中国平安出现迟行线与价格正乖离过大现象，有向下修正价格强度的可能，但这次中国平安走出来的模式，确实展现了中国平安股价的市场领先者态势，结果只是以盘代跌模式，来交代市场认为上涨过头、需要暂缓上涨进行价格修正的要求，这样的回应是多方强势的展现，多方仿佛在告诉空方，我已经礼让于你了，但我不会改变我的态度，你就看着办吧！那么的不扭捏、不作态。笔者所谓的强者恒强也就是这种模式的上涨行情。

笔者认为在一目均衡表当中，云层与乖离的地位相当重要，但不是唯一。整个一目均衡表是由许多观念与技巧所形成的，所以也不建议投资人把云层或乖离当作可以单独使用的交易技巧。

我的经验：对一目均衡表的态度

重新再观察图 3–6 的内容，它所呈现出来的，可能仍然会让投资人有一种复杂、凌乱的感觉。

但是从一目山人的眼光来看，这是“乱中有序”的结合。何谓“乱中有序”？成为一个投资人，必须真正了解交易的本质与市场的根本结构，当你了解市场结构建立在低买高卖，而且完全地相信它、遵从它，那么只要一套交易系统有中心思想，可归为单一准则，这就是所谓的“乱中有序”，一目均衡表就是有这种特质。看似复杂，却是一种再单纯不过的模式。

如果用一般投资人的思维，可能不大愿意使用这种交易系统，但对一目均衡表的爱好者如笔者，我会在 2018 年 8 月到 11 月耐心等待市场出现明朗机会再出手。当然笔者会准备好可以多空操作的环境，例如把融资融券申请好，在 50ETF 趋势偏多时做多，在 50ETF 趋势偏空时做空，在区间震荡时期休息就好。如果投资人再有一些想法的话，应该懂得在震荡格局中，以有赚就跑（短线操作）的方式进场面对，这个模式在笔者的另一本书《逻辑化智能交易：趋势追踪与攻防策略》之中，可以找到相应的操作模式。

图3-6 50ETF日线图一目均衡表

资料来源：华尔街见闻

笔者不打算在此一次说完复杂与单纯之间的解决方法，因为这必须靠投资人去体会。所有简单的逻辑都是来自投资人对于复杂事务的熟练运用，简单的事情通常不简单，这样反合性现象（似是而非）是普遍的，笔者仅希望投资人在读完这本书的时候，能够体会到或是能够真正了解到一目山人对于交易系统的纯一逻辑性在哪里。

解决人性问题很重要。由一目均衡表可以更透彻地了解到，成为一个投资人，不论是法人还是散户，建构自身的交易系统是非常重要的工作。赔小钱的散户与赔大钱的法人，都是犯相同的错误的，即美国19世纪初期的交易高手杰西·李佛摩所言，**几百年来，华尔街的人性依旧没有改变，赔钱的人身上永远可以轻易地看到恐惧与贪婪不断地交错出现。**这句名言，至今仍是华尔街各个交易好手口中念念不忘的座右铭并被奉为圭臬。

在交易上，笔者长期以来努力解决人性的问题，就算到现在已经二十几年了，也不敢断定自己已经完全解决自身在交易上的人性问题。

交易，简单最好，但需要终身学习

笔者一直认为交易模式要越简单越好，但基本上，这是需要终身学习的，因为所谓的简单并不是情绪式的单纯，而是智慧性的纯一。换句话说，交易中趋势判断很重要，但这很容易解决，以斜率的观念就可以搞定，当然这又可以分为短期、中期与长期的趋势分别模式，还得要投资人慢慢学习与长年的应用经验才能驾驭得好。进一步说，获利的稳定性与长久性，需要最重要的策略性思考与运用能力，简单地说，策略性思考就是智慧性的纯一，这个部分不是一目均衡表系统可以回答的问题，更不是任何一个交易模型可以完全做到的。

笔者另外再提一小段经济学历史，希望能够用来说明策略思考的根本是什么。笔者知道这样的思维并不能用文字说明，故以比喻式的方法来做，希望能让投资人多了解一些交易策略的思维是什么。

1919 年下半年以其著作《就业、利息与货币通论》闻名全球的凯恩斯与好友福克（Foxy Falk）成立类似目前流行的避险基金，凯恩斯是一个热情、脑筋聪明又多才，投资上却又不算令人安心的经济学家、作家与演说家，在讨论全球经济演变与影响力时，可以说是无人不知、无人不晓。

但这只基金操作绩效时好时坏，并没有给他们带来太多的快乐与金钱，这档由当时全球优秀经济学家与其好友所操作的基金，跟 1998 年两位诺贝尔经济学奖得主所主持的 LTCM 避险基金的结果一样，都并不令人满意。而凯恩斯在 1936 年时，因为看对并且抓到 1929 年股市崩盘之后的大涨行情，才开始获得较大的利润。

笔者要说的是，基本的学历涵养不是不重要，但就算是凯恩斯、诺贝尔奖得主也不代表会赚钱。巴菲特说过，投资不需要是太空科学家，投资不是一个智商 160 的家伙打败智商 130 的游戏。

从巴菲特这段话更可以清楚地知道，投资成功的定义跟学力与脑力无关。同时，根据Mark Tier所写的*The Winning Investment Habits of Warren Buffett & George Soros*所描述的，**巴菲特与索罗斯是当今全世界最有名、最被推崇的两位投资大师，并未持有任何所谓专业的“证券或期货证照”那种资格。这不是讽刺而是真理。**在资产管理领域中没有智慧是难以成就大事业的，而没有一套自我成熟的交易系统（模型）就连入门也是问题。

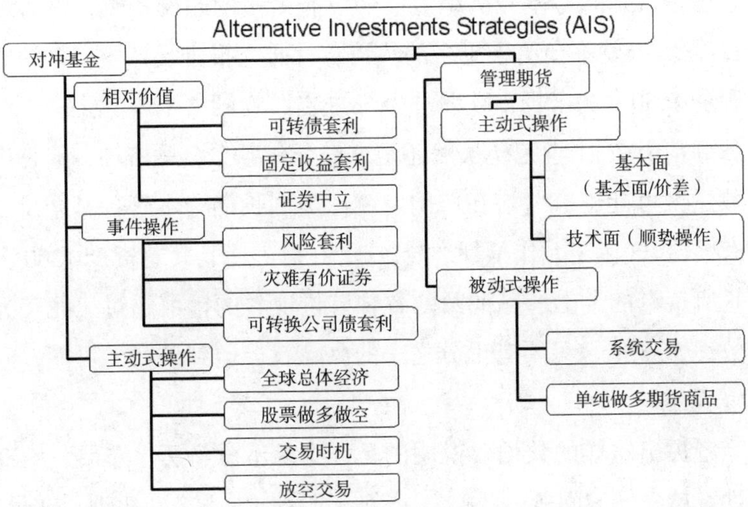

图3-7　另类投资策略（AIS）架构

2021年世界经济环境已经比以往改变许多，1920年以前单纯股票买卖早已过去，20世纪20年代以后的共同基金（Mutual Fund）风潮也已式微，20世纪60年代开始盛行的避险基金（Hedge Fund）与管理期货（Manage Futures）一度风行全球，尤其是1981年全球第一台计算机上市，引发财务工程操作概念，造就避险基金出现更多样、更丰富的交易策略，如图3-7另类投资策略（AIS）架构。现阶段全球最流行的交易品种是ETF，也是巴菲特大力推荐的被动型指数。**笔者过去25年多的资产管理经验中，从长期的全球期货到期权交易，最近6年慢慢地以股票为主，最近3年则以股票与ETF混合交易为主，但投资组合的分散性仍然是重要结构，**

而且要分散到几个股票市场，例如台股、港股与 A 股同步持有股票组合。

但也有许多避险基金转向更复杂公式运算的程序交易，在 ETF 的领域中实现 Smart Beta 策略也是主流之一，又或是财务工程化的交易模式，交易对象遍布全球各项交易市场，使得避险基金更加具有黑盒子性质，同时吸引许多年轻人参与。而这些数学与经济学都堪称一流的好手，还是无法脱离人性恐惧与贪婪的问题。

现在全球私募基金（Private Equity）由原本的兴盛慢慢走向正常化，意思是说，私募基金的绩效已经没有太多的超额报酬，没有更多的 Alpha，投资人就不会给予更多的热情。就研究报告统计，市占率方面美国占有全球 50% 的市场，欧洲占 38% 左右，亚洲占 12% 左右。

私募基金在 21 世纪初虽然还是纵横全球各个金融市场，但是由于杠杆倍数过大可能也有些潜在风险，就像美国长期资本管理基金（LTCM）用自有资金 22 亿美元作抵押，贷款 1250 亿美元，其总资产 1200 多亿美元，它所持有的金融产品涉及的各种有价证券的市值超过一兆美元，杠杆倍数达 56.8 倍，只要有千分之一的风险就会遭到破产的可能，问题是它发生了。

笔者提出这样的数据要说明的是，**交易不分学历、年龄、智商，只有人性智慧高低的问题**，我们每天交易过程中，不是在比谁买在最低点，谁卖在最高点，而是谁在市场上获利，同时获得生活上的快乐，人生的幸福感受。记得美国一位有名的避险基金经理人巴顿·毕格斯曾在他的著作 *Hedge Hogging* 中指出，全球有名的《经济学人》杂志常常举办年度研讨会，这可以说是一个精英聚会，与会的人皆是当时赫赫有名的经济学家，例如当时的格林斯潘，现在对冲基金最有名气的桥水基金创办人达里奥，又或各国央行总裁于会发表演说，但这些最高明、最聪明的人的共同意见却通常是错误的，被称为市场反向指标，甚至沦为笑柄。笔者认为巴顿的意思是说“三个诸葛亮等于一个臭皮匠”，这个臭皮匠只为刘备卖命一生。

因此，笔者并不认为学习日本一目山人的一目均衡表就可以成为巴菲特或是索罗斯第二，但是**通过学习，不断地优化自己的交易系统是投资人的基本功课，这一点比什么都重要，连根本的功夫都不下，如何维持获利状态？与其站在巨人肩膀上，不如把巨人的东西变成自己的，那么自己的交易能力才会不断自我强化！**这也是笔者学习一目均衡表的心态，也是策略性思考的第一步骤。

第四章　基本应用方法

要辨别市场说的话

2019 年初，在笔者开始撰写本书的过程中，上证指数经过近 5 个月的筑底工程之后，开始一段往上攻坚的行情（见图 4–1）。在上涨行情被确认之前，如何突破震荡区间，就是多方要积极表态的事情了。当时，市场受到 2018 年的影响在信心上是极度脆弱的；在价格不断上涨中，能持续持有多单的人并不多，因此，很多人在 2019 年第一季度的行情中踏空了。

图4-1　上证指数一目均衡表2019.04.18

资料来源：华尔街见闻

从操作策略来说，震荡区间被认定是最难赚钱的。一般情况下，笔者的操作模式是有赚就跑，也就是以少量仓位短线操作为主，这时候的底仓较低，但随着大盘突破下降云层的压力之后，这时底仓就可以多加一点，但最高也就是维持中度仓位的态势，除非价格持续上涨，呈现强者恒强模式，不然不宜冒进；相反地，如果市场走出强者恒强走势，那么，把底仓的量持续往上增加，就是必要的手段了。

投资人从基准线开始走平的现象就可以清楚看到，持续到了4月上证指数还是偏多格局，只是上涨的力道已经变弱了。这时在操作上难度增加许多，因为，接下来的行情上涨可期，下跌进行回调也是可能、合理的走势，仓位控制就成了最重要的工作。

在A股市场，由于一般投资人相当在意市场分析师、大咖们的说法，同时会因为这些人的加价喊进而产生信心，也有部分市场老手会把他们的话当作反向指标。不管如何，这些会去喊价的人，一方面是媒体要求变成了工作需要，一方面是当自己猜对了就会有名声，大家会将喊得准的分析师捧为明星，对分析师而言，反正大部分人也是一样常常犯错，但只要运气够好，可能会有一阵子好风光，这种制造名声的机会何乐而不为。就像之前有位同事，因为有一段时间在某位交易明星手下工作，当时他认为自己将来会像那位交易明星一般，但之后因为某些事件，他们早已不在一处，但那位同事却还是非常怀念当时在办公室里走路有风的日子。这就是人性。

但是在一目均衡表的应用上，笔者不建议依据市场的“喊价或是加价动作”进行操作，如果市场真的上涨，那么全市场的人都会知道，不需要任何人加油添醋，不过媒体也好，分析师也好，券商、投行也好，甚至基金经理人也好，如果不炒热市场制造波动，那这行业如何生存？所以，**他们是为了生存下去，才不断地炒热市场，但是作为投资人或是称为价值投资的投资人，唯一的目的是稳定资产、增加财富，跟买在最低点，或是卖在最高点可以说是没有什么直接关系**；也因此当别人在炒作的时候，如何面对纷纷扰扰的杂音，就成为投资人的重要功课。

一目均衡表的好处就是它自成一体，而且是以市场价格为核心，这一核心体系所探索的是目前市场平衡点的位置在哪里。一目均衡表企图让投资人在了解市场价格的平衡点之后，进而拟定正确的交易策略，依此在市场上获得利润。那么所谓的策略是什么？

策略包含短期的战术与长期的战略，因此，对于一目均衡表发明人一目山人而言，这才是最重要的。

笔者在解读一目均衡表的时候发现，一目山人相当强调日本文化中“和”的精神，并且把“和”的精神融入一目均衡表之中。那么什么是“和”的精神？这要解释清楚可能要花很大的篇幅，并不是本书可以说清楚的。简单地说，以从事交易的立场来看，应用“和的概念”在一目均衡表，用“中庸之道”来解释再恰当不过了，把中庸之道的精神发挥出来，相信一目均衡表中市场价格均衡点的意义，投资人一定可以更清楚地了解其中的奥妙。

在学习与应用一目均衡表时，请投资人多注意中庸之道背后所代表的“和的观念”，笔者再次强调，一目均衡表不是单纯的技术分析，而是一套交易系统，它不仅可以独立使用，也可以通过投资人（使用者）的修正，转化为投资人本身的独立交易体系，如同美国市场著名的“海龟系统”。

1998年美国两位金融专栏作家 Albert J. Fredman 跟 Russ Wiles 一起出版的 *How Mutual Funds Work* 一书当中提到一些投资人典型的错误，笔者稍微加以润饰并且赋予自己的见解整理如下，提供给投资人在应用一目均衡表时参考。

交易员（投资人）不可贸然进行的十件事：

①强行无计划地进场买卖。

②没有研究交易对象，不能知己知彼。

③盲目选择看似折价最深的基金（股票）。

④购买去年绩效最好的基金（股票），不重视损益模式。

⑤采用市价单而不是限价单，边际成本太高。

⑥在众多基金（股票）上建立小仓位，有防守但没有攻击。

⑦进出频繁，过度交易；失去控制力等于放大风险。

⑧缺乏耐心急于获利，形成赌徒怪圈无法自拔。

⑨不愿止损导致对持股难以割舍，最终损失持续扩大。

⑩以赌博心态进场，表示运气决定损益。

除了我们强调的中国文化中“中庸之道”是极为重要的精神之外，《圣经·传道书》第一章第十节也提到说：“岂有一件事人能指着说这是新的？哪知，在我们以前的世代，早已有了。已过的世代，无人记念；将来的世代，后来的人也不记念。”它们都描述着同样的意思，**世事无常的重要因素是人类的记忆长度非常的短，短到一定程度就容易做愚昧的事情！**

在交易的过程中，我们有必要了解过去，但未来也很重要，可是更重要的是当下。这个当下因为随时在变动与移动之中，所以整个人的世界是“虚空的虚空”（《圣经·传道书》第一章第二节），这一点也刚好相近于“中庸思想”与“和”的思想。

交易，简单最好，就是这种道理，简单不是愚昧。投资人若无法理解就放着吧！一切都会有自然的安排。笔者是用这样的思维在解读市场价格的波动，自然而真实地感受到价格变化之美丽与获利机会。

归纳应用方法

由于一目均衡表对 A 股投资人完全是新的交易思维，在此更深一层说明一目均衡表各个名词的意义，并解释其使用上的注意事项。请投资人再看一遍图 4-2A。

在一目均衡表的应用上，笔者把一目均衡表的五个参数分成三组，这种分类方式是笔者独有的，就一目山人对一目均衡表的解说当中，并没有提到这样的使用方式，而是笔者多年使用之后的特有应用心得。

将五个参数分为三组，主要是在把参数减少，同时将有相同或是相辅相成功能的参数结合在一起，也比较符合笔者常年以来所强调的交易简单最好的逻辑，也更能够符合一目山人所强调的平衡节奏上的撷取。

图4-2A　东方通信一目均衡表2019.04.18

资料来源：华尔街见闻

第一组（代表现在）

①转换线（Ten Kan Line）→以最近9天的最高价加上最近9天的最低价再除以2。

②基准线（Ki Jyon Line）→以最近26天的最高价加上最近26天的最低价再除以2。

原因：

虽然一目山人把9日高低价的平均价与26日高低价的平均价，分别称为转换线与基准线，但在技术分析领域中，这两条平均线可以当作黄金交叉或是死亡交叉来使用。

应用重点：

黄金交叉→9日线高于26日线，未来趋势以看涨为主。

死亡交叉→9日线低于26日线，未来趋势以看跌为主。

虽然这在技术分析中是相当简易的观念，但请投资人注意，平均线不是由简单平均线算出来，而是9天之中最高价与最低价相加再除以2计算所得到的，这跟简单平均线又有何不同？

这个差别相当大，虽然一般在市场上大多数人以收盘价计算平均线，但如此一来，常常忽略当天市场的真正气氛，**或者说是并没有把当天市**

场的期待放入公式当中，以 9 日与 26 日计算期间的最高价与最低价计算平均价，才符合一目均衡表所强调的平衡概念，一目山人始终要寻觅的就是市场真正的平衡点，这个逻辑也完全地贯彻到一目均衡表的使用上。

就图 4-2A 的情况，除了 2018 年 10 月初一度转为死亡交叉之外，11 月初就开始呈现黄金交叉上涨，直到 2019 年 3 月初为止，不论 K 线如何变化，就持续维持在买进讯号，也就是市场持续呈现偏多的不平衡状态。另外**不管是黄金交叉或是死亡交叉，当交叉后的开口扩大到一定程度的时候，容易出现修正行情。**这一点请特别注意。

第二组（代表过去）

③迟行线（Ti Kou Line）→以当天收盘价作为计算值，但此价格被放在过去 26 天的位置上。

原因：

迟行线的观念更加简单，因为它就是单纯的收盘价，没有掺入其他因素。一目山人使用最单纯的数字，再加上一点创意，造就了迟行线的无限应用空间。迟行线不是放在当日的 K 线，而是往“过去”26 天前的位置，这样的做法，主要是要将目前市场最新的、最认同的价位，跟 26 天前的价位做一比较。

这一比较之后，马上知道市场相对于 26 天前市场情绪的归结点，所呈现的平衡现象是什么，一样还是不一样，不一样的话，他们之间的差异有多少，不平衡就有多少。在东京或是台北、上海，相信有人把这个距离当作是背离的概念，笔者并不否认这样的说法有其方便性，因为没有人不知道背离的意义，尤其是技术分析者更是喜欢以乖离多少来认定市场的不合理程度。但是笔者比较希望在一目均衡表的使用中，背离也好乖离也好，应该以“不平衡程度”来解释，这样会更贴近一目山人的原始用义。

应用重点：

在应用迟行线时，投资人必须清楚过去这一只股票、外汇或是期货商品的历史最高差异。当此差异越大，表示市场不平衡程度越高、越大。在图 4-2 中，可以发现 2019 年 1 月初与 3 月底都发生过正向不平衡过大的现象（正乖离过大）。而由于东方通信在此期间相当强势，因此没有出现负向不平衡的过大现象（负乖离过大），这种极端式的现象（笔者常常称之为极端情景），很容易出现反转格局。当然，一目山人并不是要投资人以迟行线来进行交易就好，这不符合平衡逻辑，笔者也认为这也不符合一目均衡表的简化定义。

迟行线还是要跟其他的参数一起使用，才能构成完整的交易系统。在此再一次提醒投资人，一目均衡表是一个系统性的交易逻辑，因为它有独特的系统性，所以是不能被抽离使用的。

第三组（代表未来）

④先行线 1（Sen Kou Line 1）→以转换线加上基准线再除以 2。

⑤先行线 2（Sen Kou Line 2）→以最近 52 天的最高价加上最近 52 天的最低价再除以 2。

原因：

先行线两条，是把转换线与基准线平均之后，再跟 52 日的最高与最低价平均做比较，这仍然脱不开黄金交叉与死亡交叉的范围。**更具创意的是，一目山人将先行线所计算出来的平均价格往“未来”移动 26 天，这样的设计跟迟行线往“过去”移动 26 天的设计刚好形成一个完整的对称关系，这也是笔者认为一目山人在设计一目均衡表时，就是以“平衡”为主轴的用意。**

基本上，先行线 1 与先行线 2 形成一种黄金交叉与死亡交叉现象，但在一目均衡表中，先行线 1 与先行线 2 交叉之后，一目山人把黄金交叉部分与死亡交叉部分分别涂上颜色，这时，使用者可以清楚看到目前市场所处状态为何。在第三章云层部分，相信投资人已经可以大概领会到云层在使用上的好处，至少对于 A 股投资人而言，这是一个全新的观念与应用方法。

应用重点：

首先必须注意云层与价格（基准线 + 转换线），还有云层与迟行线之间的关系，尤其是跟迟行线的关系。通常云层与价格刚刚起步形成同方向时，价格可能已经走了一段路，所以必须由迟行线来确认市场价格目前是否出现过度乖离现象。第三章中对云层已经有相当程度的解释，在此将云层应有的认知与应用方法整理如下。

第一，虽然名为上升云层与下降云层，但应用上必须注意在道琼斯理论或是波浪理论中也常常提到，“过去是压力，未来是支撑；过去是支撑，未来是压力”，延伸说明可以明确地知道，现在是压力还是支撑，必须观察过去曾经发生过的状况，才能做进一步的分析。所以云层的应用不建议过于僵硬，必须持有相当高的柔软性，这种心态为的是配合多变的市场特性。

第二，云层出现多空转折的时候，常常价格本身已经走了一段路，这时投资人的信心相当脆弱，犹豫到底该不该进场操作。建议投资人再搭配使用迟行线，以便观察目前价格乖离程度高或是低，如果乖离程度不大，甚至是同方向变动当中，可以较为放心地进行顺势试单开仓操作。

第三，由于云层是由先行线 1 与先行线 2 所组合而成的，同时先行线 1 又是基准线与转换线的平均值，这代表先行线 1 的变动，比先行线 2 的变动速度更快，因此在云层使用上，以先行线 1 的方向为主，就好像在使用 KD 指标时，K 值的使用意义比 D 值的使用意义高出许多，有相同的道理。

第四，当市场价格在云层之下，所代表的意义是价格跌破重要区域，此时是上升趋势还是下降趋势很重要，解读是以偏空气氛相当浓厚来看待。但别忘记，还必须注意到目前价格是处在相对高点位置，还是处在相对低点位置，投资人必须特别注意这个讯息，当然也可以配合观察迟行线，分析目前的乖离程度有多少。另一方面，若是价格在云层之上，表示价格突破重要区域，而目前是上升或是下降云层，另外迟行线的乖离程度问题，都必须同时结合在一起做最后的分析。

第五，当云层的型态由宽厚变成细薄，又或者由细薄变成宽厚，代表市场出现翻转几率较高。图 4-2A 的 2018 年 11 月初与 12 月份就是典型的例子。云层会变细长主要是先行线 1 与先行线 2 之间的距离所形成的，若是两者相当接近，通常是市场已经走过一段相当平衡状态的过程，这也是一目均衡表所谓的平衡性的一种状况。对多头有利的上升云层达到一定的阶段，市场可能先出现一段时间的平衡状态。对空头有利的下降云层的逻辑刚好跟上升云层相反，投资人应该可以举一反三才是。

第六，当价格与云层的距离过大（偏高又偏远——多方时候，或是偏低又偏远——空头时候），不论是上涨格局或是下跌格局，都会显示目前的价格或市场已经呈现不平衡的状态，投资人应该要有所注意，这时行情翻转的变动几率可能比较高一点，在仓位调整上应该要注意。

提醒投资人，一目均衡表的核心是“均衡”两字，跟A股投资人喜欢在短线环境中冲来冲去的特性可以说是南辕北辙。所谓均衡，探讨的是目前价格的位置在何处，当然，这并不是以单一参数就可以做出清楚的诠释，必须通过各种因子的整合或是重组之后，才能被解读出一个“决定点”，这个决定点说明价格是否平衡。

→如果是平衡，则投资人应该等待价格出现不平衡现象，而平衡状态通常出现在盘整格局。直白说：平衡走势就是震荡行情，只是平衡更指出价格走势的本质。

→如果目前并不是平衡状态，那么第一，要解读不平衡的现象是什么。是多方打败空方，呈现持续上扬的偏多格局？还是空方力道强于多方，呈现出偏空格局？第二，使用一目均衡表时，当出现不平衡现象，必须留意到市场上这种“不平衡的程度”问题，当不平衡程度出现极端，例如我们常说的乐极生悲、悲极生乐，或者是阴阳转换的观念，还有白天与黑夜，更有春夏秋冬的四季变化。**总而言之，价格行为的变化是由人所创造出来的，要抓住价格的波动，就等于是要解决人的问题。**从价格变动到交易行为的产生，不单纯是数字问题，投资人必须更深一层去了解创造数字的源头是众多投资人什么行为造成的。

从这些层面去观察一目均衡表，相信会更能够体会到一目山人当初创造一目均衡表的理念与用意，是相当符合市场的趋势。现在，“行为金融学”早已变成一种显学，这已经可以证明一目山人的先见之明。接下来，请投资人注意**多方有利的平衡破坏就是偏多操作，而空方有利的平**

衡破坏就是偏空操作，当然，在市场出现平衡状态时，以观望为主，并等待平衡遭到破坏为止算是最佳的策略。再举用东方通信的例子：

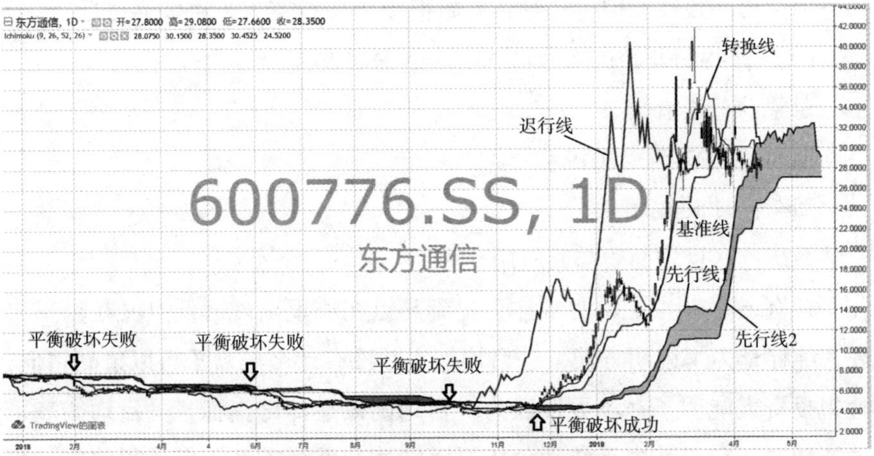

图4-2B　东方通信一目均衡表

资料来源：华尔街见闻

从图 4-2B 东方通信的走势可以看到 3 个平衡破坏失败的例子。所谓的失败是一度下跌但并没有持续性的走势出现，也叫作空方破坏失败；相对地，如果是一度上涨但没有持续性的上涨行情，就是多方破坏失败的情况。而在 2018 年 12 月时，东方通信价格往上攻坚，多方企图结束持续盘整型态，之后，每一根 K 线都不断地证明多方的操作得到市场认同，形成笔者所谓的多方破坏成功的例子。

重要：破坏的位置是将向上突破云层，或者向下跌破云层，作为观察重点。

接下来，笔者将一目均衡表应用在上证指数上，以一连串的背景分析，希望能借由图 4-3 到图 4-15 的说明，让投资人更清楚一目均衡表的应用。

但需要说明一点就是图形的问题，原本，笔者希望让投资人研读的时候轻松一些，将基准线与转换线拿掉，只留下迟行线与云层，并利用这两个参数进行说明，但在准备撰写的过程中，发现一目均衡表连拆解说明都有问题。因此笔者把数据再度重新整理，同时也耗费更多时间在准备上，也更深刻体会到一目均衡表的系统性之紧密，在使用上更是具备条理性与一致性，但也让笔者开始担忧 A 股投资人是否能够接受。

OK，让我们开始进入一目均衡表的深层世界。

对象：上证指数

期间：2007 年 ~ 2019 年

型态：日 K 线图

系统：一目均衡表与其应用

还有，本书为了说明常常会提到高点在哪里出现，低点又在哪里出现，纯粹是为了说明方便，一目均衡表并没有什么黑盒子可以猜高猜低，希望投资人能明了，**不要误以为一目均衡表是神奇指标，一目均衡表可贵的地方，在于其由系统性分析进而能清楚看到市场平衡位置何在，再进而让投资人可以做出正确的交易决策。**当然，目的就是希望投资人能在混乱的市场中获利。

笔者先简单解释自己的应用方式，之后会用三役好转与三役逆转的进出场例子做说明。在每个好转与逆转的位置都是考虑操作的机会，例如转换线突破基线俗称黄金交叉，那么就是进场的位置。两个进出模式，六个进出场点，三个进场点与三个出场点。

在一目均衡表系统中，确定性的进出场点如下：

三役好转买进讯号：

①转换线突破基线

② K 线突破云层

③迟行线突破 K 线

三役逆转卖出讯号：

①转换线跌破基线

② K 线跌破云层

③迟行线跌破 K 线

笔者认为的进场与出场模式：

图4-3　上证指数一目均衡表的历史轨迹01

资料来源：华尔街见闻

2007 年 7 月，上证指数在云层的支撑下，再度往上攻坚，并且突破云层，然后在转换线与基准线的同步配合下，行情不断往上。迟行线部分虽有几次正乖离过大而有回调的样子，但始终都是走着强者恒强的格局，直到 2007 年 11 月二次正乖离过大，同时转换线与基准线由原来的黄金交叉形成了死亡交叉，最终上证指数开始往下波动了。

2008 年上证指数一度反弹，但遇到云层压力而告失败，指数继续走出更明确的下降趋势。到 4 月份的时候，上证指数还是反弹无力，多方再度往上攻坚无果。

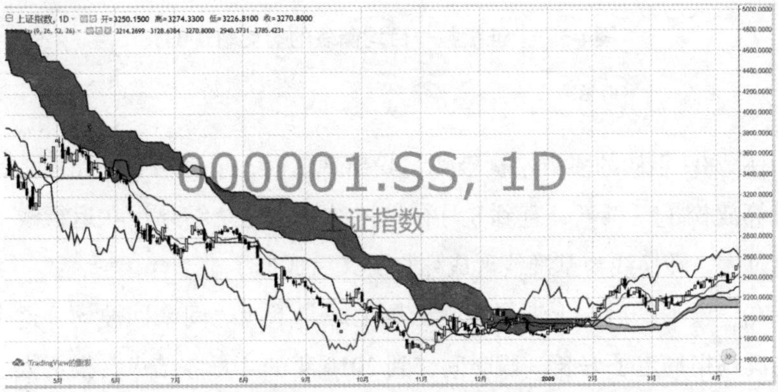

图4-4　上证指数一目均衡表的历史轨迹02

资料来源：华尔街见闻

随着反弹没有成功，当时整个 A 股市场与国际股票市场在美国金融风暴影响下，全球市场形成同步下跌走势。

到了 2008 年 11 月开始，市场止跌了，走向区间震荡偏多的模式，也由于一整年的偏空走势，这个震荡偏多的基础下，2009 年有了不同的机会。如果投资人仔细观察的话，可以看到在 2 月的时候，上证指数已经有了多方平衡破坏的机会，这也预告着未来可能上涨，当时这个机会是否真的形成，笔者还是认为，市场趋势、价格趋势最重要的是在每一根 K 线的追踪过程中确认，而不是单就多方平衡破坏一句话就可以解释，又或者就这么一句话可以全压资金去赌一把，**在一目均衡表中，从来没有赌徒心态，也没有赌徒的操作模式。**

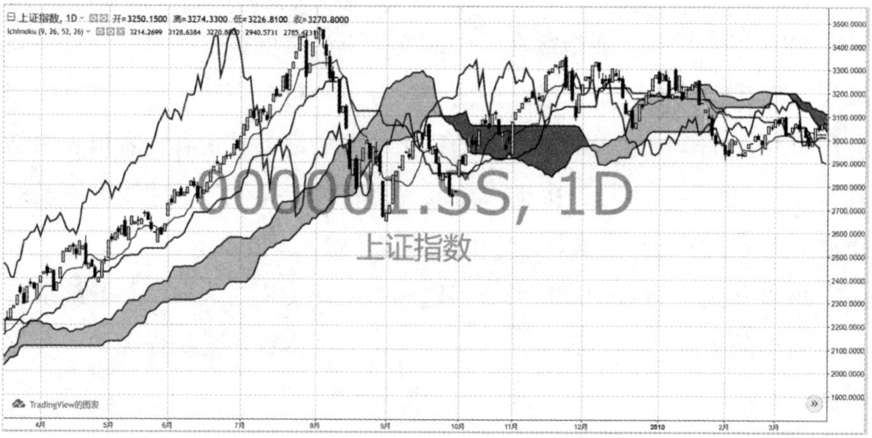

图4-5　上证指数一目均衡表的历史轨迹03

资料来源：华尔街见闻

在 2009 年初的多方平衡破坏情景出现之后，上证指数一路向上，多方总算放松了一口气，直到 8 月行情才结束。这个结果也在迟行线的正乖离过大，转换线与基准线形成死亡交叉后成形了。

在一段下跌后，上证指数在云层上缘与下缘之间来回波动，这个明显的震荡格局走了好长一段时间，到 2010 年的 4 月才结束。投资人应该也可以看到，上证指数一度都是在多方平衡破坏与空方平衡破坏两者之间游移，所以，在第一次趋势平衡破坏失败的时候，投资人可以合理地怀疑，未来的走势应该是偏向震荡格局了。

在一目均衡表里头，什么是震荡格局？就是当大盘指数或个股价格在云层上下跳动，称为震荡盘。这也是为何一目均衡表的买进与卖出点中，以所谓的“三役好转”与“三役逆转”作为重要组成部分。其中一个重要参数是价格必须站上云层或者跌破云层。

在 8 月到 9 月的下跌行情之后，上证指数一直处于云层之下波动，投资人就可以理解了。

图4-6　上证指数一目均衡表的历史轨迹04

资料来源：华尔街见闻

4 月份上证指数最后多方平衡破坏失败后，指数跌破云层，形成真正的空方平衡破坏，这波下跌是快速的，形成了价格与云层的负乖离过大，市场跌势出现过度反应现象，同时，迟行线也与先对应的指数（价格）形成负乖离过大现象，这样的情景让市场出现的短暂的震荡走势，但却也是震荡偏空的格局，也就有了 7 月的二度负乖离过大，进而出现上涨行情走势。

之后 8 月份在下降云层内，上证指数开始横向整理一段时间，到 10 月底下降云层转化为上升云层，上证指数在上升云层的支撑下，开始走出上涨行情，这次虽然没有多方平衡破坏的结构，但云层的支持也宣示着空头行情的结束可能。

之后上证指数在11月初，当天出现价格与云层、迟行线与相对应K线的双重正乖离过大下，开始反转而下，走向另一个下跌行情。12月上证指数在云层之内受到压制，而走向震荡偏弱格局。

图4-7　上证指数一目均衡表的历史轨迹05

资料来源：华尔街见闻

到2011年4月份为止，上证指数持续偏弱但还不是空头走势行情，云层的支撑依然没有让上证指数走向偏多格局，所以，这个行情再次告诉投资人分析价格与一目均衡表的关系，着重在两者的趋势延续性、价格乖离程度与价格平衡破坏与否。

上证指数下跌到7月，迟行线与相对应价格，还有当日的上证指数与相对应云层都出现了负乖离过大现象，进而出现反弹，意思是说，接下来的行情如果不是反转而上，就是反弹无力而必须继续下跌，这个是从趋势追踪模型可以得到的判断。当然，上证指数到了7月之后，在云层的压力下，呈现反弹无力的走势。

8月与9月受制于转换线与基准线的向下压力。10月份又出现与7月份一样的走势，反弹但在云层压力下继续下跌到2012年1月份。如果投资人细心一点，可以看到又出现7月、10月的模式，上证指数再度反弹向上。

图4-8　上证指数一目均衡表的历史轨迹06

资料来源：华尔街见闻

只是，经过三次的反弹无力之后，这次的反弹突破了云层，而且还再走了一小波行情，之后，才出现跟2012年7月、10月相反的模式。就是迟行线与相对应K线，当天价格与相对应云层出现正乖离过大，继而反转而下，直到3月底的云层下缘才止跌。

4月份的这个反弹不容易解读，在一目均衡表的应用上，只能说上证指数不再创新低价，随后上证指数进入云层内向上波动，但这一企图在5月初站上云层后，就失去攻坚动力了，只是在云层附近震荡了10个交易日，随后也是继续下跌的宿命，这波下跌相当明显、顺畅，连8月、9月与10月的反弹行情也是脆弱的，尤其是10月份的反弹遇到云层就没辙了。

投资人可以清楚看到，12月上证指数形成的模式跟2010年7月的一目均衡表模式，有高度的一致性，这种相似性也好，相关性也好，都是一目均衡表带给投资人的操作机会。

一目均衡表：三役好转与三役逆转模式

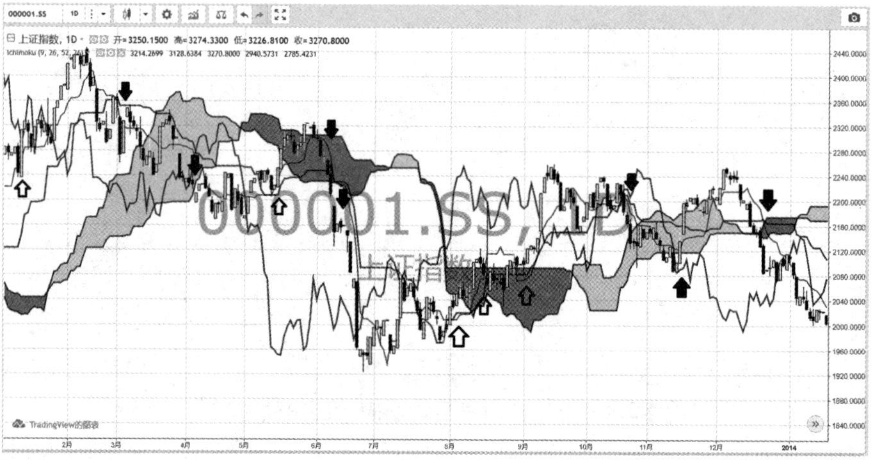

图4-9　上证指数一目均衡表的历史轨迹07

资料来源：华尔街见闻

趋势不明，获利不易？在一目均衡表的指引下，只要投资人敏感度够高，还是有机会做好操作的，所以笔者才在前面的例子说明了自己的操作思维，后续的文章也会说得更加清楚。

⇧买进信号

⬇卖出信号

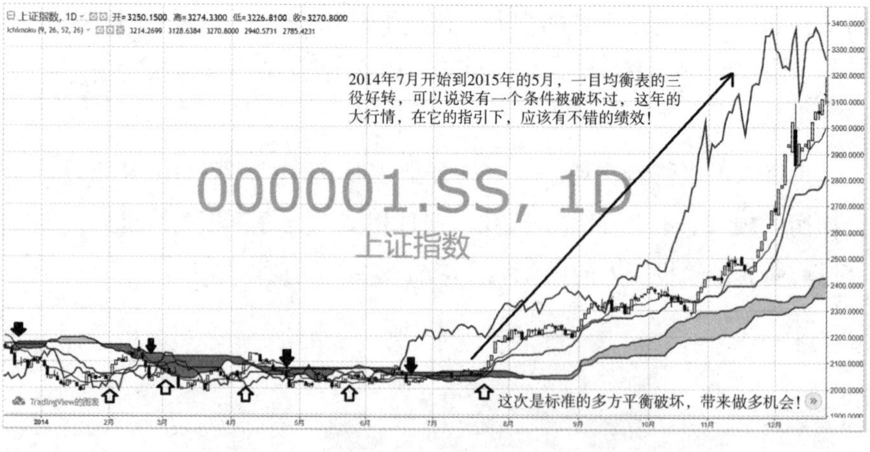

图4-10　上证指数一目均衡表的历史轨迹08

资料来源：华尔街见闻

几次的操作失败显示行情的胶着感。在一目均衡表中并没有明确的震荡行情操作方法，笔者的理解，一目均衡表的三役好转与三役逆转，如果是单一条件形成，那么应该轻仓操作，若是像2014年7月的那种大行情，才有机会全仓操作的吧！进一步说，绝大部分日本人在理财上是相当保守的，不是那种大开大合的习惯。

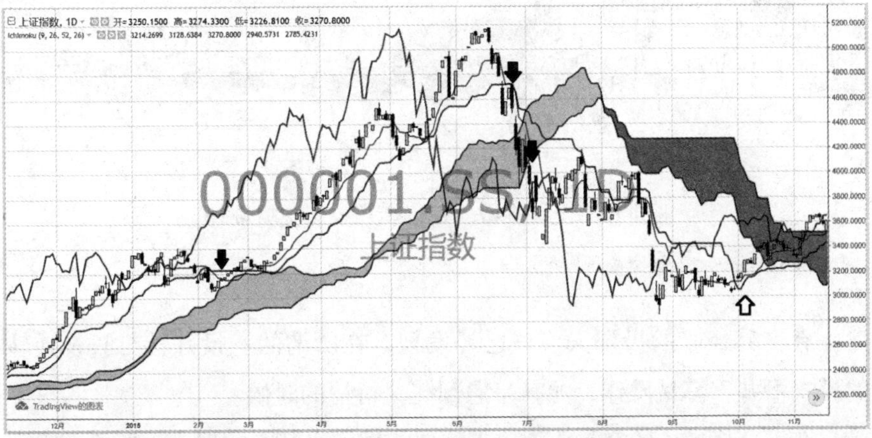

图4-11　上证指数一目均衡表的历史轨迹09

资料来源：华尔街见闻

2015年2月的卖出信号应该是出场的信号。但没多久在云层的支撑、转换线与基准线、迟行线也超越K线，三役好转又到位时，应再次持有多单。

到2015年6月开始有卖出信号了。

在2015年10月再度出现买进信号。

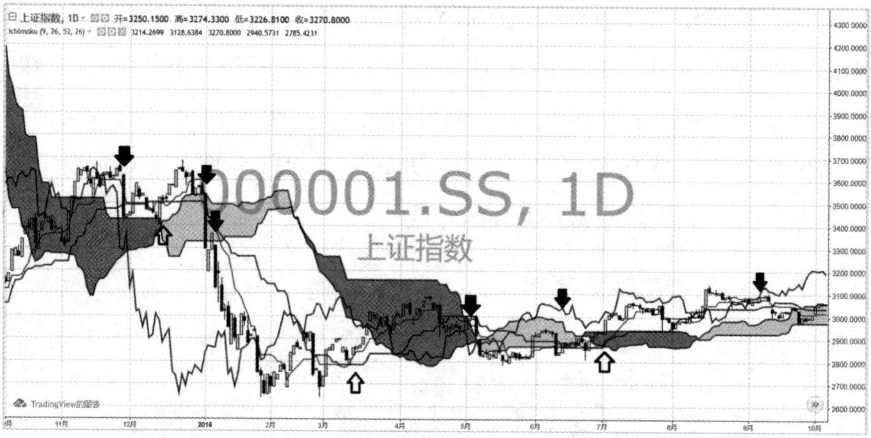

图4-12　上证指数一目均衡表的历史轨迹10

资料来源：华尔街见闻

有交易经验的投资人应该已经发现，在所谓的三役好转与三役逆转的模式下并不容易操作，尤其是遇到震荡行情的时候。

在震荡格局中的交易模式，首先要能够定义什么情况下，股价会出现非趋势性走势，在上有压力、下有支撑的模式下，投资人又该如何操作，才能保持较好的盈利结果，这个是所有股票市场参与者最关心的问题！

当然，有些号称不进行仓位管理（股价波动产生的风险时期）的价值投资型投资人，就必须理解当股价下跌50%时，你还能相信多少该股票的基本面真实性？

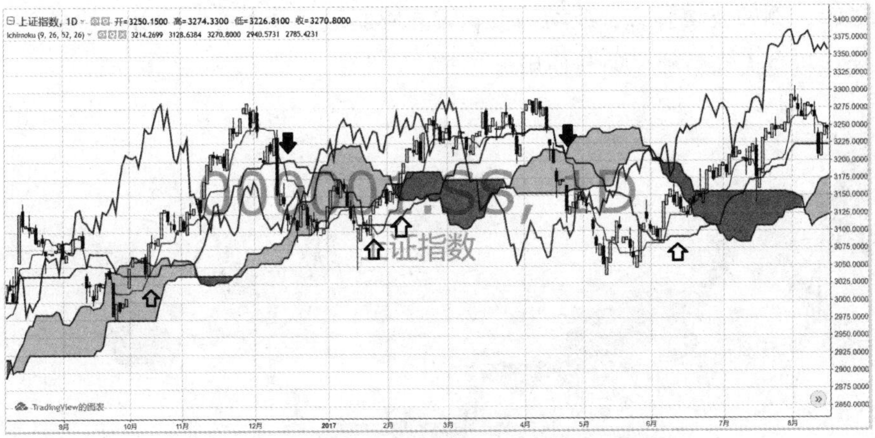

图4-13　上证指数一目均衡表的历史轨迹11

资料来源：华尔街见闻

以这个时段的操作机会来说，不算太差，因为还是有差价可以赚。但是笔者知道，这对于A股的投资人来说应该是很难接受的。

然而，就日本人的理财属性来说它还是有一定的合理性。

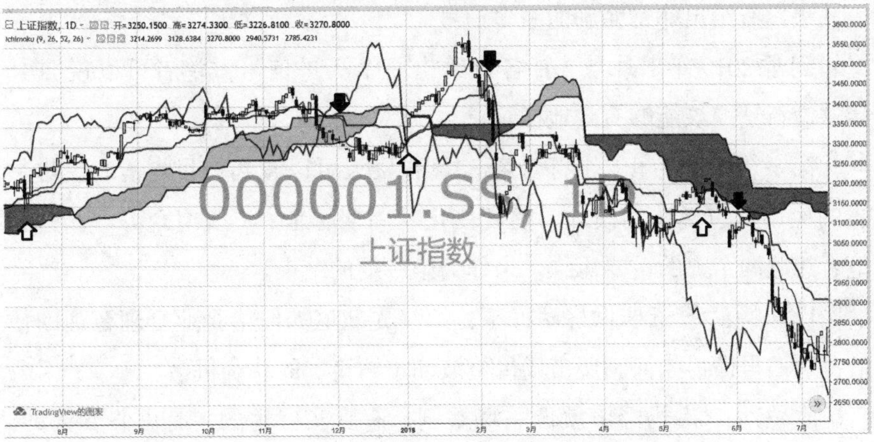

图4-14　上证指数一目均衡表的历史轨迹12

资料来源：华尔街见闻

笔者必须再强调一次，这几个例子是以纯粹只用了三役好转或三役逆转作为进出场点的说明，但在一目均衡表体系中，还是有很多的应用逻辑，例如波动模式、波动幅度、时间周期与K线型态学等等应用逻辑，值得投资人完整地学习与使用。

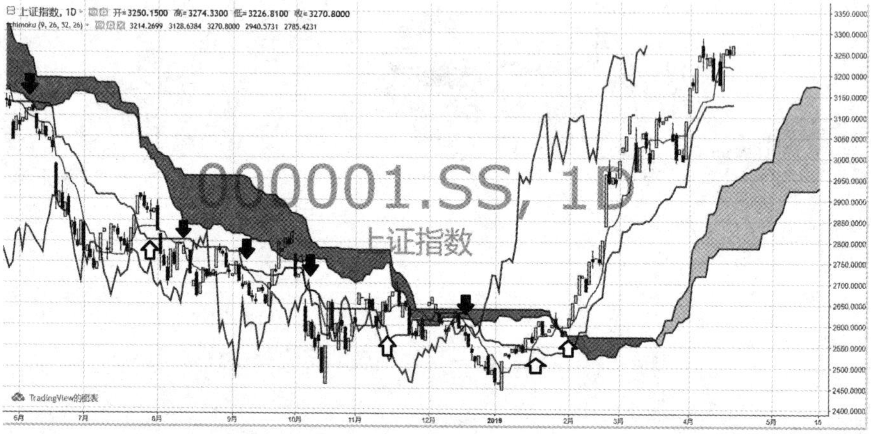

图4-15　上证指数一目均衡表的历史轨迹13

资料来源：华尔街见闻

在2018年的下跌行情中，就不多说了，一路下跌行情中，一目均衡表几乎没有给出非常明确的做多信号。

到了2019年1月与2月各自给出一个买进信号，笔者可以说2019年这波行情应该能够有效地抓到。

第一篇到此为止，接下来第二篇投资人可以看到一目均衡表更进一步的应用，包括波动模式、幅度变化、周期思考、K线组合等等。这让笔者想起两个人的重要思维，来作为第一篇的结束。

巴菲特："投资要做好两件事：第一先知道如何给企业合理客观的估值。第二再懂得如何利用市场价格波动（情绪）的获利机会。"

索罗斯："市场经济就像一场戏剧，有真实确定的，有虚假变换的，当你有足够能力，辨识其中真伪时机变换，那么，就有机会积累你的财富。"

第二篇

一目均衡表应用篇

第五章 波动模式

和的精神（中庸之道）

在波动模式上，一目均衡表所使用的方式是以波浪理论为基本原理，但仍旧是以非常简单的方式进行市场分析，也就是一目山人并没有打算将一目均衡表复杂化。以笔者在日本居住将近6年，对日本文化中日本人对于事务的学习与认知，他是希望将各个复杂的参数（或是影响因子）清楚地简化后再重新组合。

一目山人（本名：细田悟一）先生在20世纪30年代创造出一目均衡表，20世纪70年代发表出来，在创造一目均衡表系统当时的日本社会仍然有着古老的、传统的“和”的精神，**笔者认为这样的社会精神才孕育出一目均衡表的均衡特性，因为和的精神就是平衡的精神，也是一目均衡表所要传达的最重要的讯息，进而寻找从平衡存在到平衡破坏的交易机会**。

投资人可能也会问，到底“和的精神”是什么？笔者基本上无法解释，主要是文化的理解常常无法使用语言表达，那是一种体验之后，才能产生、体会得到的意念，也就是中文所说的心领神会。若一定要解释的话，日文有一句话叫作“わびしい”（Wa Bi Shi i），它有寂寞的、冷清的、寂静的意思，或许可以让投资人领会到一些细田悟一先生的创意，交易是一种独立运作的工作。

但也**如同一目山人常常强调的，市场变化不是方程式可以解释的**。他喜欢研读西方哲学与东方哲学，并且融合这两种学问为市场交易基础，而这样的结果，也相当符合在西方交易策略思维中所提到的，**“交易是一种科学，更是一种艺术”**的说法，一目山人创造出的一目均衡表交易系统，可以说是实践这种理念相当有代表性的一项作品。

事实上，在交易世界当中，常常令人感到困惑的是交易时机问题。这个问题的背后是希望“买在最低、卖在最高”的期望所致。然而，若是每一个人都可以做到同样的在最低处买进，并且在最高处卖出，试问，你所期望的这笔交易如何成交？这是非常根本的问题，但许多人心中都希望做到这一点。

近年，A 股市场、期货市场与期权市场，或是其他金融市场的蓬勃发展，将近三十年来，许许多多的投资人（一般投资人、交易员、操盘人、投资经理人、机构法人）亏损金额不计其数，所幸，这些经验被不断地渲染开来，现在的投资人大多已经知道，在金融市场并不是那么简单。如果还有人想要在金融市场买在最低卖在最高，做春秋大梦的话，肯定会被周遭的人耻笑，但不简单的原因是什么？不是买卖很困难，而是人心浮动的程度，不被人所控制。常常随着人心的浮动而买与卖，那才是最大的风险所在。

在欧美国家，那些有头有脸的投资人，也被称为资产管理者的人，每个人的心也都是肉做的，跟世上所有的人都一样，但为什么如 Bill Millar 的绩效可以连续 15 年打败 S&P 500 指数呢？笔者认为，那是对金融市场的持有心态与对交易目标物钻研程度的不同，而这个不同所得到的结果是对市场的平常心，用一目均衡表的说法就是对市场永远保持平衡的态度，Millar 不会为了打败 S&P 500 指数而整日提心吊胆，但他却缔造了前所未有的纪录。

再譬如巴菲特、索罗斯与柯斯托拉尼等人，还有最近几年在中国金融市场也很火爆的桥水基金达里奥，不也都是在同样的做法下成功，并且赚到大笔的钱。想在金融市场成功的基本条件可以说是专注、专注再专注于自己的优势领域。巴菲特在 2019 年的股东会上提出大概十个观点，笔者觉得很有必要让自己与投资人一起学习：

①绝不做杠杆化的投资

②对自己不理解的领域离得越远越好

③要不断拓展自己的能力圈范围

④最不值得花时间去做的事情就是跟别人生气

⑤持续将大量现金用于必要的慈善事业

⑥观念正确的话，延迟满足和及时享乐不矛盾

⑦人的开心程度和财富的多寡并不是成正比的

⑧更多的阅历才能读懂人性

⑨看什么是行之有效的方法，然后去实际去行动

⑩时间和爱是人生中最重要的东西

好几年前，巴菲特原本对慈善事业兴趣不大，但却传出他要将持有资产的百分之八十甚至是百分之九十，约有几百亿美金捐给比尔·盖茨等的慈善机构，这真是美事一桩，值得下笔纪录，也希望在金融市场赚到大钱的成功投资人都能够效法。总而言之，以一个投资人而言，赚钱是当然的，但有意义的赚钱与有意义的花钱，那才是交易人生上美丽的篇章。

如果是这样的心情，那么投资人再看这本书的时候可能会比较舒服一点。坊间书店里摆在金融投资理财专柜的书籍，标题都相当的耸动，但却不切实际，说实在话，笔者最怕别人认为我写的书跟灵丹妙药一样能治百病，并且有药到病除的效果。所谓药到病除，换成在股票市场就是今天买进，明天马上就出现涨停板，何等快意人生，但这不是金融市场该有的面貌，要赌博应该到拉斯维加斯或者是买彩票，可能损失的成本会比较少一些，获利百分比应该会更高许多才是。

所以，回归到笔者为何要在这一节中提到“和的精神”，再重复一遍一个成功投资人的观念，也是一目均衡表的重要精神，就是永远保持平衡的态度，不管市场如何疯狂地上涨或是激烈地下跌，或者是持续长期的横向盘整，永远以平常心的态度面对市场的风风雨雨，那么，相信投资人在理财这件事上会更顺畅。

波动型态

平衡的相反就是波动，因此波动的认知在一目均衡表中相当重要，而市场波动的方式基本上分为下列几种：

①I 型波动模式

②V 型波动模式

③N 型波动模式

④Y 型波动模式（扩大波动）

⑤P 型波动模式（收敛波动）

这五种波动型态的前三种，就是I 型波动模式、V 型波动模式与N 型波动模式，可以说已经完整涵盖了市场波动的模式。许多人认为市场有上涨、下跌与盘整三种波动模式，事实上，笔者认为只有一种而已，就是I 型波动，因为所有的波动皆由I 波开始。

I 型波动模式是唯一代表市场的波动方式，不管市场波动的幅度有多大或是有多小，都已经被I 型波动所解释。为何这么说，投资人或许有其他的解释，但笔者必须强调，一目均衡表的应用不是绝对一成不变的，目前各位所看到一目均衡表的说明是笔者个人的解读，这个情况展现一目均衡表的可塑性与博大之处。

I 型波动模式

我们来看I 型波动模式的观念与应用。如图 5–1A 与图 5–1B，市场不是上涨——U1，就是下跌——D1。杰西·李佛摩就曾经表示过这样的观念，意思是说："市场上没有做多的方向，也没有做空的方向，只有对的方向。"他非常清楚地言明了市场波动的真正道理，并且确切地展现在实际的交易工作上，虽然他最后并没有像巴菲特这些人一样，享受到金融操作的成果，但我们不能忘记，他最后自杀（未经证实）结束自己的生命，却留给后代许许多多的警示，这种贡献绝对高于巴菲特等人许多。

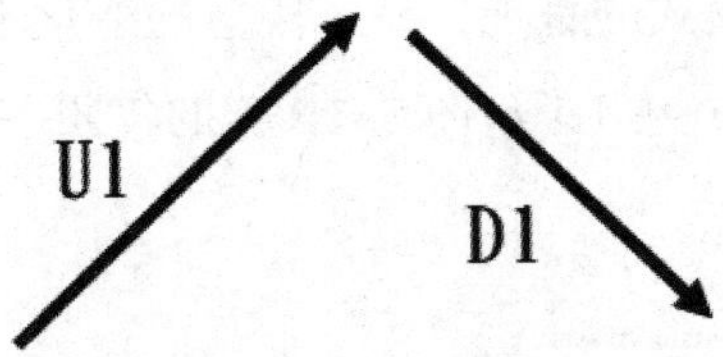

图5-1　I型波动模式

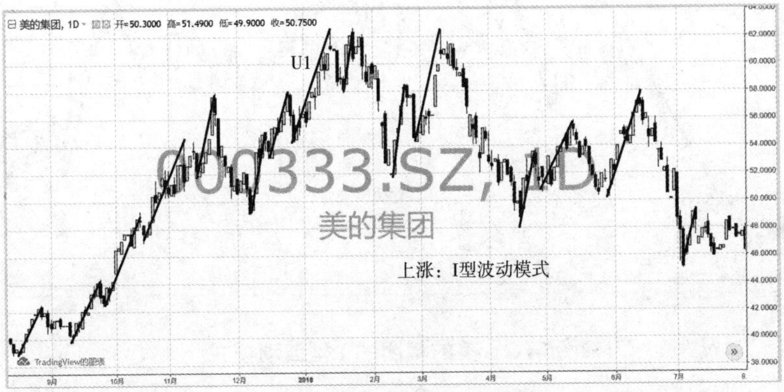

图5-1A　美的集团上涨的 I 型波动模式

资料来源：华尔街见闻

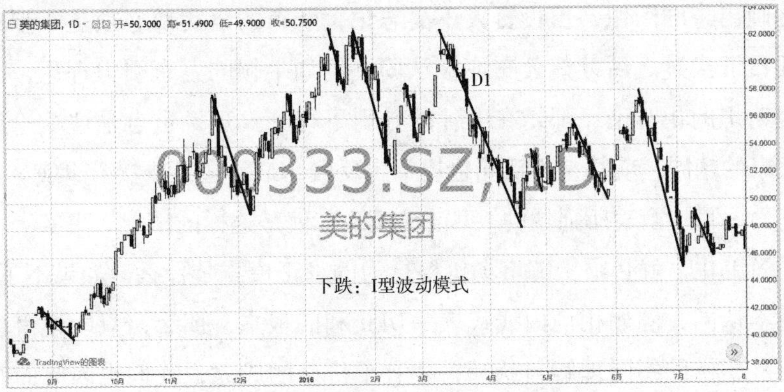

图 5-1B　美的集团下跌的 I 型波动模式

资料来源：华尔街见闻

一目均衡表使用简单的一条直线解释市场的基本步伐，相当有趣，笔者应用到A股市场也能得到同样令人满意的结果。投资人可以看到图5–1C的I型波动模式的呈现，每一段落的变化不就是图5–1A美的集团上涨的I型波动模式中U1与图5–1B美的集团下跌的I型波动模式中D1的连续图。

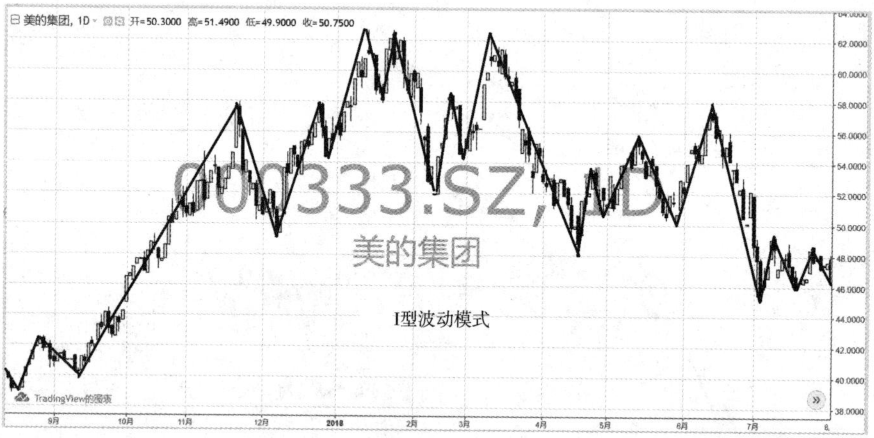

图5-1C 美的集团的I型波动模式

资料来源：华尔街见闻

投资人会怀疑这是事后诸葛的画法，没错，这是价格已经走过之后才能画出来的图像，**但投资人不要忘记，所有的事实都必须是一步一脚印逐日证实过之后才能公布或被认同**，例如牛顿的万有引力理论，还有爱因斯坦的相对论，都是在实证的导引下得到真理，重点是这个论点得到大家的认同，就算是不认同也提不出反驳，最后还是要接受事实。

而一目均衡表所强调的I型波动模式，就是这样的情况。事实上，交易要简单化，就必须了解市场价格行为的真正模式是什么。如果不了解，甚至不认同，例如相信内线代表一切获利的根本，那么，只能说市场就因为有多样的不同理解与认知，才有了价格的成立，我们也因此而有了获利或是亏损的机会。

接下来，我们看一下2019年最大飙升股美锦能源的走势图。

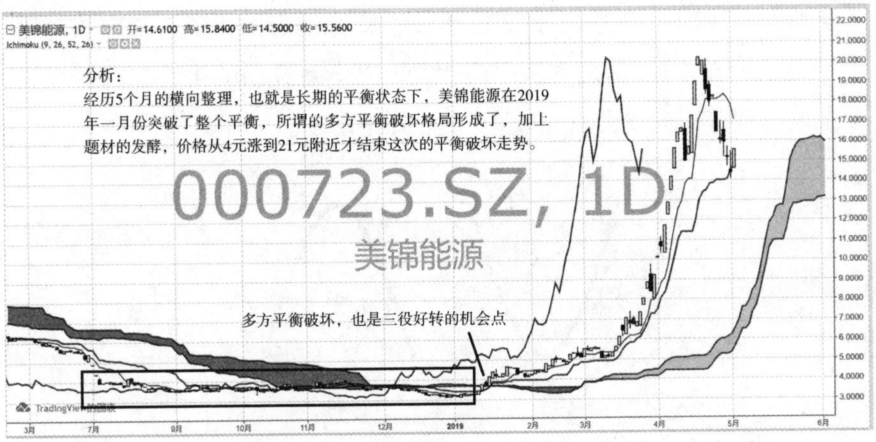

图5-1D　美锦能源的 I 型波动模式

资料来源：华尔街见闻

不知投资人是否能够体会到 I 型波动模式与一目均衡表结合起来使用的效果。在不知道美锦能源基本面消息的情况下，市场价格早在 2019 年 1 月初时就呈现连续偏多走势，当然投资人必须追踪美锦能源 5 个月甚至是 6 个月之后，才知道行情已经发动。

而一目山人的一目均衡表的整体应用逻辑，其实就是在找市场价格的平衡性破坏是否出现。2019 年开年，美锦能源股价发动了，展开 I 型波动模式的标准走势。这应该是可以参与的，少量仓位也好。同时，只要美锦能源是投资人平时就已经在关注的股票，那么这一次的大幅度上涨，在一目均衡表的协助下，投资人至少也可以吃到很大一截的利润才是。

V 型波动模式

V 型波动模式刚好结合 I 型波动模式的 U1 与 D1 的结果，图 5–2 显示 V 形波动的原形。V 型波动模式是最基本的市场波动模式，但却是最重要的部分，因为就像懂得 M 形型态与 W 底型态的投资人都应该知道，市场上永远在走第四波，这个第四波就是 V 型波动的第二波，甚至说，没有 V 型的第二波就没有 M 型与 W 底理论出现。

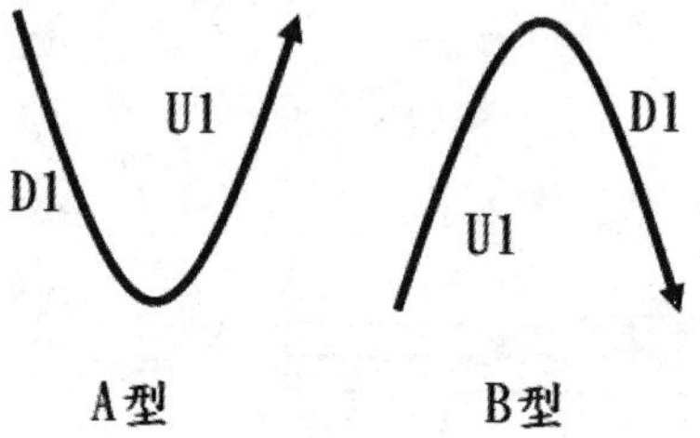

图5-2　V型波动模式

当然，V 型波动模式也分成 A 型的上升波，还有 B 型的下降波。这种分类，其实并不困难，只要投资人不去想一些过于复杂的事务，应该都可以清楚地看到市场价格在波动的行为模式。如果投资人能够抓住价格的行为模式，那么投资人就很容易看出市场的波动现况，这个结果也让投资人变得比较不会慌慌张张地进行不该做的交易。我们常常看到稳定性很高的投资人，对于市场的波动不太会去做评断，因为价格随时在波动。

目前虽然我们可以归纳出 V 型波动模式，来解释市场价格行为的规律性，但从图 5–2A 与图 5–2B 所呈现的结果，投资人可以清楚看到，美的集团价格的行为模式可以被归纳，但整体而言，它的幅度与宽度却不一定一样。杰西 · 李佛摩说“市场永远没有新鲜事”，指的就是市场价格波动在 V 型波动模式规范下，可以一清二楚地把价格的变动呈现出来。

但是，在时空环境的改变下，例如计算机程序的出现让投资人的数学计算得以做得更多更快；网络的开通让地球上任何地方所发生的事件得以迅速传播到全球各地，以前乔治 · 索罗斯藉以发迹的全球信息不对称套利交易，已经完全无法运作。

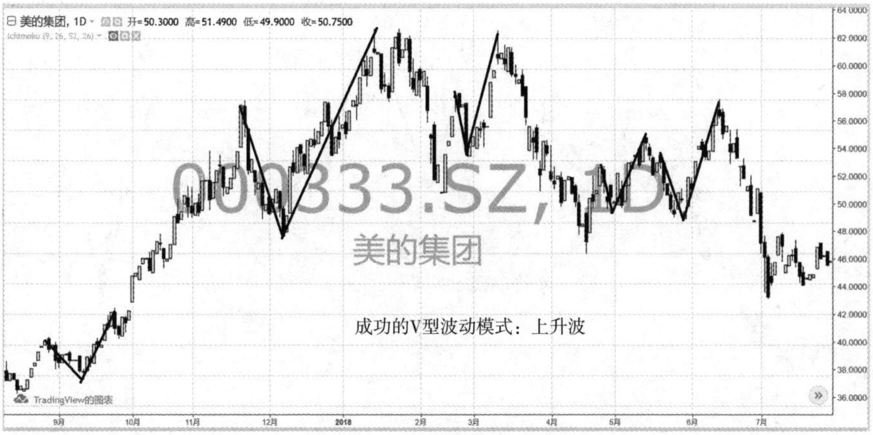

图5-2A　美的集团V型波动模式——上升波

资料来源：华尔街见闻

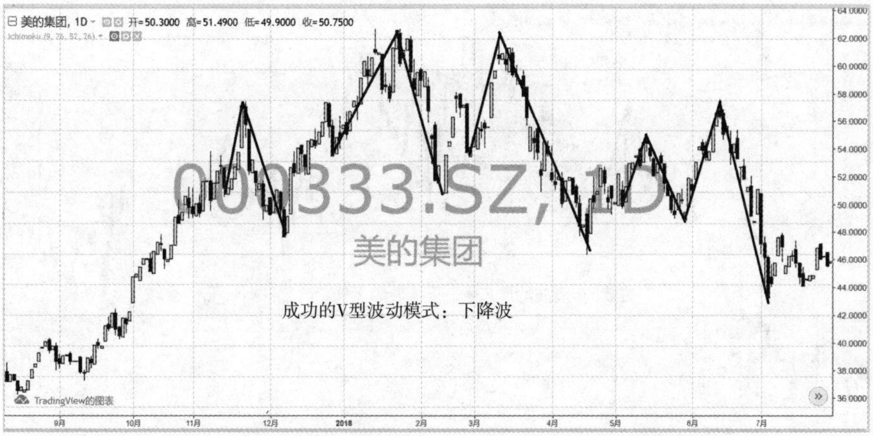

图5-2B　美的集团V型波动模式——下降波

资料来源：华尔街见闻

这样的变化，应该是会持续下去的，因此，就算V型波动模式可以涵盖市场价格波动过程的大部分情况，但是这所谓的第二波会不会成功，如果成功了，他会走多远，走多少时间，可以说完全无法预测，我们做交易只能从价格变动的过程中，去思考相应的交易策略。

当然有成功的V型波动模式，也就有失败的波动，图5-2C与图5-2D就是明显的例子。

图5-2C　美的集团V 型波动模式——上涨转为下跌

资料来源：华尔街见闻

图5-2D　美的集团V 型波动模式——下跌转为上涨

资料来源：华尔街见闻

所以，**当投资人在应用一目均衡表的时候，学习类似像上述这些成功的模式与失败的模式，是很重要的**。当投资人分析出一目均衡表的平衡状态之后，再搭配这些型态的分析，可以更清晰地看到目前市场价格波动的模式，甚至可以看到市场价格未来可能的波动模式，这种“心里有数”的情况，可以说是每一个投资人所追求的，在许多的技术分析公式里头，所想要传达的讯息就是企图预先告知市场价格波动的方向。

大多数人误解了技术分析的可贵之处，简单说，技术所分析的对象是数字，数字来自哪里？数字来自市场，而成就数字的是什么？当然是市场上的每一个投资人。因此，**分析数字就是分析市场投资人的行为模式**，只要清楚市场投资人的行为模式，也就是价格的波动模式，那么在交易上获利的几率就高出许多。

当像A型先跌后涨的V型波动型态失败，不再顺着第二波此时的上升趋势波动的时候，投资人必须有这个型态将会失败的心理准备，不能以主观意念认定价格的波动应该如何。图5-2C的例子中，上升波转为下降波的模式都是一样的，显示这样的规律是可以被验证的，所以，一目均衡表强调的是应用逻辑，而不是告诉投资人如何快速致富，**一目山人就曾说市场的买卖损益是要由自己亲身体验得来的。他进一步表示，听别人的话同时不能没有思考，同时损益也跟别人无关。**

图5-2D就是下降波转为上升波的例子，投资人可以清楚地发现，图5-2C与图5-2D的差别在于波动方向相反而已，但基本逻辑是一样的。

N型波动模式

从图5-3我们可以知道这就是N型波动模式的基本图形，在N型波动模式中，必须综合I型波动模式与V型波动模式的基本逻辑，才能造就N型波动模式的应用，所以N型波动模式可以拆解成为I型与V型波动。投资人应该可以想象得到，N型波动模式在市场价格波动中，其实含有很高的应用价值，在笔者《交易，简单最好》这本书里头所强调的由复杂变为简单的根本逻辑，就是从这里出发的，同时这个N型波动在一目均衡表中的应用也具有相当重要的地位。

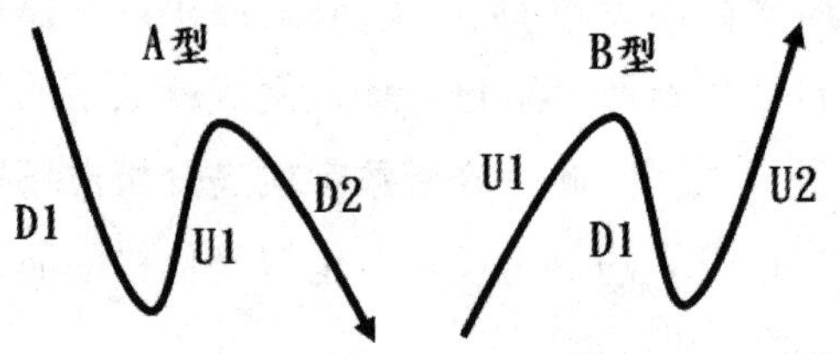

图5-3　N型波动模式

从图 5-3A 投资人可以看到一些例子，也可以想象得到 N 型波动如何结合 I 型波动模式与 V 型波动模式。

图5-3A　美的集团N型波动模式——下跌模式

资料来源：华尔街见闻

同时，投资人也可以看到在 N 型波动模式中，波动并没有如同相应字母“N”那么的有规范，也就是市场上的波动模式不能被百分之百的规范。一目山人所强调的亲身体验，就是希望使用者在了解一目均衡表之后进行交易的时候，不要有以偏概全的想法。一目均衡表无法做到涵盖所有市场的信息，然后得到一个黑盒子，在金融市场上轻轻松松地赚大钱，如果有这种想法，那么投资人应该会大失所望。

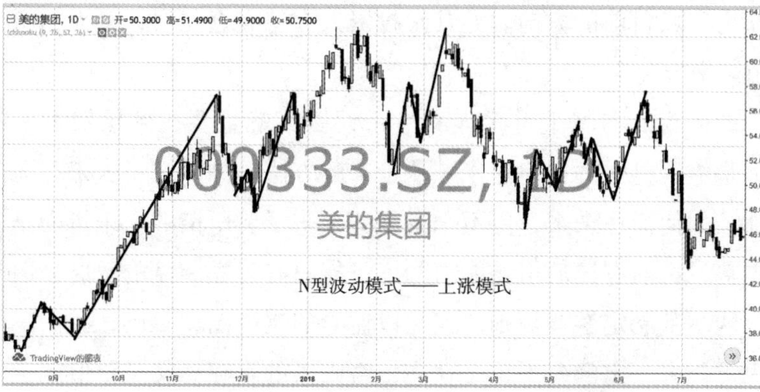

图5-3B　美的集团N型波动模式——上涨模式

资料来源：华尔街见闻

细心的投资人在比照图 5–3A 与图 5–3B 之间有何差异时，可以发现在图 5–3A 美的集团 2018 年初到 2 月间所形成的下降模式之后，就是图 5–3B 美的集团 2 月开始的上升模式。

也就是说，在 N 型波动模式中，虽然我们把它分类成为 A 型与 B 型，二者不连续是正常的，但实际上也可以是连续进行的，或是说可以连接成为市场波与波之间的连动模式。一目山人把上升模式与下降模式分开，主要就是要让投资人可以清楚了解 N 型波动模式的基本结构。

当然，从 I 型波动模式到 V 型、N 型波动模式的说明，投资人或许已经体会到市场波动的过程，其实是可以被拆解成简单的波动模式，只要这些模式清楚了，那市场的变动就能够了然于心。这对投资人而言，是非常重要的能力。

笔者认为，分析市场的变动，了解市场的波动，就好像是在拆解一部汽车或是一台机器一样，当你把所有的零件拆解出来，再组合一次的时候，你已经对这部汽车或是机器有相当程度的了解，甚至你可以依据这样的经验，制造一部新型的汽车或是一台不同的机器，进而能够创造自己的利基。

N 型波动模式的重点也在属于最后一波的第三波之上，市场价格波动永远在最后一波，不管你用什么型态或是计算波动幅度，还是以最后一波作为市场目前的方向。尤其是投资人在持有仓位时，最大的希望就是知道未来方向会如何。

一般来说，市场上许多人有一个误区，就是要找到预知未来的方法。但是笔者更强调如何建立顺从未来的方法，如果对于未来都无法顺从，那该如何抓住未来，更不用说创造未来了。所谓的未来指的是撼动行情走势，目前有撼动市场能力的人可能只有建立制度的政府，但政府也不可能胡乱制定游戏规则，或是以诡异的制度图利自己，我们只能相信世界上仍有一定的公平正义存在，否则人的生存意义与价值就会失去动力。

因此，**“决定”要顺势操作是投资人唯一的道路**。投资人若不决定则后果就是自行负责。几百年来，各种投机泡沫事件证明这一点，在荷兰郁金香事件中，一朵郁金香成为大家所追逐的飙涨商品，你必须在飙涨开始就进场，经过几年，郁金香回归到不过是一盆植物，如果在此之前你不做任何处置，那么盈利消失，甚至变成亏损也就只能自行负责。

另外要提醒投资人的是，N 型波动模式也有失败型态。请投资人参考图 5-3C 的说明，应该可以更了解市场价格波动模式中的变化型态分析。

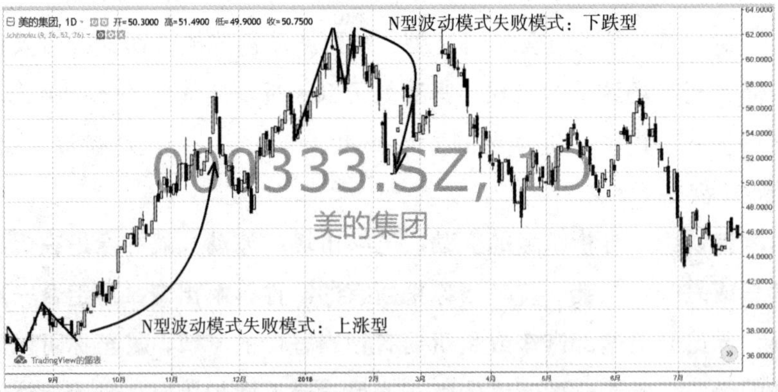

图5-3C　美的集团N型波动模式——失败模式

资料来源：华尔街见闻

Y 型与 P 型波动模式

Y 型波动模式属于扩大型波动模式，而 P 型波动模式属于收敛型波动模式。

在型态学中投资人也可以看到这种型态的分析，但一目山人对于一目均衡表在交易上的使用，可以说经过了特别的重新思考。价格波动过程中，波动型态的基本原则是什么？其中 Y 型波动与 P 型波动就是结合前面所讲的 I 型波动、V 型波动与 N 型波动的综合体。

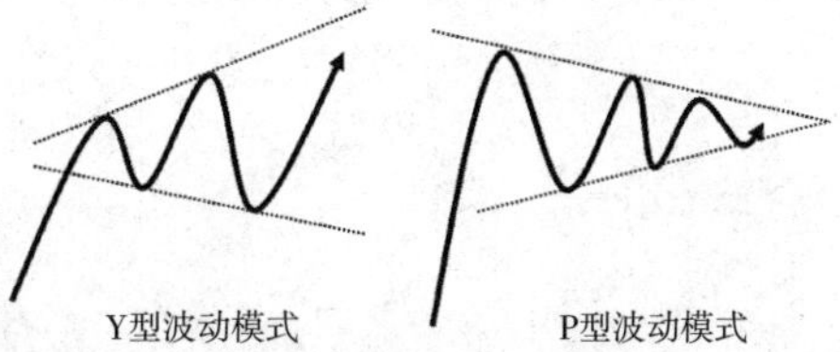

图 5-4　Y型与P型波动模式

最根本的观念是，如图 5-4A 与图 5-4B 的分解图。

开盘之后，市场上所有的价格都动了起来，不管是股票价格、大盘指数、期货商品、外汇与利率商品，投资人可以看到所有的价格都在波动，这真的令人眼花缭乱。

但是有一句话说“乱中有序”讲得非常贴切。全球大概来说算得上是技术指标的有 300 种左右，这些被发明出来的技术分析，不管是什么样的数理背景，不管适用什么样的思维逻辑所编撰出来的神秘公式，都脱离不了数字——就是人的行为，所以投资人只要以人的行为模式来思考，就会发现其实市场的价格波动真的没有什么大不了的，但问题是没有多少人可以清楚认识价格的波动原理。

一目山人强调的平衡，就是在乱中有序地告诉我们，市场上的一切呈现、表象，不管是哪一部分，例如游戏规则、涨跌幅、持有仓位限制、投资人的身份背景等等，结果都呈现在价格的波动上，这就整理出一个

放诸四海皆准的事实，价格代表一切综合细节的结果；把价格整理清楚了，其他的混乱根源，就显得不重要。

U1=I 型波动的上升波

U1+D1+U2=N 型波动的成功模式

A+B+C 也是 N 型波动的成功模式

其他的波动模式，投资人可以有很多不同的看法。但不能改变的是，对各类 I 型、V 型与 N 型，甚至是图 5-4A 的 Y 型波动模式，要有逻辑性的解读与应用，**最简单的是把各种类型只当作 I 型波动一种，就是说在投资人心中只有上涨与下跌两种波动，如果投资人更加至简地认为，市场波动不分涨跌，而只有一个方向的波动，那就更符合杰西·李佛摩对市场的智慧了。**

图5-4A　正邦科技Y型波动模式分解图（扩大型态）

资料来源：华尔街见闻

我们看图 5-4A 与图 5-4B 正邦科技 Y 型波动模式分解图就可以清楚地发现，市场变化看似复杂多变，但都脱离不了 I 型波动模式、V 型波动模式与 N 型波动模式的组合。尤其是每一种波动模式的最后一波才是投资人要注意并且追踪的方向，意思是说，这个波动向上时，投资人要思考的是向上波型，如果波动是向下的，就要思考向下波型。

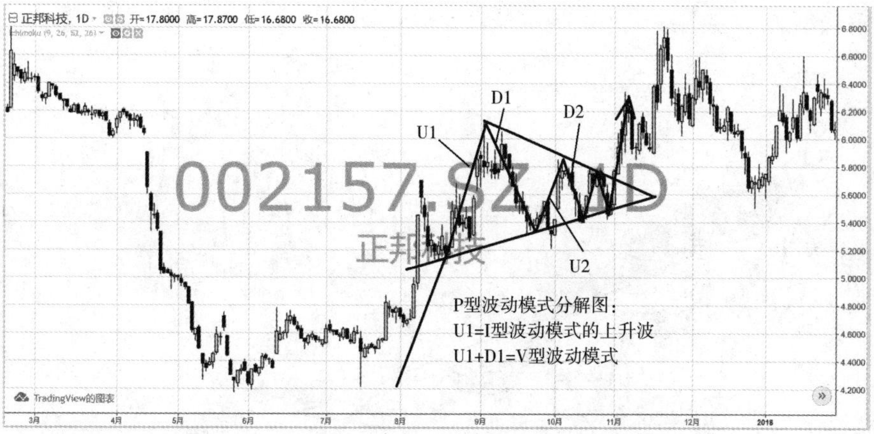

图5-4B　正邦科技P型波动模式分解图（收敛型态）

资料来源：华尔街见闻

其中，或有成功模式与失败模式，一般投资人在使用技术分析与方法的时候，很注重成功模式的发现与追寻不费吹灰之力的赚钱术，然而一目山人以为，市场变化万千之中，除非自己亲身体验，否则无法稳定获利。

许多投资人没有时间与能力去挖掘金融市场上的赚钱方法，才会有共同基金、避险基金，乃至过去几十年最流行的私募基金，这些基金形式共同特点就是各有一把剑（交易策略），甚至有些基金是有好几把剑，这些诸如避险交易、价差交易、套利交易、证券中立交易（LongShort Equity）等等，投资人可以再参考图 3–7 的另类投资策略（AIS）架构。在全球的金融操作策略中，目前脱离不了上述的方法。

一目山人也表示，我们面对市场波动，主要观察的是市场价格波动的“现在性”，所以才会有一目均衡表的出现，这个现在性让我们清楚知道市场价格目前状况跟我们持有的仓位之间的关系，清楚之后，如何进行仓位操作就显得简单许多。

在众多价格型态中，为何一目山人独独钟爱 Y 型波动模式与 P 型波动模式，而少提了其他的波动型态？依照笔者的认知，主要是其他价格型态也是由 I 型波动模式、V 型波动模式与 N 型波动模式所组合起来的，同时，Y 型波动模式与 P 型波动模式又是综合了这三种基本型态的最佳解释型态。

图5-4C　500ETF股价突破云层与P型波动模式

资料来源：华尔街见闻

500ETF 在经过近 4 个月的 P 型波动后，同时强力突破站稳云层，并直接往上攻坚，展现强势格局，这种就是标准的多方平衡破坏的多头走势。之后，在上涨 40% 左右后，当时股价与一目均衡表之间也有几个特点：

①迟行线正乖离过大。

②基线与转换线的开口过大。

③价格与云层距离太远且大。

这几个特点形成未能强者恒强格局，导致后来的快速下跌走势。总而言之，500ETF 股价多方有利的平衡破坏已经形成了，此时就是做多为主，之后的行情波动也是对多单有利，所以投资人应该赚到该赚的钱才对。到了 4 月初，500ETF 股价开始修正到上升云层顶端止跌，之后，再度上扬，在这时候一目均衡表的平衡性（正乖离过大等）刚好又跟之前呈现相反现象。

当然，一目山人也提到，当投资人持有仓位的时候，常常会陷入主观想象的世界，例如持有多单就希望市场价格不断上涨，相对地持有空单就希望市场价格能够不断下跌，对一目山人而言这是危险的事情，因此，一目山人也提出“预估”的观念与做法，这一部分在第六章波动幅度中会有所说明。

重要说明：**就算是预估，也还是建立在已经发生的客观事实之上，不会有过度的解读与期待。只要涉及过度解读、过度期待，就又回到主观怪圈之内了。**

波动型态释义另一章

笔者在本章中不断提到的“型态”，指的是价格所形成的样式，它可以是单纯的I型、V型、N型、Y型与P型，在价格波动的过程中，我们无法长期界定清楚它应该是什么，甚至是主观地说目前的价格型态应该如何变化。笔者曾在电视上接受访问，分析市场价格的波动情形，也常常在报纸杂志上撰写有关期货交易的文章，不管是分析股票走势也好，对期货商品进行解盘也罢，笔者总有一种很强烈的虚无缥缈的感受，一段时间之后，笔者开始回避这样的机会，转而撰写书籍藉以分享长期放在脑海中的知识与长时间累积下来的经验。

虽然笔者使用一目均衡表已经超过25年的时间，期间也不断研究不同的交易方法与交易实务上的应用策略，但一段时间之后，会再回去看一下日本原文一目均衡表所叙述的原理与应用，加上这二十几年来写市场分析笔记，发展程序交易、交易策略的研究与实务操作，已经可以慢慢地领会到一目山人所强调的“市场现在性”的重要程度。

当然，笔者不知道A股投资人是否能够认同这样的想法，但在笔者的交易历程上，这样的经验占有相当重要的地位，笔者不仅赚到该赚的钱，也得到人生的快乐与满足。

笔者经常在想，一个没有时间或是没有能力管理自己财富的人，对他而言，资产管理经理人最重要的是什么？看涨看跌的能力？有许多内线消息来源？管理的金钱实在太多而有能力撼动市场？因为出名所以有许多小秃鹰跟着，形成秃鹰集团？笔者想了好多年，终于有了答案，但这个答案有些违背现在金融市场的常态，想想有点不可思议。但是投资人可以看看全球有名的资产管理经理人的表现，那个应该是选择将自己资产托付出去的“基本”标准。

资产管理的意义在于，获利后可以做更有意义的事情，我们对于类似比尔·盖茨与巴菲特等人虽然不需要羡慕，但不能否认他们却是值得学习的对象，要不然许多花了半辈子劳累赚到大钱的成功老板们，为什么会不断地追求另一种形式或是层次的成功，就是钱再多也满足不了他们对钱的欲望，最后反而是放弃对金钱的追逐，而是倾向满足自我人生上的需求。

提到这些跟波动型态有何关联呢？

一目山人说要重视市场价格的“现在性”，就是要投资人能够静下心来，专注观察、学习如何看待市场价格的波动情形，如同从第一章到现在第五章笔者所强调的，当然将来也会不断地说明与解释，市场价格波动在于人心的变动，而人心的变动结果就在价格上，而价格的波动模式就是上涨跟下跌两种，甚至只有一种所谓的价格波动性而已。

只是再提一次，《股票作手回忆录》里的杰西·李佛摩（Jesse Livermore）表示，一般的人都害怕犯错与亏损，但他却对此持正面的态度，他在年轻时曾经很多次亏到一文不名，但却不会因此退却而离开市场，他知道自己可以由亏损与犯错中学到经验，在累积许多宝贵的经验后，他可以做到不再犯同样的错误，他可以，每个人也就都可以才对。

然而由错误中学习所需要的时间很长，人在犯错后的心态与了解错误时的心态，是有所不同的，而且总是要经过一段时间的教育再教育，而且在判定正确与错误之间，也需要耗费更多的时间，甚至是金钱，这不是一般人可以做到的。为什么投资人不容易养成，就是因为有了这些高门槛所致，而生于现代信息发达社会的我们，虽然要学习许多专业知识才能迎击市场，但相对地，也可以藉由分析前人的成功与失败原由而得到正确知识并学习，也能减少许多摸索的时间。

一目均衡表的应用，从投资人对市场的价格波动有正确认知开始，要不然一切的努力可能都是多余的。

第六章　波动幅度

基本波动

波动幅度的测定，类似第一篇当中笔者提到的黄金分割率 0.382、0.5 与 0.618 等数字的概念，但波动幅度的测定注重相对性。它在一目均衡表中有一定的地位，因为可以让投资人轻松地算出“未来的相对波动幅度”，这对一般人有许多的轻松好用之处。使用简单的**“对称观念”**就可以计算未来可能的波动幅度，对于非专业的投资人而言，可以说是一种便利的计算方式。

在一目均衡表中波动幅度的计算如下：

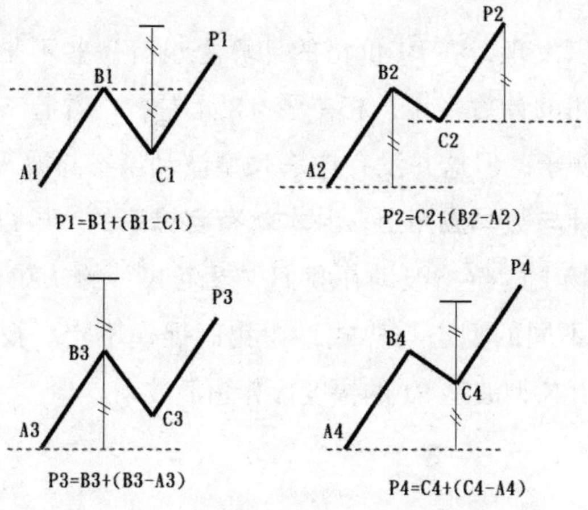

图6-1　波动幅度的基本计算公式

这四种在一目均衡表中所提到的未来价位的计算上，并没有强力的或是多种实例的应用说明，或许是一目山人早已经知道波幅的计算仅能提供使用者参考，并不能精准地告知行情的波动会到哪一个点结束。

如果过度相信与依赖，笔者认为这不是正确的，就像一目山人强调的，**我们要知道的是目前市场价格的“现在性”，而不是要精准地求出未来价格的必然数字**。如图 6–2，投资人可以参考使用。

图6-2　美的集团N型波动P1的幅度计算

资料来源：华尔街见闻

投资人可以发现，在 P1 价格的计算上也有一些不是那么准确的例子，从美的集团的计算来说，相差了 0.8 元左右，看起来好像是 N 型波动模式的失败例子，但这并没有抹杀 N 型波动型态与波幅计算公式的价值，**因为在统计与数学应用上，原本就有容错率的**。所以投资人应该可以清楚看到市场上的价格波动在我们“投资人”的认知上是有差距的，而且常常出现不同的型态与样式，让我们捉摸不定。投资人可以参考图 6–3 美的集团 N 型波动 P1 的幅度计算超额波动。

图6-3　美的集团N型波动P1的幅度计算——超额波动

资料来源：华尔街见闻

投资人可能会有一个疑问，如果全市场的人都在用一目均衡表进行操作，那么这个方法不就无效了？笔者认为有这种想法的投资人是多虑了，试想，全球有多少金融市场的投资人在使用K线图或是Bar Chart，又或者有多少投资人在使用平均线、布林带、MACD与KDJ？可是我们从没有发现它们失效了。

相同地，一目均衡表的应用也跟K线图一样，它让使用者有一定的想象空间、灵活应用机会，而且不同的使用经验会有不同的体会，然后会衍生出不同的交易境界，而不同的投资人有不同的风险承受度与资金应用原则，到最后一目均衡表的应用被提高到无限应用的境地，跟K线图一样可以被千千万万人使用而不失效。

同时，从一目均衡表在1935年被发明出来，到1969年被公开，直到计算机发展起来，被应用到实务上，也才只有50年的时间，而且这段时间大部分是属于日本市场上的应用，真正被市场使用也不过是这十年的事情。目前2021年，全球真正在应用一目均衡表的人除了日本市场之外，就是全球的外汇市场投资人。

在外汇市场上，许多人都知道一目均衡表这种市场价格分析方法，但能够纯熟应用的，可以说相当的少。一目均衡表的应用仍属于那些可以做到细致应用的投资人，还是那些精细思考者的天下，而没有耐心的投资人，不愿意花时间获利的投资人还是不懂。所以，建议有兴趣的投资人可以好好参考看看。相信投资人若肯用心管理自有资产，应该不会失望。笔者相信一目均衡表在 A 股市场也一样有效，因为笔者也在 A 股市场使用它。

波动幅度与一目均衡表

根据图 6–4 中国平安 N 型波动 P1 的幅度计算实例，这是一个超额波动的例子，理论上中国平安只要上涨到 83.9 元就能满足 N 型波动幅度 P1 的要求，实际价格波动到 88.09 元。

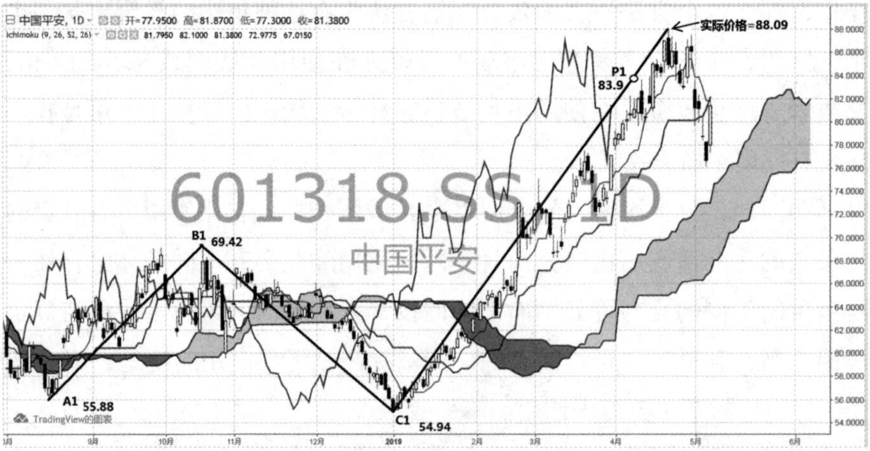

图6-4 中国平安N型波动P1的幅度计算——波动满足

资料来源：华尔街见闻

一目均衡表中并没有讲到实际上仓位操作时的做法，而仅提到整体交易系统的逻辑性。中国平安经历 2018 年下跌后，在 2019 年初开始经过 4 个多月的波动已经超过了目标价 83.9 元，先获利落袋为安也是一种操作选择。这部分笔者认为可以依赖每个人的亲身体验做最后的决定。

这个应用上的灵活性是笔者经验中非常重要的部分，在许多交易过程中都让笔者有了很好的收益。依据笔者的经验会以减仓方式进行，直到 88.09 元附近出现不再创新高价后，再慢慢地将仓位全部卖出，完成一次全波段的操作。

投资人从中国平安这个例子可以发现，市场的波动是自由的，就像有人说经济模型是由一只看不见的手所控制，那么，在股票市场更有那么一个我们看不到的运作模式，我们摸不透的路径形式，让我们始终无法做出正确的判断。

而笔者想表达的是，中国平安在达到价格 88.09 元高点时，当下的价格走势有几个特征：

①迟行线与当下的 K 线价格的乖离，已经持续扩大一段时间。

②而且 88.09 位置的价格与云层之间的乖离也持续一段时间。

③之后，小幅度回调而又再往上攻坚时，多头力量衰竭了，没有再度创出新高价，而且还持续往下波动，这时候，原本持有的仓量就是减码的好时机。

第七章　时机点

基本波动天数

在一目均衡表的分析中，时机点的分析方式有点像第一篇当中所提到的费波南希系数的观念，在一目均衡表中的时机点有三个基本变动天数，这是一目山人花了4年多研究出来的基本波动，这三个天数就是9天、17天与26天，这是否适合应用在A股市场，笔者仅能说市场的波动没有定数，但在笔者经验中，是蛮值得参考的数字。

另外，主要的基本变动天数如下表：

表7-1　　一目均衡表主要变动天数表

	基本波动天数	名称
单纯天数	9	第一周次
	17	第二周次
	26	第三周次（第一期）
复合天数（一）	33	第一期第一周次
	42	第一期第二周次
	65	第一期第三周次
	76	第一循环
复合天数（二）	129	—
	172	—
	200~257	—

资料来源：一目均衡表の研究

还有，一目均衡表是一种分析市场价格波动的交易系统，不能以偏概全。笔者必须再强调一次，一目均衡表不是一次到位的黑盒子，它可以提供给使用者非常好用的市场现况观测价值，只要运用得宜，一定可以体会到一目均衡表的使用精神所在，同时如鱼得水地在金融市场上掌理自己的财富。

变动天数的检验

前面提过，一目均衡表的变动天数计算是一目山人在日本的应用实证结果，是否可以移植到A股市场使用，笔者不愿多做评论，倒是在应用上笔者比较建议采用“**相对日期变动**”，也就是把变动日期作为出现较大波动变化的日期参考，让价格与日期之间有个容错误差存在，这个灵活性有了，就更能有序地在加码、减码操作上提升效益，而不是死板地对照变动日期。接下来笔者用在A股市场应用过的几个例子一一向投资人说明。再次强调，在应用上还是要以整体的平衡性变化作为对盘面变化思考的参考点，这是不会改变的。

请投资人先看图7-1上证指数2019年上涨过程的波动天数计算下，从开始起涨后的变化。

图7-1　上证指数2019年上涨过程的波动天数计算

资料来源：华尔街见闻

表7-2　　基本天数与上证指数波动天数表

	基本天数	上证实际波动天数	名称
单纯天数	9	9	第一周次
	17	18	第二周次
	26	26	第三周次（第一期）
复合天数（一）	33	33	第一期第一周次
	42	42	第一期第二周次
	65	63	第一期第三周次
	76	71	第一循环

2019 年初这波起涨行情，在与一目均衡表的变动周期对照后，投资人可以发现 A 股的变动日期与原本的周期变化还是有一定的相似性，笔者只能用相似性来描述他们之间的关系，因为就算是费波南希系数也不会精准到具有百分之百的可行性。

一目山人利用日本市场的波动模式计算出这些基本天数的变动日期，应该是具有统计上的应用效果。我们都知道，统计学的好处不在于将验算出来的结果拿来应用到未来，其真正的好处在于，得到统计运算结果之后，经过使用者的进一步正确解读，并且在实际运用上得到更加精进的效果，才是最重要的。

图7-2　东方财富波动天数计算

资料来源：华尔街见闻

表7-3　　　　基本天数与东方财富波动天数表

	基本天数	东方财富波动天数	名称
单纯天数	9	9	第一周次
	17	—	第二周次
	26	27	第三周次（第一期）
复合天数（一）	33	31	第一期第一周次
	42	39	第一期第二周次
	65	—	第一期第三周次
	76	78	第一循环
复合天数（二）	129	129	—
	172	—	—
	200~257	—	—

从东方财富的例子，投资人会发现一目均衡表的周期变动参数相当有趣，参考价值是很高的。

但笔者更想要与投资人分享的是，投资人可以在细数波动的日期的时候，前后的误差日期是不确定的，周期参数的认定是从一目山人发表整套系统开始就有的，参数本身都没有改变过，甚至连转换线9日、基准线26日、迟行线后移26日、云层前移26日等等，笔者都没有改变过，这个问题常常有投资人询问笔者，现在的交易日已经变成5天了，是不是这些参数也该修改？笔者的回答都是一样的，一目均衡表不仅有科学性的系统结构，更有操作运行上的艺术价值，所以，这种一周或一个月交易日数的改变，不会影响到一目均衡表的应用价值。

举一个比较极端的例子，就是2018年2月到2019年5月这段期间，当市场价格的波动率急速被压缩着，没有明显的波动，任何交易策略或交易模型都是枉然的吧！一目均衡表的周期波动应用，甚至是一目均衡表的基准线、转换线、迟行线与云层的操作也是一样的结果。

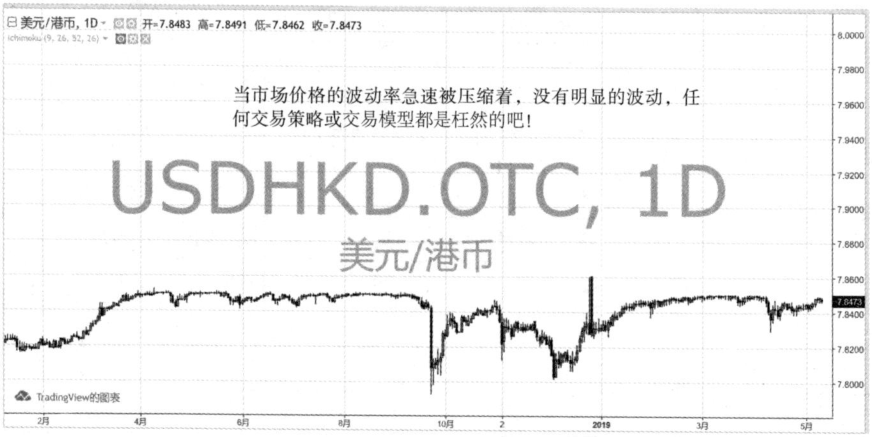

图7-3　美元兑港币盘整行情下的思考

资料来源：华尔街见闻

只要市场没有波动，那么投资人就没有事可做；这也是为什么投资人总希望操作中小型股票，有庄家照顾价格波动的股票。但还是那句话，天下没有白吃的午餐，有选择就有代价，问题是投资人付得起这个代价吗？

笔者希望再次提醒投资人，所有的交易系统都不能完全数字化，更不能被固定化，**只有上涨或是下跌的“行为逻辑化”，**投资人不能因为一目均衡表的转折数字好像还很好用，就认为市场价格波动到了 9 天一定会转折，到了 33 天一定会转折，所以相信了这个逻辑，就以大仓位方式，以 All-in 方式下赌注似的进场交易，这是多么愚蠢的行为。

一目均衡表的周期变动的确很有参考价值，但同样不能预测。如果是这样笔者应该早就有机会得到一目均衡表交易系统的帮助，甚至一目山人与他的学生们早就成为全世界最有钱的人。事实上，市场行为不能是内线交易，投资人不能也不应该允许或依赖内线交易行为。一目山人做到的是把长年累月所研究得到的，由买卖交易经验领悟到的结果，一一呈现出来而已。我们一直很受益于一目山人的付出与分享。

第八章 K线型态学

K 线的原由简介

K 线又称阴阳线或蜡烛线，起源于 17 世纪的日本稻米期货交易市场，由本间宗久所发明，而后在 18 世纪末发展成目前的 K 线理论。

当时位于上川河口的酒田港出羽地区（现在的山形县酒田市）是 17 世纪日本米市的重要地区，也是当时的商业交易中心，也是本间宗久的出生地。

本间宗久全力研究稻米现货买卖，以及定期交易的价格信息及走势，并于 1755 年完成《三猿金泉录》，里面归纳出本间宗久在长期稻米交易中的心得：虽然稻米的价格与供需有很大的关系，但价格也同时受投资人的心理影响，所以，价格与商品的实体价值存在着某种差距。他对于季节性、天候变化、战争政治及投机心理状况的掌握都有独到的见解。靠着他研究的行情战术及胆识过人，所预估的行情无不神准，不但为他赚进巨额财富，也在京都、大阪、江户（现在的东京）地区引起很大的轰动。

因为本间宗久记录心得多把商场上的交易竞争，套用于战争的法则之中，故引用许多战法中的名词，同时为纪念这位大师的出生地，所以目前市场对本间宗久的交易思想统称为“酒田战法”。

另外，市场上《本间宗久秘录》或是《三猿金泉录》也是流传自他的交易思维。后人将他在交易实战中的精髓，绘制成一百多种 K 线群组合型态，西方的许多 K 线理论，相信都是以此为基础而写成。而其最重要的三猿金泉录的精神如下：

①非礼勿视：不可执着于表相，必须看出行情背后的意义，阴线及阳线会不断地互换，特别注重行情反转的判断。

②非礼勿听：勿以消息面作为交易的根据，影响价格走势的不是消息事件本身，而是投资人对消息所做出的反应。

③非礼勿言：勿与他人讨论行情及市场策略，可以倾听别人的看法，但必须具有独立思考及判断的能力，否则，太多的讨论将影响你的判断。

K 线的应用重点

①解读每一根 K 线中蕴含的多空心理变化。

②以 K 线来判断行情的反转，可判读持续型态的 K 线非常少。

③相同 K 线出现的位置不同，判断结果也会不同，必须以 K 线出现前的趋势作为主要判读依据。

④以单一 K 线判断后，应以后续再出现的 K 线来确认判断是否无误，进而形成组合 K 线的判断，因此其买卖讯号比其他技术分析出现得早。

⑤不能单纯以 K 线变化作为交易决策，必须配合其他技术指标作为辅助（如均线、型态等技术指标），以提高执行效率。

⑥ K 线组合有其灵活性，每一个组合亦可以包含在其他组合之内，藉此 K 线图的解读性可能过度灵活而导致使用上的困扰，建议在使用时要以常态经验为主，例如以下将要介绍的 K 线组合，就是经验值上的呈现，也是很好的参考实例。

接下来笔者将介绍一目均衡表中与 K 线搭配应用时的一些例子。

为了让投资人清楚看到 K 线组合的应用，第八章的 K 线介绍不包含一目均衡表，避免太复杂而难以接受。

接下来的各种实例，包括第三篇不同市场的实例说明，将会尽量以扼要说明的方式，点出在使用一目均衡表时，应该注意的地方，希望投资人真的能够体会到一目均衡表K线图上的使用逻辑，重点在于趋势性的综合判断，而不是单纯地以K线论趋势。

在此特别提醒投资人，一目均衡表在市场弹性越好、波动性愈大的股票或商品上，越能发挥它的用处，当然这其中也包括期货与期权市场的应用，这是笔者使用一目均衡表多年来的心得。所谓市场弹性好就是市场上能安心交易的目标物，例如，权值股、中型股与部分有成交量的小型股。对于没有成交量的飙股或是基本面极差的股票，一目均衡表较不适用。

如何应用K线排列组合

三连阳

市场大幅度下跌之后出现连三阳为最佳格局。若同时突破云层则更有利于多方的攻击。

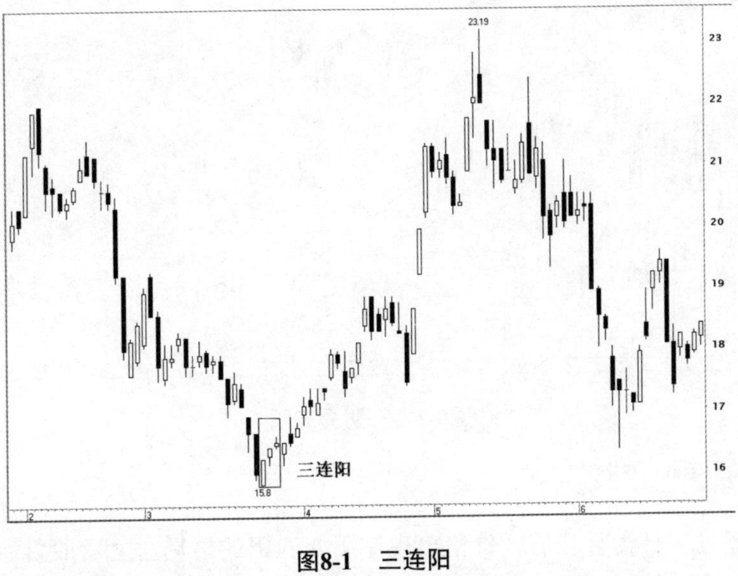

图8-1 三连阳

资料来源：网络

这只股票在经过两个月的下跌之后，出现三连阳走势，这是属于上涨格局中，起始式的测试格局，它带有测试空方目前压力有多少的味道，因此，对于多方而言，这代表空方的反转点。

投资人可能发现2月底也有三连阳，但在一目均衡表的逻辑中，在下跌过程中的阳线越大，不一定就是越好的状况，反而是要小心，除非基本面有相当强大的改变，否则不应该过度乐观。

一阴介五阳

连五阳为强势格局，但介一阴则稍弱，尤其之前的行情强弱度更会影响一阴介五阳的格局。此时若有云层的支撑或是基线与转换线成为黄金交叉，则更有利于多方。

图8-2 一阴介五阳

资料来源：网络

经过多日盘整之后，价格出现一阴介五阳的格局。之后股价始终在75元以上盘整，也就是没有破坏一阴介五阳的多头格局。之后股票在跌跌撞撞中，也上涨了 36.7%。

一阴介七阳

连续阳线均属于强势格局，如同一阴介五阳的说明，出现一阴介多根阳线之前的走势，对后续走势影响较大，而连七阳的强度必然强于连五阳。请注意连续阳线的排列方式，也对走势有所影响。

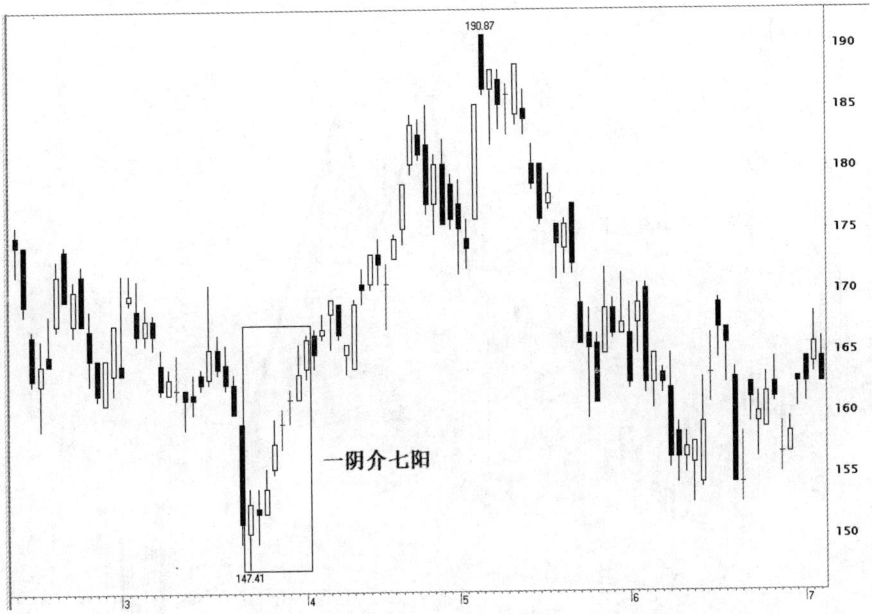

图8-3　一阴介七阳

资料来源：网络

股价在急跌行情之后，出现一阴介七阳的格局。

一般来说，当阳线出现越多表示市场多方的攻击企图心越强，但是没有之前的下跌走势当作背景，可能市场的反应也不会如此强烈。当然个股基本面、外资评价与市场态度，一直都是市场上很好的交易因子，也是权重股能得到大多数机构青睐的重要原因之一。

二阴介九阳

分析逻辑与一阴介五阳与七阳相同，但九根阳线表示市场强度已经有超过的嫌疑，除非是小型股，同时又有主力操控股价，否则不宜过度乐观，要注意市场价格的波动是否足够。此处波动不是指成交量的量能观点，而是上涨幅度的判断，同样的阳线，长短、位置与时间皆有影响力。注意价格与云层的距离、黄金交叉开口的程度，还有迟行线的正乖离是否过大。

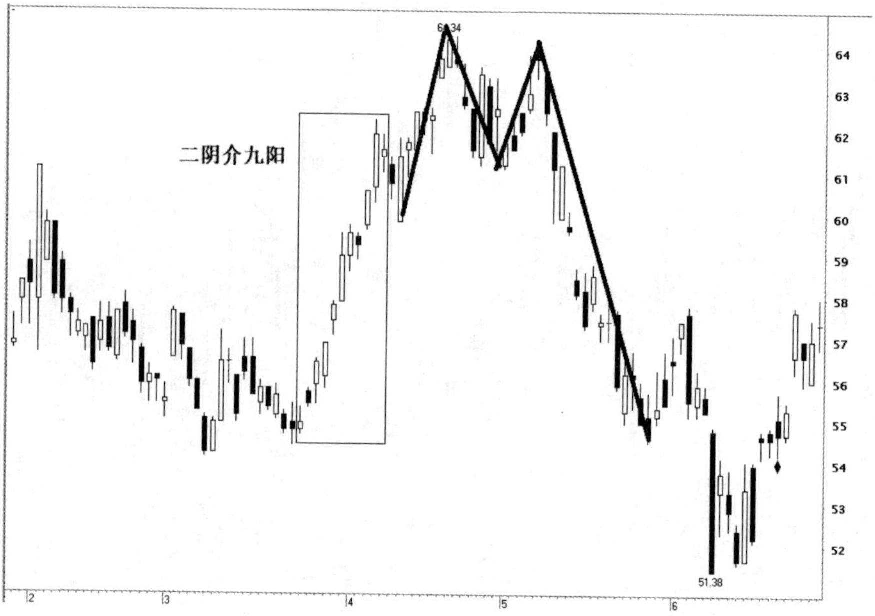

图8-4　二阴介九阳

资料来源：网络

经过一段期间的下跌，这只股票出现二阴介九阳的格局。这种强势格局出现在权重股身上算是相当特殊的实例，因为权重股的投资人，主要是以机构与外资为主，这只股票的外资股东达到80%左右。二阴介九阳的格局显示多方的推动力够强，但是空方的压力也不容小觑。

最后，股价在形成M头之后下跌。附带说明：M头＝失败的上升N行波动模式。

七连阳

没有阴线介入的连七阳，属于强势格局，但后续推动的波动性就更重要。毕竟已经连拉七根阳线，从市场心理来说，对多方是一种压力。若后续走势不稳定也是正常现象。要注意一目均衡表中的云层、开口与距离。

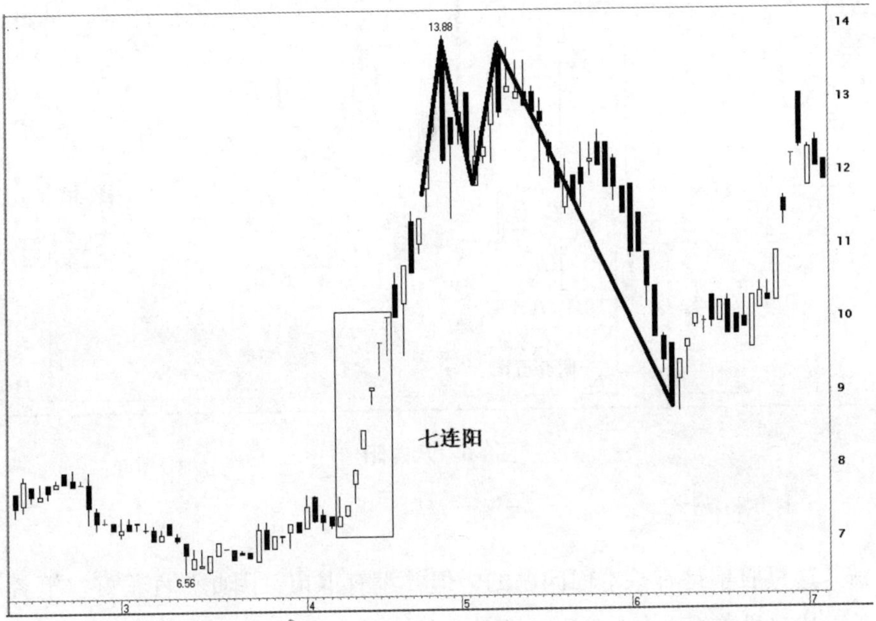

图8-5 七连阳

资料来源：网络

这只股票经过将近两个月的横向盘整，出现强势的七连阳，空方几乎溃败而退。

在K线理论中，我们必须注意物不极、必不反的道理，连续七根阳线也透露出多方的再追加力道不能太乐观，因此后续股价的走势就显得辛苦许多。之后，股价也在M头型态中结束上涨行情。

八连阳

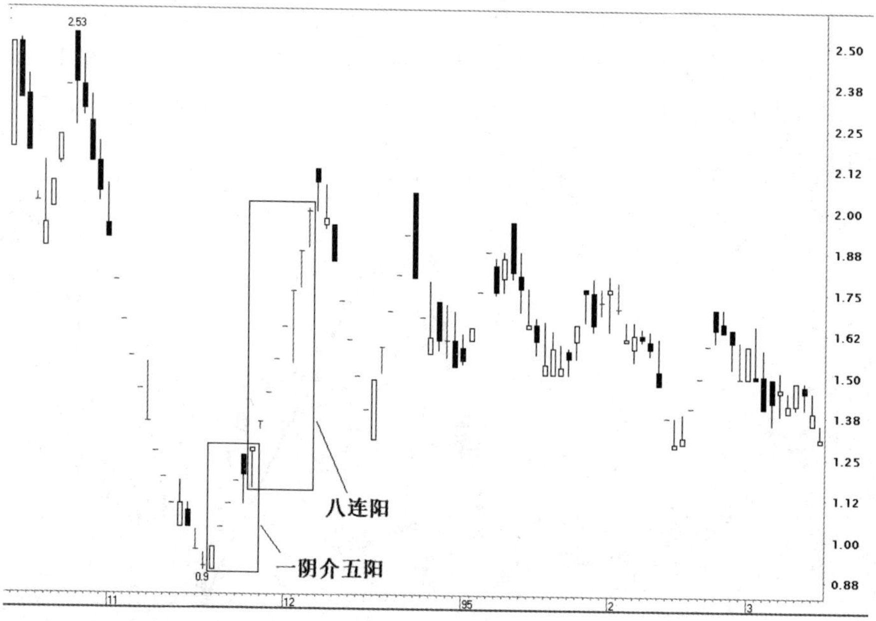

图8-6　八连阳

资料来源：网络

这只股票是有基本面问题的，但并没有退市，因此弹性很好。笔者并不建议投资人去参与这种股票的交易，不值得！

在一阴介五阳之后，出现八连阳格局并不奇怪，但也如同前面所提到的，超强势格局出现之后，最重要的是市场价格的波动状况。该股票已经不适合介入，同时这只股票的波动性已经失真。

从图 8-6 投资人可以看到股价的转折非常清爽，几乎都是 V 型反转，这种股票心脏强一点的人才能玩，要不然就必须是技术分析与交易策略应用的高手才能应付。笔者对这种股票的定位就是赌博。

九连阳

强势格局。要注意一目均衡表中的云层、开口与距离，强者恒强，但不代表不会下跌，仍要注意时机的问题。

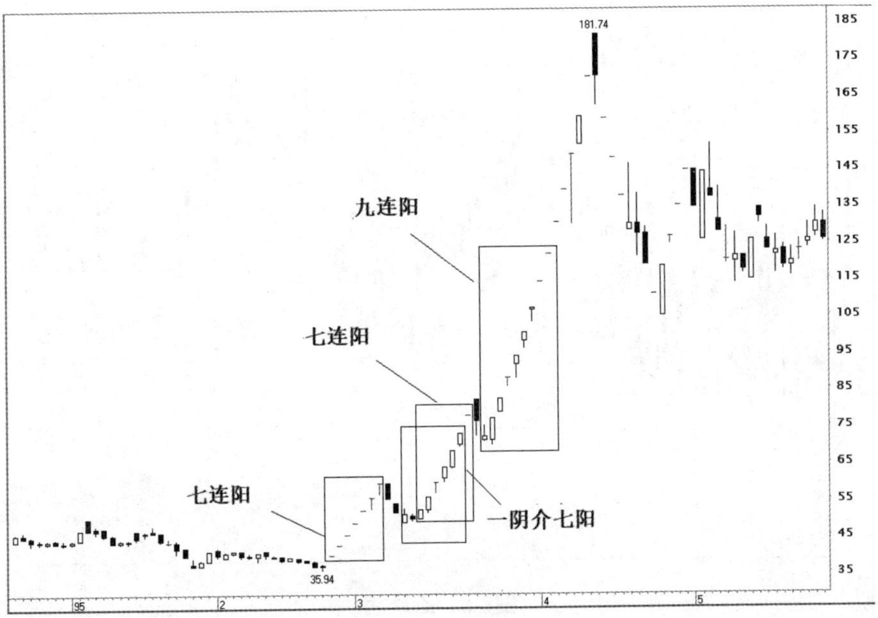

图8-7　九连阳

资料来源：网络

这是一只小型股，由图 8-7 可以清楚看到，股价由七连阳、一阴介七阳（包含一次七连阳），到九连阳的走势，就 K 线组合而言，只能说这是强势股。

为什么许多人喜欢操作小型股，从这里投资人应该可以明了了。不是博弈高手，不是博弈心态，很难驾驭这种股票。当然，话说回来，如果笔者一定要交易这种股票，驾驭方式就是拿可以赔得起的资金去操作，因为输无可输，所以有机会赢得利润！

总之，操作小型股，所需要的方方面面条件与能力是更高的。就操作的性价比而言，小型股并不是那么合理的交易标的，或许投资人有不认同之处，就权当是交流吧！

五连阴

连续阴线组合是空头的基本写照。而连续收阴五天，多方溃败的情况可想而知。在一目均衡表中这种组合要注意云层的支撑状况。

图8-8　五连阴

资料来源：网络

在一波接一波的上涨过程中出现五连阴的格局，表示上涨格局没有改变，但多方力道已经有缩小现象，同时空方也开始大胆尝试对多方加大压力。

这种走势最适合短期来回操作。区间要够大，成交量也要够多，才容易进出。

一阳介五阴

跟一阴介五阳刚好相反。但跌得快的走势容易反弹，出现这种格局之后，不要忘记留意下降趋势是否慢慢形成。云层若是撑不住，有变成压力的可能。

图 8-9 也是小型股，股价对一般投资人而言属于适中，在没有经营层面问题的前提下，应该是不错的交易目标。

一阳介五阴表示多方也是有做多意愿，但连续的阴线也是很大的压力，如果没有绝对的反弹力量，例如公司基本面大幅度转好，否则仍不轻言做多。

图8-9　一阳介五阴

资料来源：网络

六连阴

跟五连阴一样属于弱势格局，市场的价格行为还是有一定的逻辑，只是这逻辑不能数据化，这是一目均衡表中所强调的。

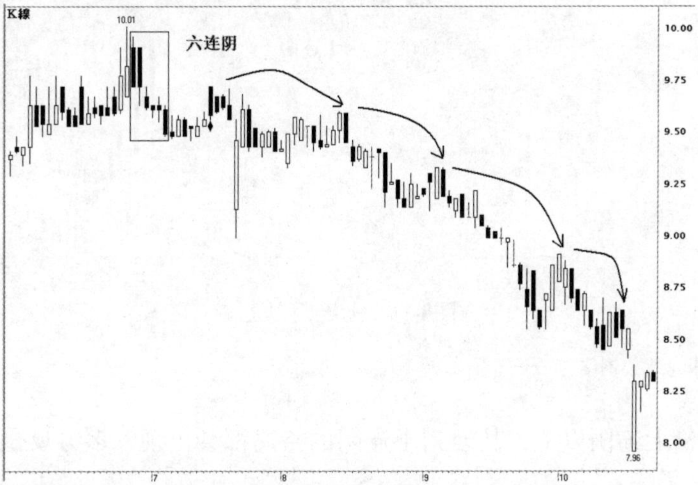

图8-10　六连阴

资料来源：网络

图 8-10 这只股票在六连阴之后，出现一头比一头低的弱势下降格局，这时云层也是压力所在，明显的偏空格局。

交易时，许多人说最难的是不知如何以加减仓方式进行操作。笔者也认为是如此，因此更需要有逻辑性的交易系统来辅助，一目均衡表就是这样的需求下产生的。

七连阴以上

属于急跌的弱势格局，空方力量大，但也容易遇到急跌后的急涨走势。操作上需特别小心。如果七连阴以上发生在股价的相对高档位置，则属于多方获利了结的急迫行情。注意乖离、开口与距离。

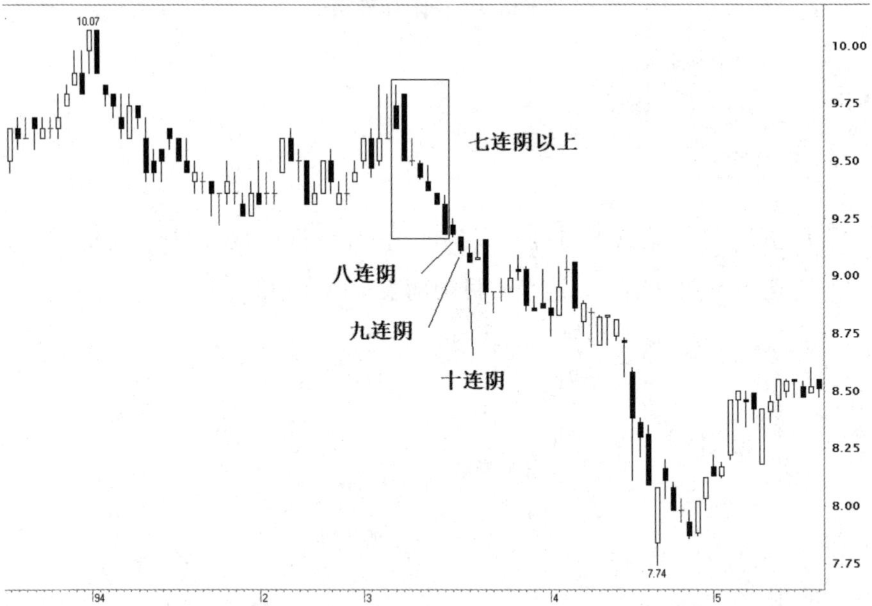

图8-11　七连阴以上

资料来源：网络

股价七连阴以上，甚至到十连阴的格局都会出现，多方反击力度相当薄弱。

此时就是等待迟行线的负乖离持续扩张、基线与转换线的开口过大与价格对云层的距离也过大现象出现后，才能思考偏多操作。

一阳介七连阴以上

急跌格局，若快速出现反弹现象，不一定表示行情就是结束，发生此格局之前的状况具有较大的影响性。若云层有支撑性，则急跌不易成为大空头格局。

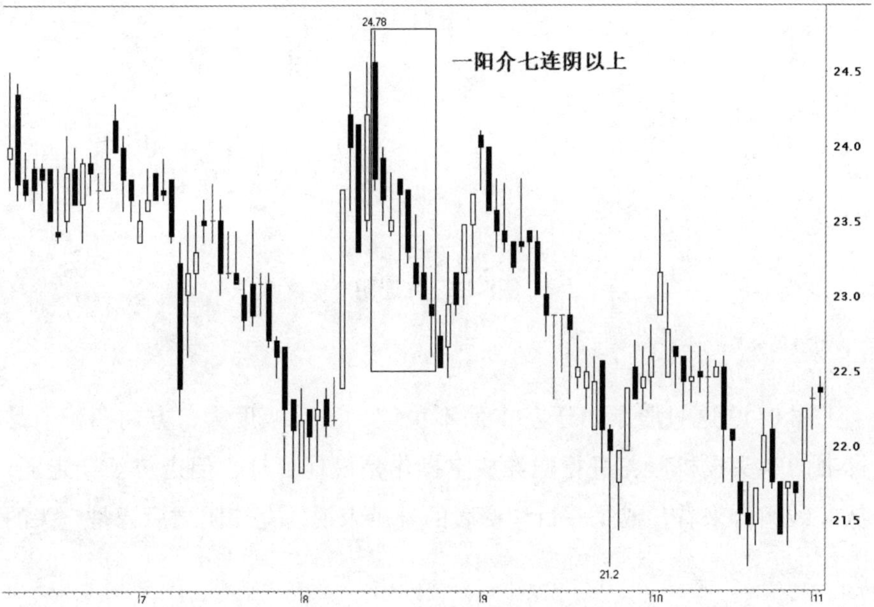

图8-12 一阳介七连阴以上

资料来源：网络

股价在急跌七根阴线后快速反弹，虽然出现阳线，但反弹无力，反而对多方的信心有较大的影响。

此时要注意乖离的扩张与收敛，因为乖离代表市场上不管是短期还是长期的超跌与否。

九连阴

跟九连阳相反，明显的弱势格局。

图8-13　九连阴

资料来源：网络

图 8-13 这只股票由于基本面不稳定，波动幅度大，方向明确，是标准的空头投机股，进行融券放空操作是最佳目标，但走势长期走弱，从 K 线组合来看，或是一目均衡表的分析来说，九连阴之后皆是空头的象征。

二阳介九连阴

九连阴对多方不利，中间穿插两跟阳线，市场空方的追空连续性不足，表示想要做空的人（新进场的空单与多单的转卖动作）已经在短时间内操作完毕，后续的攻击力道可能减弱。市场上有句话说，温水煮青蛙才可怕。

股价走二阳介九阴的格局，空方的攻击力道在短时间内使用完毕，反而让走势浮浮沉沉显得不干脆，这就是市场迷人的地方，永远不能定论市场的波动。

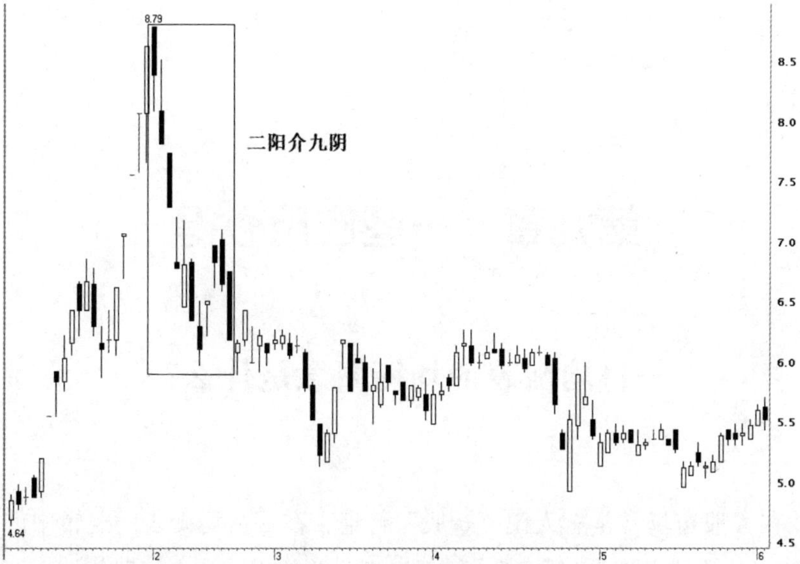

图 8-14 二阳介九连阴

资料来源：网络

由于当时股价跌破云层，厚重的云层压力，让这只股票走了将近三个月时间的弱势格局。

第九章　一些应用心得

一目均衡表的均衡概念是什么？

在A股市场常常有人说“妖股”行情，在一目均衡表的逻辑中就是“均衡状态存在与否”的判断。但更细腻一些地说，会有妖股行情还要分成多头喷出趋势与空头喷出趋势，这个喷出就是急涨或急跌的另一种说法而已。当然，一般在讲“妖股”行情时指的是多头喷出，这是投资人习惯做多的缘故，可是对一个真正的交易员、独立操盘人、投资经理人而言，只能做多那是不被允许的，最好还是要知道如何利用融券放空股票，当然，期货做空与期权看空策略也是必要的技术能力了。

那么喷出的定义是什么？当一目均衡表的乖离、开口与距离都失效的时候，就是市场价格呈现均衡状态，而这个均衡状态一旦被突破，那么市场行情就容易持续原来的方向，这是重点。请投资人不要以赌徒一次赚到够本的思维来看一目均衡表，一目均衡表强调的是现在性，当现在的平衡状态被打破，就是多方有利的平衡破坏，依此走强几率高，相对地，空方有利的平衡破坏，就容易走空头。而之前的平衡状态就是重点。如果一定要用一句话来表示，那就是“盘久必喷”吧。投资人应该理解，对于期货与期权投资人，没有所谓“盘久必跌”的道理。

图9-1　一目均衡表——正邦科技的喷出模式

资料来源：华尔街见闻

如图 9–1，正邦科技在喷出之后，在三役好转的逻辑下，持续不断创出新高价。在 12 月初的压力不大，很快就在云层与基准线的支撑下，走出“妖股”模式。如果正邦科技是你的投资组合中被观察的股票，可以看到正邦科技在区间内进行震荡走势已经有 6 个月的时间，这是寻找飚股的基本条件，加上当时正邦科技在猪周期的议题上，可以说是风华正盛，公募基金经理人与私募基金经理人都是蠢蠢欲动地在建立仓位，也在对外宣讲猪周期的缘由。

对趋势追踪者如笔者而言，会比较倾向投资权重股，因此并没有关注到正邦科技，虽然在猪周期股票开始上涨期间，笔者也看到正邦科技的上涨过程，但并没有进场买入，这个自律对笔者而言很重要。当然，在 A 股的一般投资人眼里，笔者可能错失了好多赚钱机会。

但笔者必须强调，在投资人自己的投资组合中，会有不同的交易策略，尤其是机构法人的操作（笔者的经历是机构法人背景）不会容许交易员、投资经理随便想买什么股票就买什么股票，都是有规范的；相同地，如果正邦科技这只股票是笔者的管理范围之内，而没有吃到这一段行情，笔者肯定被批评，甚至会被削减分红比例，甚至隔年的基本薪资会被减扣一部分。这就是在机构法人工作过的投资人的自律能力比较强的原因之一。

投资人再看图 9–2 就会发现，事实上，正邦科技曾经失败三次才完成喷出模式，也就是三役好转也要经历失败，才能看到机会，意思是说，一目均衡表在趋势追踪策略的应用上，有极大的追踪功能性、操作性。

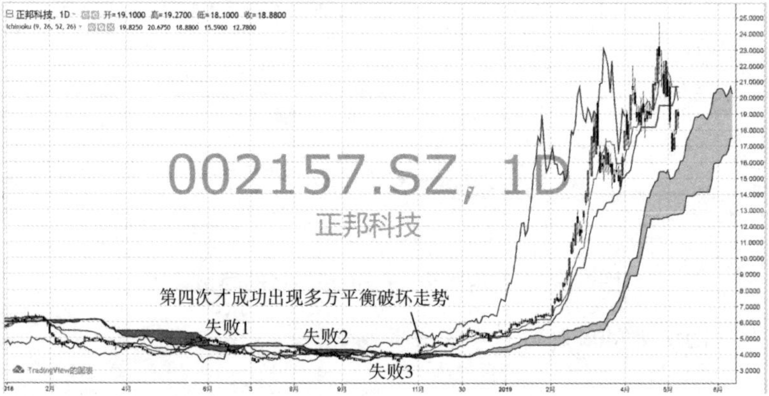

图9-2　事实上，正邦科技曾经失败三次才完成喷出模式

资料来源：华尔街见闻

正邦科技经过三次失败喷出动作后才成功，不也就是反映市场对所谓猪周期的评价结果？当市场对猪周期开始有反应时，正邦科技也是屡创波段新高，虽然常常出现小幅度拉回情况，但没有影响正邦科技的强势格局，之前三次的喷出都失败了，也就酝酿了 11 月以后喷出成功的底气。

前面提过喷出行情出现时，必须以交易策略因应，那么，多头喷出行情刚出现时，对投资人而言，应该用什么策略才对呢？以前或许会迟疑，但有了期权市场就不需迟疑，当然是做多——买进看涨期权，因为看对方向涨多少就赚多少，看错了，风险也有限，许多人会这么说。但真的要拿钱进场操作的时候，又是另一种态度，这个态度就是令人变得迟疑的“害怕亏损”所导致的结果。

笔者提到期权部分是期待投资人在 ETF 市场能有些参与，当个股没有机会，就是市场在走空头趋势时，投资人的交易机会就是做空市场，而能做空市场的工具除了融券之外，还有期货，还有期权市场。这些都是作为一个资产管理者必须学会的能力，顺便提一下，也希望投资人可以多做些功课，有利于自己的资产增值。

当然，在对趋势难以判断，或交易策略不知如何使用的情况下，就会产生担心与害怕，投资人就变得不知所措，心中充满了慌乱；相对地，自信心也就消失了。许多成功者的第一个建议，就是建立自信心，但绝不是骄傲。杰西·李佛摩说过，贪婪与恐惧是交易失败的第一步，意思是说有信心而不骄傲是买卖赚钱的第一步。**而笔者认为，贪婪与恐惧正是投资人发现趋势的根本，怎么使用、驾驭贪婪与恐惧就是投资人的能力问题，这也是巴菲特对贪婪与恐惧的最精确的解读。**

而在一目均衡表中，所提的**均衡概念，其实说穿了就是在讲客观心态**，就是投资人不要成为一个死多头或是死空头的交易人，一直保持对市场看法的客观性，就能自然地将市场的变化看得清楚，但这并不容易。我们来市场就是要赚大钱，赚到盆满钵满才能提早退休，享受人生的清福！这是绝大多数投资人的想法。

然而，事实总是不如人意，**能赚还要能守，具有持盈保泰的能力是成功之后更重要的工作，很多在市场赚到钱的成功者，开始把钱做多样化经营，到处去做投资，这是一个本能性的动作，也无可厚非，但是笔者还是会把资金继续投入资产管理市场，因为这是笔者永不退休的工作。**

再把话题移到一目均衡表上，如果不能平衡地看待市场变化，清楚地看到市场的核心价值是什么，要一个曾经呼风唤雨的人安静下来，并不是一件容易的事情。而现在还在市场的我们，也应该学会看到市场的核心价值在哪里，并且从那里得到最好的祝福才对。

在A股市场可以看到很多成功人士，也为他们的潮起潮落而不胜唏嘘，那么，如何客观地看待市场、看待交易、看待财富、看待生命，这就是投资智慧的问题了。2019年初难得有一波上涨行情，但到了5月底上证指数或是恒生指数行情，又持续弱势表现近一个月，这个下跌过程中，有位投资人在几只公司绩效非常好的医药健康、房地产、钢铁矿业、零售服务公司股价上遭受到挫折，而在雪球上抒发自己的感受，也引起一些投资人的共鸣，这位投资人是为港股的回报与业绩不匹配而苦恼！当然，在2018年到2019年5月为止，这只股票也跟其他股票一样是低估值的好股票，但是股价表现就是不好，下跌时间比较多。而笔者想表达的是，从一目均衡表的角度来看，它是一只波动非常好的股票，操作机会不多但很好，问题在于基本面与操作面的不匹配。这是常常值得投资人深思的问题。

笔者非常重视基本面与市场面的共振机会，如果基本面好但市场面不动，那么资金就不会配置在股票上，这是非常基础的操作。

稳定度高 =45 度角波动

投资人看到图 9–3 复星国际股价波动角度，应该可以理解笔者想要说明的内容，一般 A 股市场上分析股价波动这件事情，就是以量价关系为主，要不然就是用市场上常用的技术分析在看待市场。但是从一目均衡表的角度来看，观察市场价格变化的方法有许多种，但如何搭配却是见仁见智的事情。

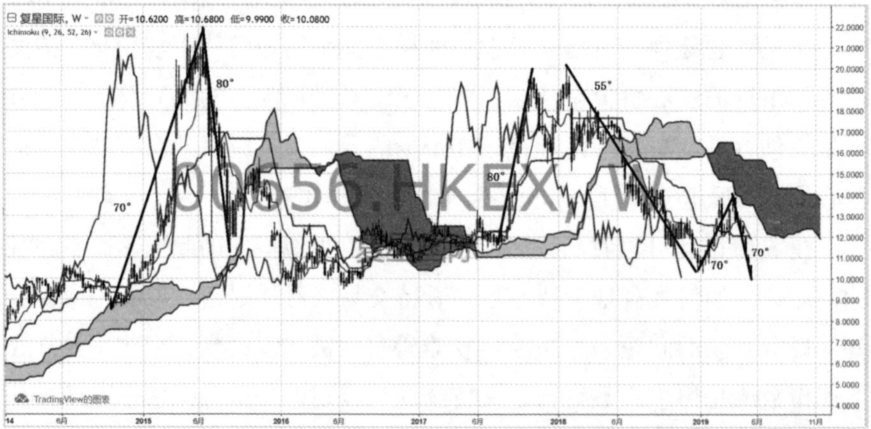

图9-3　复星国际股价波动角度的变化

资料来源：华尔街见闻

一目山人把小波动幅度看作是最佳的走势，笔者倒是认为波动性的角度大小才是一目山人所注意的，只是在表达上有所不同而已。**以笔者的使用经验来说，“波动角度”的大小比“波动幅度”的大小来得重要许多，当然这两者也皆为重要因子，是不可偏废的。**

以复星国际为例，在图 9–3 中标示着上涨走势与下跌走势：

70 度角波动（向上）：市场在推动上涨时，稳定度高。8 个多月约上涨 160% 左右。

80 度角波动（向下）：下跌趋势相对急速，只用 2 个月时间下跌了 50% 左右，如果把反弹无力之后的那一段下跌也计算的话，那么，一来一回就让多头是白忙一场了。这种快速下跌也与前波快速上涨有着相对应的结果。

80 度角波动（向上）：上涨角度越大，显示市场多方的攻坚力道比空方的压制力量来得大许多。

相对比较

依据一目均衡表的使用，因为价格行为常常出现相对性模式，笔者就常有一些模式可循：

①急跌容易出现急涨，而急涨也容易出现急跌，是一种快速行情。

②缓涨容易形成急涨格局，缓跌容易拉长下跌时间。

③下跌容易引来更多的空单（多杀多），上涨也容易招来更多的多头（多拉多）。

④盘整不动，多空双方的紧张气氛越容易拉长时间。

这些主要相对性情况的产生，不仅是 A 股，连日本市场、欧美国家市场也常常出现，只是出现的模式不大一样，A 股市场算是具有相当的特殊性。而一目山人所在的日本市场与欧美国家，因大多属于法人市场，不像 A 股以散户短线操作为主，其波动性的误差值可能较多。

那一般所谓的对称性可以被归类成如图 9–4 的对称性关系。

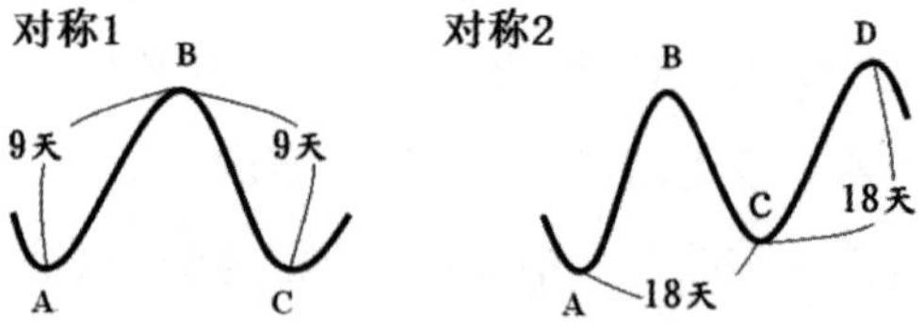

图9-4　波动与对称性

对称 1 与对称 2 看起来好像不一样，但都是在表达高点与低点之间的波动天数，而且可以是相对称的。事实上，是否一定会有这么明确的相对性波动，答案是不一定。依据笔者的经验，市场价格对称性的误差值确实存在，若有对称性出现，也不一定依照一目均衡表的时间波动出现，而误差值有多少，又必须注意投资人所使用的交易对象的不同。笔者认为这是统计学可爱的地方，它非常人性化地告诉我们，**财务科学必须建立在人的行为基础之上，这是明确的。在每一个价格趋势拐点中，基本上可以找到与其对称的点，而且时间周期具有相对对称关系，这是 90 年前一目均衡表系统的概念。**

上证指数在 2014 年 3 月到 2015 年 6 月份出现相当少见的波动对称性走势，这种单一目标商品，在长周期内出现如此完美的对称走势，实在是少见的例子。

举这样的例子主要是提醒投资人，市场的多空交战过程中，常常出现不合理现象，像加权指数同时出现两次完全对称性走势，也应被归类在较不寻常的范畴之中。希望投资人不要误以为，时间波动对称性的常态性是完全对称。

图9-5　上证指数（周线）波动对称性实例

资料来源：华尔街见闻

我们再来看一个非股票的例子——日元。在外汇市场，日元跟欧元都是属于全球性的市场，而且是24小时交易的商品，同时做交易的族群更是复杂，由小资金的小散户，到类似索罗斯的量子基金，甚至近年来，有比避险基金更凶猛也可能富可敌国的私募基金，都是外汇市场的投资人，因此日元走势的不对称性又更加明显。

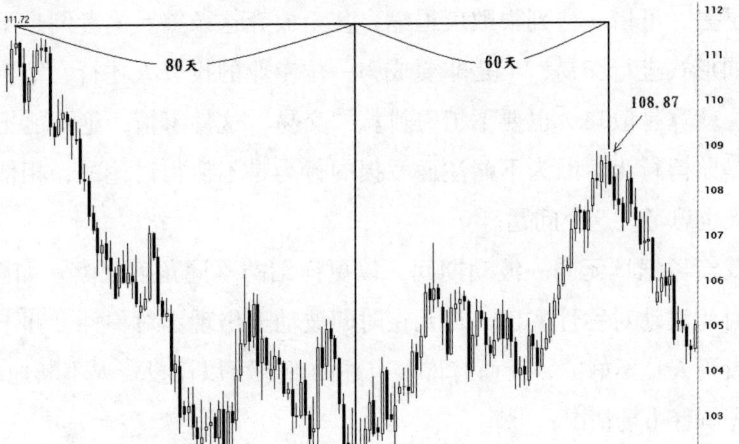

图9-6　日元时间波动对称性实例-1

资料来源：网络

投资人可以观察到如图 9-6 日元时间波动对称性实例，日元从 111.72 元兑 1 美元升值到 101.65 元左右共花了 80 天，之后反弹到 108.87 元兑 1 美元附近，使用了 60 天。

下跌 80 天的幅度为 10.07 元（=111.72−101.65），反弹 60 天的幅度约为 7.22 元（=108.87−101.65），而 60 天是 80 天的 0.75 倍，而 7.22 元是 10.07 元的 0.72 倍，也就是日元当时下跌后的反弹力道相对弱势，这代表当时美元是走弱势格局的。

所以，时间距离与价格波动幅度在一目均衡表中，属于市场格局分析的另类观察，但在黄金分割率与时间理论的应用，都是高阶技术分析的一部分，投资人若有兴趣可以多加研究，会发现人类的行为中，除了短期的不理性行为之外，在市场整体波动中，自然界的不可思议与冥冥中一只看不见的手在支配着市场。

这些现象对于注重科学论证逻辑与交易艺术特性的笔者来说，可以说是相当有趣的事情，这也是吸引众多投资人投入大量心力研究交易的迷人之处，当然，最后还是要赚钱才有意义，否则一切都是枉论。赚钱是证明自己的正确性，有自我肯定的作用，许多人藉由这种肯定而能够持续下去，可惜一遇到失败就退缩，甚至放弃这条路。笔者倒是不反对以不同形式进行交易，不是非要成为一位专业的投资人才行，笔者的意思是，就算是散户，也要下工夫耕耘“交易”这件事情，绝不能把交易当作是赌博行为，因为下赌注而亏损的行为是不值得讨论的，相信许多投资人也思考过这个问题。

我们再把日元同一波动期间，以更详细的不同角度观察。如图 9-7 日元时间波动对称性实例，日元在时间波动上出现不对称性，并不代表这对投资人是不好的，反而有许多有趣的现象可以让投资人不断地玩味。我们先解释市场情况：

① 48 天的下跌，花了 51 天做成三个头部，三天的误差值，显示美元反弹相当弱势的事实。

②从 101.65 元兑一美元开始反弹，分成三个波段，分别为 19 天、23 天与 20 天，都是以 21 天波动为基准。

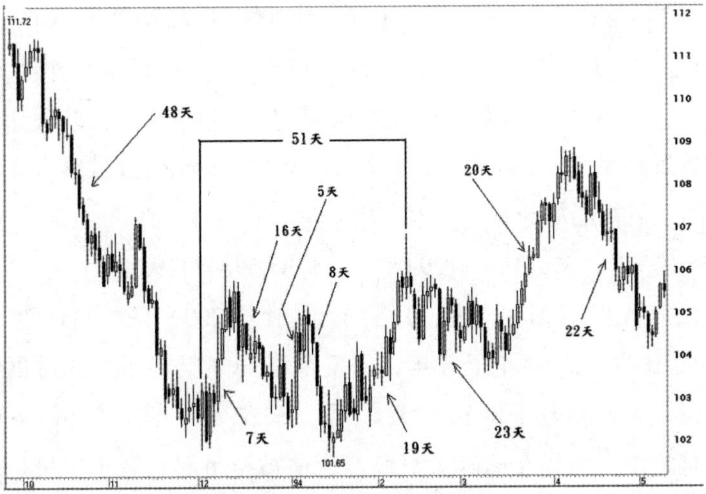

图9-7 日元时间波动对称性实例-2

资料来源：网络

③同时，再以平均 21 天 [=（19+23+20+22）/4] 的基本波动时间，走出四个波动，这四个波动共花了 81 天。重点是从第一波使用 19 天到第四波使用 22 天，其误差值各为 4 天、3 天与 2 天，这表示市场的波动误差正在缩小。

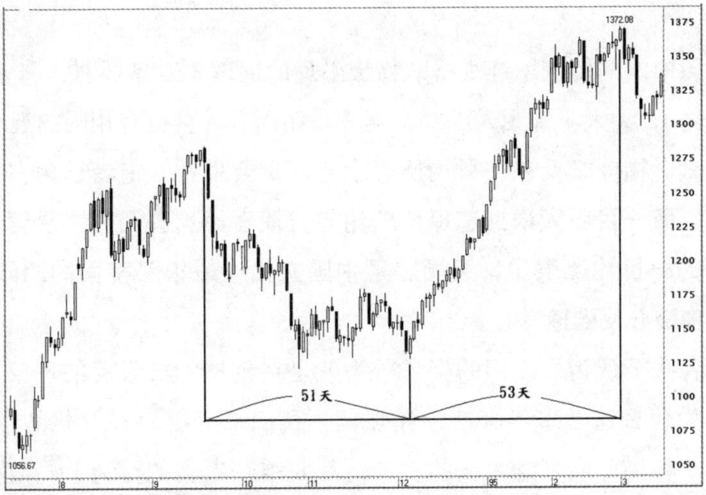

图9-8 上证指数时间波动对称性实例

资料来源：网络

我们再简单地看一下在2005年到2006年大发牛脾气的上证指数，为什么举这个例子，投资人可以清楚看到上证指数从9月20日的1285.57点下跌到2005年12月开始反弹的1129.09低点，共使用51天，而后开始反弹到1372.08高点，共使用53天，上证指数虽然多花了两天反弹时间，但幅度却约有1.55倍。

1.55倍 = [（1372.08 – 1129.09）/（1285.57 – 1129.09）]

这代表A股当时处于强势格局。A股从2001年的2341点下跌到2005年的1047点，共花了五年，但反弹格局到反转而上，到2007年1月5日为止上证指数上涨到2997.05点，只花了两年，并且创下历史新高，当时的中国市场在国际上早已经无法被全世界忽视了，只是碍于没有对外资正式开放，一直到2014年开始开放外资北向资金进入A股市场，还有MSCI把上证指数市场纳入编制之后，中国股票市场才真正与国际接轨。

物不极、必不反

依照中国的传统思维，所谓**物极必反的道理（跌多要涨、涨多要跌：周期变化）**，无人不知无人不晓，就算是在西方社会也有相同的观念。

那么，物极必反在一目均衡表上有何重要性呢？**笔者认为占有绝对的地位，而一目山人根据道琼斯理论与波浪理论这些西方交易哲学所创造出来的一目均衡表中，又涵盖了中国文化中最根深蒂固的阴阳哲学，也就是物极必反的道理。**

笔者甚至认为，一切的交易行为就是在创造物极必反的现象，这也是笔者为什么这么多年来持续在强调，我们每天努力在寻找的黑盒子、圣杯、获利秘籍或是赚大钱的美梦，都归结在人类的行为上，没有人类行为就没有买与卖，没有买卖行为就没有价格的出现。而买方永远想要买在更便宜的价位，卖方永远希望卖在更高的价位，这是人性的问题。

那么什么时候会出现卖方杀出，导致价格一路下跌，已经比之前便宜非常多了，还是没有人愿意接手；或者是买方已经以更高的价钱要买进，可是卖方就是不卖，尽管价格已经比之前高出非常的多，就是不卖。这是为什么?

一个预期心理作用而已！一点都不难，可是我们却喜欢把世界搞得很复杂，以彰显自己的厉害，这一点笔者并不讶异，因为人性使然。而重点是，面对这样的环境与氛围，作为投资人的我们该如何因应。

那么，**这种交易逻辑就是圣杯吗？可以保证获利吗？笔者认为只有骗子才会讲这种话，也只有傻子才会相信这种话。所以没有傻子就没有骗子**，在我们生活周遭不就是如此，诸如老师与学生、政治与百姓、老板与员工等等任何对等或是不对等关系的一组人、事、物都有可能出现这种情况。

所以，笔者强烈希望投资人养成独立思考能力，这种思考能力可以判断也可以相信，在相信之前必须思考，这是笔者强调的。因为如果没有相信那么人的未来就太悲哀了。对笔者也是一样，笔者不会未经思考就轻易相信，而一旦相信就不轻易反悔，除非这个相信被更真的事实替代。

在交易上、操盘上或资产管理配置上，不也是如此，一目均衡表强调的是“现在性”，这个现在性代表目前市场价格的位置、气氛、状态与可被接受的一切。**简单说，就是多空双方皆认同的价钱，这个价钱比什么都重要**，前面提到有期望才会有相信，买方会不计价钱地买进是因为认为未来会有更高的价钱，卖方会不计亏损地卖出手上的商品，也是认为未来的价钱会更低，因此人类的期望对行为的影响很大，而这个期望与行为的结合就是价钱，投资人也可以解读为巴菲特所强调的价值论。

巴菲特说：投资只需要做两件事，那就是给企业估值和如何利用市场情绪。笔者想要强调一点，一目均衡表就是在解决如何利用市场情绪这部分。

在公元 1554 年，名为布斯贝克（Busbeck）的自然科学家在土耳其发现郁金香，并且引进到中欧，郁金香尤其受到荷兰人的喜爱。郁金香开启十六世纪荷兰历史上最大泡沫，后人称为郁金香事件。这个事件到最后，一个郁金香的球茎，在现代来说不过是花园里的一朵花，但当时可以换到两千五百古尔盾（当时荷兰的货币），也可以换到两车小麦、四车干草、四只牛、两只猪、十二只羊、四桶啤酒、两桶奶油、一千磅干酪、一张床、一件外套，还外加一只银杯。

在郁金香事件的全盛时期，有人拿价值一千万古尔盾到荷兰城市去交换数株郁金香。这是人类疯狂的历史，之后还发生过密西西比事件、南海泡沫、美国铁路等事件，在商品上还有囤积事件，例如 1968 年的黄金、1888 年的咖啡、1925 年的谷物、1980 年的白银，还有 2000 年以来的石油资源减少与科技风暴事件、2008 年的美国金融风暴事件。

这些雷同事件，笔者认为都还远远没有落幕。而曾经是索罗斯副手的吉米·罗杰斯在 2010 年前那几年持续鼓吹石油价格会来到 100 美元，黄金会上涨到 1000 美元，这样的看法会如何？当时，笔者把它当作是市场的喊价行为，如果市场价格真的石油 100 美元、黄金 1000 美元，那么它迟早会来到，价格会告诉你！事实上，石油、黄金都来到他所说的价位之上。

投资人能稳定获利的关键，是具备强大的思考能力。

应用各种角度看交易这件事情，是思考的第一步。当每一个角度都让你相信这件事情是真的，那么就相信它，就算最后是错的，也不需要后悔。会变成错误，代表当时在思考时的角度不够完整，或者思考模式不对，当然会有错误的相信，有错误的相信就会有错误的决定，错误决定的代价就是亏损。**有了亏损，就应该立马做出应有的止损操作，就笔者的经验，一个是逻辑止损，一个是量化止损，这两个止损方式链接起来，就形成了一个完整的止损过程。**

在我们操作的过程中，常常需要做决定，而决定之前是你相信什么，市场会上涨还是下跌，或者是不涨不跌，会进行区间盘整。投资人必须做一个决定，这个决定让你进场操作，最后当你不论经过多少时间出场，那么这笔交易就算结束。而一目均衡表就是让投资人在做决策时，有一个系统化的依据与参考。

极端的认知

针对一目均衡表中一目山人强调的“现在性”，再用技术分析的术语去表达就是平衡、均衡的意思。**当市场出现平衡状态，表示多方与空方已经来到势均力敌的情势，只要有一方多创造一份力量出来，并且压迫到对方，那么这些力量推动而起的，是让价格的趋向越来越明显，也就是价格方向的形成具备了被相信的状态，更直白地说是价格趋势正在进行当中。**

而一般人无法相信是因为投资人本身的恐惧与贪婪交错，而无法纯化自己的意念与交易行为，投资人必然知道，类似像巴菲特、索罗斯、罗杰斯与柯斯托拉尼等大师的交易行为是相当纯粹的，在他们做出行为之前，就是要有能力去相信他的行为是正确的，如果发现有不正确的状况发生，他必然加以修正，甚至改变他原来的方向，这个就是笔者，也是一目山人所强调的看懂现在性的能力。

而极端的形成呢？希望投资人不要期待笔者能告诉你什么是正确的极端现象，极端是无法量化的，甚至是事后诸葛亮的事情。学术上曾经利用统计学的偏离理论与几率理论创造出极端值（Value at Risk）风险管理系统，企图以简单的数据量化风险，但最后并没有成功，使得目前学术市场的显学转变成为“金融行为学”，这个讲究投资人行为的学理，会迸出什么火花，笔者也不知道，但认为方向是正确的，值得学术界不断地去探讨。

倒是笔者以为行为金融学到最后要探讨的方向，是“人”要相信什么的信仰问题。因为极端的信仰会造就极端的行为，在解释极端行为的时候就很难数量化，这是 VaR 不能成功的原因，也是金融行为学的挑战。

有时候我会开玩笑地说，当全市场找不到下跌的理由，这就是继续上涨的理由；相对地，当全市场找不到上涨的理由，就是继续下跌的理由。人类的极端行为，是要靠集体表现的，举个例子，下面的标题是在中国台湾最受欢迎的网站上看到的标题，很有意思，当时加权指数在7259点，从2006年7月起涨以来，共上涨1000点左右，原本第三季的下跌波并没有出现，全球股市一片大好，道琼指数、S&P500指数、NASDAQ指数、香港恒生指数、A股指数都创下历史新高，连俄罗斯、埃及、越南与巴西等等国家的股票市场也都相当强势，当时台湾加权指数也不落后，创下六年的新高点，在XX投顾的发言之后，加权指数又上涨到7999点，又上涨了740点，请参考图9-9。

XX投顾盘前——**没看空的理由**

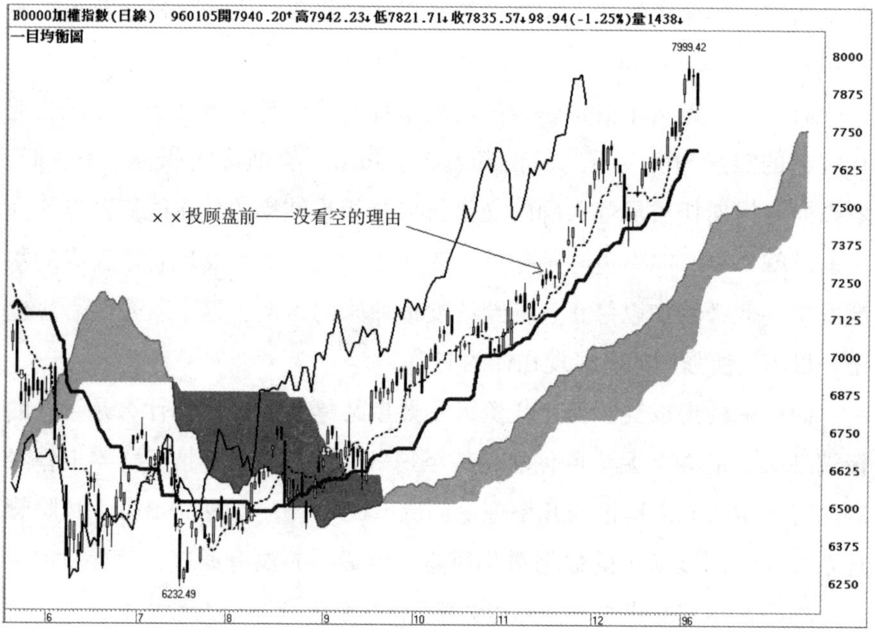

图9-9　市场没有看空的理由实力与后续表现

资料来源：网络

为什么？在市场上有人做出这样的标题，为什么还会上涨？当时许多市场法人、分析师、散户与营业员最大的共识就是“拉回买进”，也就是说当时市场大多数意见还是相对保守，因此XX投顾盘前建议说没看空的理由，只是这家投顾较为大胆的看法，算是相当少数人的看法（不过我们知道投顾公司是很难看空市场的），当然事后证明他是对的，上涨740点没有人会说他的相信是错的。

投资人也应该可以理解，在这个世界上，目前地球都还只是在运转的状态，而且运转的结果也还没有结束，所以根本还没有出现所谓的极端现象，我们现在所谓的极端不过是像气候一样有四季——春、夏、秋、冬之别而已。笔者一直在思考一个问题，如果所谓的人类极端出现，那么应该是人类结束“他的生活”的时候，这个“他”可以是一个人或是全人类。

因此，在使用一目均衡表时，笔者建议投资人能够用思考市场现在性的逻辑下，用各种角度去验证或是去相信现在与未来价格的状态与变化，而思考这个问题笔者认为两个关键句至为重要：

一是，投资人行为与价格行为是交互作用。（索罗斯反身现象）

二是，市场的“现在平衡性”何在？（一目均衡表）

请投资人不要忘记这两个关键句。因为这两个关键句可以说是利用科学的验证精神解释交易艺术的真实性，它让投资人不会无所适从，笔者这么多年交易经验并解读一目山人的用意，相信这是对投资人最好的建议。

其实笔者认为不管投资人使用哪一套交易系统都脱离不了这两个关键，就像是美国的海龟交易系统也是有相同的作用与思维，只是一目均衡表侧重在市场的解读与仓位布局，而海龟系统重视交易策略，如果投资人有机会阅读有关海龟系统的书籍，甚至学会海龟系统的交易逻辑，再结合一目均衡表与海龟系统交易策略，也是不错的交易方法。

当然，世界是浩瀚的，在交易的世界里，不是一目均衡表与海龟系统就代表一切，还有更多的不可知的世界等着我们去挖掘、去探险，这种挖掘与探险只要能脱离人类恐惧与贪婪的纠缠，那么将会有何等甜蜜的果实在等着我们去撷取，这是笔者相信的。虽然还是有导致投资人破产的危险，但只要有让你相信的交易系统，那么就不是赌博，而是一份事业，投资人在经营事业时想的应该是永续经营的模式，并不是大大地赚一笔钱，然后过着无忧无虑的退休生活，笔者只能说那不是一个正常人该有的梦想。

笔者在 2004 年出版的第一本书《交易，简单最好》，从出版前到出版后的现在经过25年了，笔者还坚持着操作交易，必须越简单越好，而简单的背后是对精致化的思考。希望投资人在操作的时候，不要有恐惧也不要有贪婪，高度理性与客观对投资人帮助是最大的，让自己真实地相信并努力造就个人财富。当然，笔者知道要做到这种地步非常难，对笔者而言也相当不容易，但笔者相信通过对复杂事物的极简思索，把简单的交易哲学赋予到自己能身体力行的地步，那么创造财富这条路上，应该会更减少一些惊悸。

笔者不厌其烦地再提醒投资人一次，物极必反的道理是“当物不极、则必不反”，这个逻辑贯穿一目均衡表的所有操作精神与交易方法，所以投资人应该已经可以理解一目均衡表的“均衡”就是这套交易系统的中心思维。第三篇开始，笔者以一目均衡表的平衡逻辑来解释A股市场的各种实例验证，笔者也相信，实践是检验真理的唯一标准。

第三篇

一目均衡表股票操作篇

当多空力量均衡时（震荡时期），短线操作最有利；相对地，当多空不均衡或严重不均衡时（趋势时期），就是价格走势开始出现波段式机会，那么赚取趋势差价就正是时候。**如果把波段趋势比作一条鱼的话，那么，鱼头、鱼尾我们是很难吃得到的，而能吃到这条鱼多大的鱼身，就凭投资人的本事了。**

要点：

①无论什么板块、什么股票或是 ETF，一目均衡表皆可运用。

②什么样的市场会失效呢？窄幅震荡型走势！但是依据每个投资人的使用经验不同，在窄幅震荡的走势中，可以将损失降到最低。

③如何更加得心应手？结合期货、期权一起运用，效果更好。但本书是以股票为撰写目的。至于期货与期权的应用，期待有其他机会时，再与投资人交流。

实盘中的操作思维说明

一目均衡表强调的是系统化、逻辑化的交易模式，并非只凭道听途说、内线消息、个人喜好等情绪化模式进行交易，这里也就强调了金融交易的专业能力。

依据笔者的经验，一个成熟的交易员、投资经理应该具备的专业能力，**除了具备 10 年、20 年以上的交易经验外**，更应该包括以下几个范围：

①数学、统计学、物理学、编程技术、信息分析

②哲学、法学、社会学、政治学、历史学、心理学

③多国语言能力、经济学（宏观、微观）、风险管理、企业管理、财务分析、运筹学

一个人要完全懂这些知识是强人所难，**笔者的意思是在这些方面都要做到有自己的独立见解与一套合乎逻辑的说法，不需要别人的认同与否，更不要想去说服别人。**因为每个人都有自己的一套市场交易获利模式，所以千万不要试图去说服别人。**自己的操盘绩效能否说服自己，才是一个投资人、交易员或投资经理每天要努力的功课。这个在我另一本《逻辑化智能交易：趋势追踪与攻防策略》书中也强调过了。**

针对接下来的实例分析与操作建议，笔者先做一些说明，好让投资人可以更加明白，笔者在过去二十几年中使用一目均衡表的经验总结。

交易系统常常可以框架式说明，这是属于科学部分，很容易逻辑化与计量化。但是经验总结就常常是属于艺术性部分，很多人说它是非常主观的、狭隘的，这部分笔者不是很认同，因为逻辑化、计量化、科学化的根本来源，也是科学家主观臆测结果的另一种呈现方式，只是让科学家的主观想象，利用一些工具形式而能够变得容易理解（常常科学家的东西也是无人理解的），或者说是艺术家的感性提升了科学家的想象空间，进而让科学家有更多的发挥空间。

这就是常说的“交易是科学与艺术的结合”之意义所在。笔者在这里想要表达的是，一目均衡表是一套非常好用的交易系统，而笔者的交易经验则是让这个交易系统更加地有效执行。因此，建议投资人长期使用一目均衡表，从一目均衡表中获得交易灵感。

这也是为何笔者一直强调逻辑科学之外，投资人更需要具备艺术创作的想象能力，想象力在驾驭一目均衡表中是很重要的素质。笔者相信，不只是驾驭一目均衡表需要想象力，在金融市场上，尤其是资产管理工作上，想象力也是一项很重要的技能。

笔者在第十章中，以日本人的一目均衡表进场与出场基本模式“三役好转与三役逆转”来进行说明，让投资人理解基本应用上的一些技巧，这个部分也是目前在国内很多介绍一目均衡表的人所使用的技巧，虽然这对一目均衡表的描述不是非常完整。

三役好转买进讯号：

①转换线突破基准线

② K 线突破云层

③迟行线突破 K 线

三役逆转卖出讯号：

①转换线跌破基线

② K 线跌破云层

③迟行线跌破 K 线

在国际市场上，一目均衡表是一个相当普遍的交易工具，在很多平台都可以看到一目均衡表的应用。但在中国市场，除了外汇市场的投资人对一目均衡表相当熟悉外，A 股市场里甚少有人懂得或使用一目均衡表。因此在实例应用中，笔者使用 EXCEL 方式呈现一目均衡表的应用，一方面让投资人更加专注于一目均衡表的经验认识与记忆图形、价格、趋势、云层之间的关系变化把握，**另一方面也提醒投资人在国内市场尚未成熟之前，自己利用 EXCEL 里面的 BVA 进行编写，可以得到相同的效果。**

在第十一章之后，笔者使用的一目均衡表操作方式，皆是笔者自己的经验总结下的一目均衡表使用方式，这些与原作者有所不同，请投资人参考。

笔者对**位置的分析与操作思路**：

①**迟行线趋势与乖离**：与相对应的价格进行比较，高于价格或低于价格之间的乖离程度多大，如果达到一定程度就是市场价格出现过度反应现象。至于多大程度的乖离才是有效的，这个在量化系统可以做到，投资人用经验判断也是可以的。金融行为学上的专业术语叫做 Over **Reaction，表示市场价格会有反向回归到价格附近的大概率机会**。这个逻辑非常重要。

②**转换线与基准线**：除了**黄金交叉与死亡交叉**的用法之外，最重要的是趋势判断上的帮助，这部分还要借助斜率的用法。当**斜率为正**时，价格偏多；当**斜率为负**时，价格偏空；当**斜率在横向震荡**时，价格则为

无趋势性判断。

③**型态**：如果斜率是微观趋势的判断，那么型态就是宏观趋势的判断逻辑。当宏观的型态趋势在往上走，表示微观的斜率在震荡向上；相对地，型态趋势向下，则是斜率处在震荡向下模式，**两者相互交叉比对后，可以判断市场更为细腻的趋势走向，也可以从中判断出仓位管理的参考值。**

④**云层的支撑与压力**：云层是一目均衡表非常重要的特征。如果投资人可以把握云层的使用方式，那么，投资人就可以把握市场价格的支撑与压力判断。基本上，云层的上缘、下缘与云层之内，都可以是支撑与压力的形成过程。云层的这三个位置可以同时是支撑，在另外的一个相对位置也可以是压力。**这个逻辑主要是参考道琼斯理论的"过去的支撑是未来的压力，过去的压力是未来的支撑"。**

⑤**价格**：价格是一切判断的基础，当价格连续上涨，可以看到趋势的明显上升过程；同时，连续下跌可以看到下降趋势的过程。那么，**价格的连续性就成为非常重要的判断基础**。这也是笔者经常强调连续性的意义了。

⑥**价格与云层乖离**：价格与云层之间的乖离程度也是重要的判断基础。如果迟行线是一个过去的过度反应程度判断，那么云层的乖离就是未来的过度反应判断了。

⑦**调仓**：这个调整操作是笔者在把一目均衡表量化过程中，最麻烦的一个板块了。这个调整量到底要多少才是最优化的？几乎没有一个很好的标准！**调仓的艺术性太高了，导致难以计量化、标准化与机械化。**那么，怎么解决呢？目前笔者的做法是**考虑风险承受度来规范数量**，投资人可以参考。

⑧**底仓**：当一只股票是笔者投资组合中的必要组成，那么，笔者一定会持有底仓，至于底仓量要多少才是正确的？这个必须依据大盘的市场风险来判定了。而且，每只个股的底仓与整体持股量的底仓也都不一样，并且是随着市场的位置而有所调整的，这部分的经验值很重要。这也是笔者常常提到在金融市场越老越值钱的道理。

以上8点的综合应用，是笔者在使用一目均衡表时必然要结构化的思考模式，投资人或许感觉有些麻烦，但投资人务必理解，这套交易系统是第一次世界大战之后在日本人手上创造出来的，他们的思维模式相当细腻。

事实上，在交易的把握部分，还有所谓的交易智慧与交易戒律部分，例如镝木繁所著，1986年的《相场难仪道》与2000年的《相场戒律》就是相当深入讨论交易心法的两本书。还有一本是林辉太郎所著2008年的《相场人生训》，都是值得推荐的书籍。

在观察一下例子时，投资人可能会觉得这样的操作模式，不容易做到在长期持有期间，会在中途就获利了结出场，常常无法做到高度客观化、高度逻辑化、高度系统化操作！

但笔者还是要强调，投资人现在学的是一套交易系统，一套被实践了80年以上而且还持续有效的交易模式，如果无法做到，那么就努力去完成、去实践，**建立自己的长期有效的获利模式，只要这个模式架构出来了，投资人就会如同笔者一样悠游于交易市场，而且不只是股票市场，期货市场、期权市场的整体策略应用，都可以让人做到“快乐交易、交易快乐”**。

就三役好转与三役逆转，到底好不好用，在日本市场或许可以，因为日本人天生保守性格，造就了一目均衡表这样的交易系统。但是在日本以外的交易市场，可能不会这么简单去想了。就笔者了解，在国外的投资人中，真正使用一目均衡表三役策略进行交易的人也是不多。

但是，能够像笔者这样，以自己的领悟去创造一套新的操作模式，应该大有人在。笔者也是想借由自己的经验，让投资人参考，希望这套不错的交易思维能被国人所学习，可以的话，再改良并创造出新的交易系统，那么，就是一件美事。

在独立思考之余，不要轻易否定别人，因为否定别人就是在否定自己，这是最愚昧的行为。为什么？以前，笔者人生成长过程曾经看空一切，完全漠视“客观事实的力量”，如此否定自己以外的“相对与绝对”的真实存在，这样的笔者却浪费了非常多的可贵时间，这让笔者相当懊恼与后悔。

摩西说一切是律法；马克思说一切是资本；爱因斯坦说一切是相对的。

看来我们对真实、真相与真理这种“本质的事情”，还在学习阶段！据此，我们对金融交易、资产管理的事情也还在学习阶段，这是永远在路上的事情。

第十章　一目均衡表之日本人的操作模式

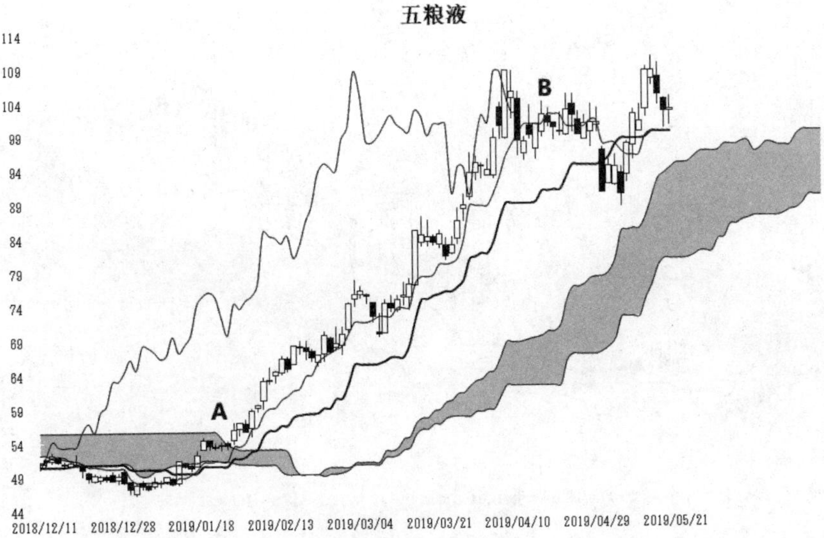

图10-1　五粮液

资料来源：黄怡中制作

三役好转买进讯号：

①转换线突破基线：从 A 点开始持续形成黄金交叉（符合条件），直到 B 点位置未曾改变过。

② K 线突破云层：价格站在云层之上，符合条件。

③迟行线突破 K 线：2018 年 12 月中旬迟行线站上 K 线之上，也符合条件。

三役逆转卖出讯号：

①转换线跌破基线：2019 年 4 月一度符合死亡交叉条件。

② K 线跌破云层：价格未曾跌破云层，不符合条件。

③迟行线跌破 K 线：不符合条件。

交易机会总结：

在 A 点附近建立仓位，在 B 点位置或在 B 点之后的弱势走势中减仓。

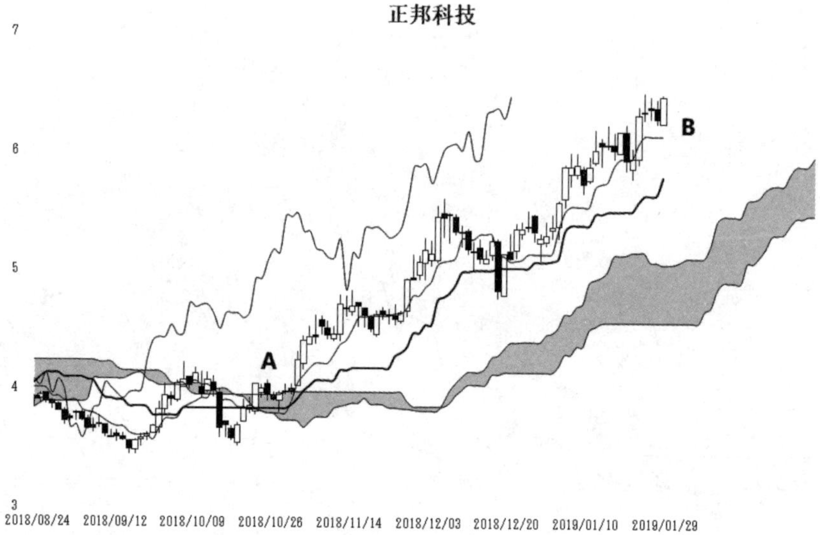

图10-2　正邦科技

资料来源：黄怡中制作

三役好转买进讯号：

①转换线突破基线：在 A 点附近 2018 年 10 月 26 日之后开始形成黄金交叉，符合条件。

② K 线突破云层：同 A 点走势，价格突破了云层。符合条件。

③迟行线突破 K 线：早在 2018 年 9 月条件已经成立。

三役逆转卖出讯号：

①转换线跌破基线：不符合条件。

② K 线跌破云层：2018 年 12 月初股价一度回调，但不符合条件，因此，是否在此调整仓量，由投资人判断。笔者建议进行少量的调仓操作。

③迟行线跌破 K 线：不符合条件。

交易机会总结：在 A 点附近建立仓位，在 B 点仍然持续持有仓位。

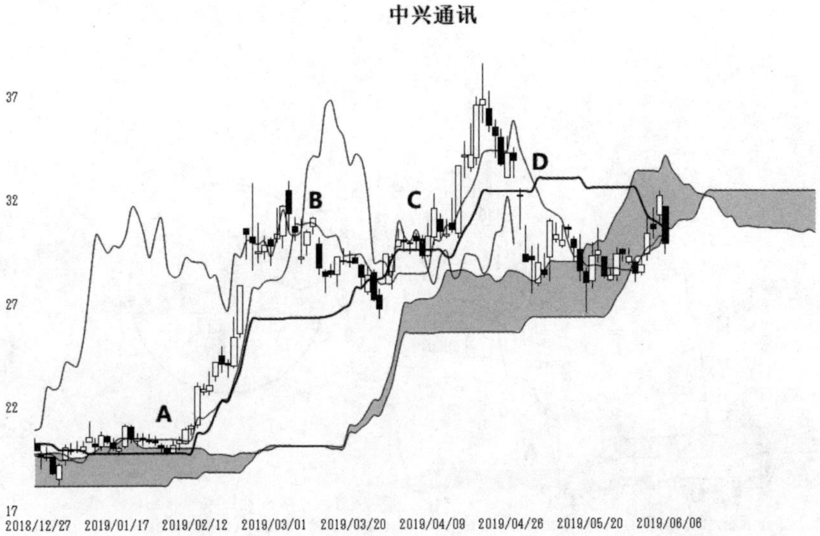

图10-3　中兴通讯

资料来源：黄怡中制作

三役好转买进讯号：

①转换线突破基线：条件符合（A 点处）。

② K 线突破云层：条件符合（A 点处）。

③迟行线突破 K 线：条件符合（A 点处）。

三役逆转卖出讯号：

①转换线跌破基线：在 B、D 点的条件都不符合。

② K 线跌破云层：在 B、D 点的条件都不符合。

③迟行线跌破 K 线：在 B、D 点的条件都不符合。

交易机会总结：

在 A 点附近建立仓位，在 B、C、D 点处，都没有出现符合做空条件，因此，这三个位置的操作策略，只能以仓位调整模式为主，而且底仓还是要有的，这样才有机会从 A 点的 20 元左右成本，持有到 37 元高点的获利机会。

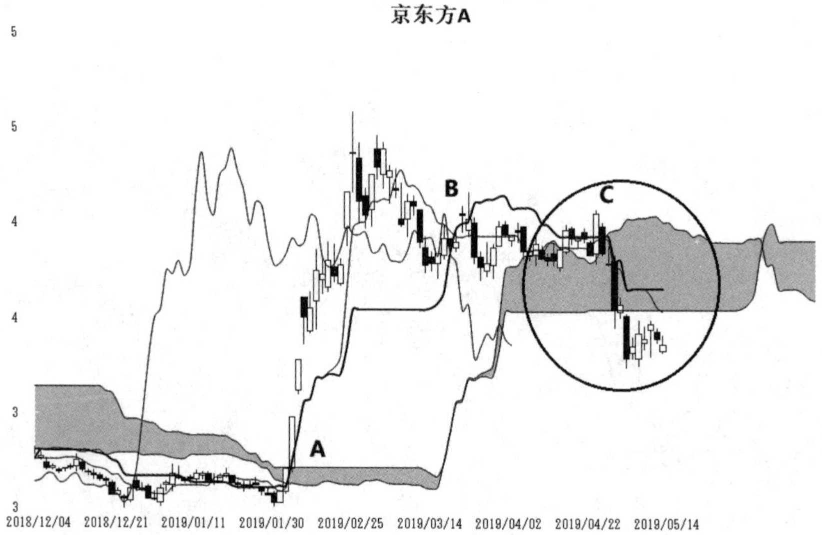

图10-4 京东方A

资料来源：黄怡中制作

三役好转买进讯号：

①转换线突破基线：条件符合（A 点处）。

② K 线突破云层：条件符合（A 点处）。

③迟行线突破 K 线：条件符合（A 点处）。

三役逆转卖出讯号：

①转换线跌破基线：条件符合（B 点处）。

② K 线跌破云层：条件不符合（B、C 点处）。

③迟行线跌破 K 线：条件符合（B、C 点处）。

交易机会总结：在 A 点处附近建立仓位，在 B 与 C 点处调整仓位是合理的操作。同时B点与C点的弱势格局，只差了价格跌破云层这个条件不符合，投资人在此二处把仓位平掉也是合理的操作。

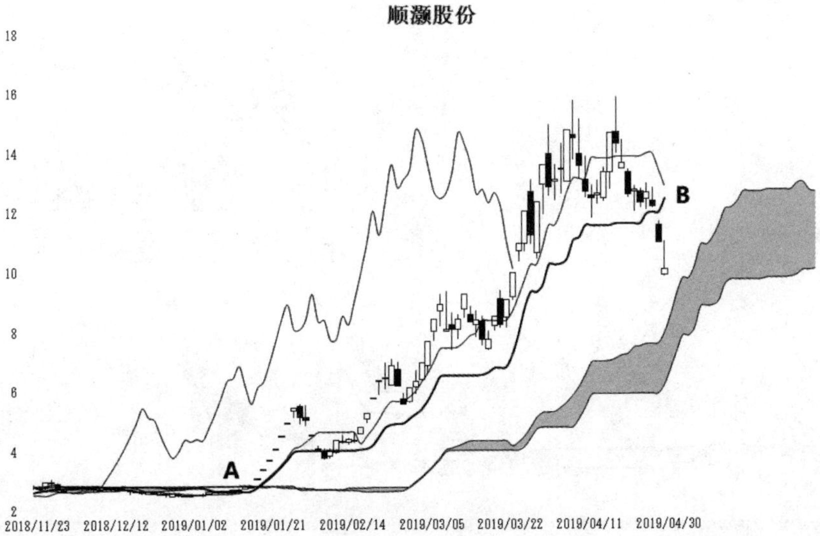

图10-5　顺灏股份

资料来源：黄怡中制作

三役好转买进讯号：

①转换线突破基线：条件符合（A点处）。

② K线突破云层：条件符合（A点处）。

③迟行线突破K线：条件符合（A点处）。

三役逆转卖出讯号：

①转换线跌破基线：条件不符合（B点处）。

② K线跌破云层：条件不符合（B点处）。

③迟行线跌破K线：条件不符合（B点处）。

交易机会总结：

这个例子很清晰、很简单。在A点位置建立仓位，因为三役好转条件持续成立，并没有被破坏掉，如果途中进行加仓操作，也是合理的策略。直到B点附近，价格开始走弱，投资人做部分获利了结操作，部分利润落袋为安是合理的操作。

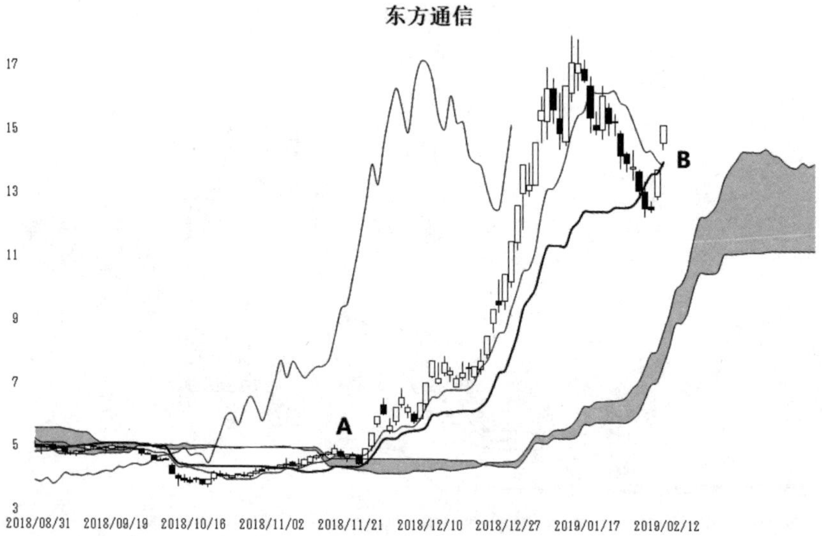

图10-6　东方通信

资料来源：黄怡中制作

三役好转买进讯号：

①转换线突破基线：条件符合（A点处）。

② K线突破云层：条件符合（A点处）。

③迟行线突破K线：条件符合（A点处）。

三役逆转卖出讯号：

①转换线跌破基线：条件不符合（B点处）。

② K线跌破云层：条件不符合（B点处）。

③迟行线跌破K线：条件不符合（B点处）。

交易机会总结：

这个例子与前个例子顺灏股份非常相似，因为它们都是市场的龙头股。而东方通信的走势更加的明显、干净与清晰有力，相信投资人都在找这种股票，而笔者要强调的是，这种股票都是可遇不可求的，但是，这种股票是可以追踪出来的，这两个例子，投资人应该要心领神会才是。

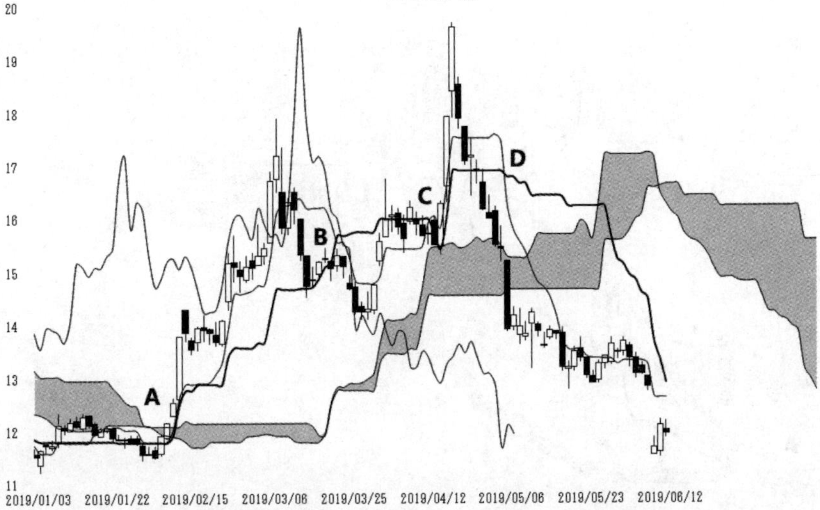

图10-7　工业富联

资料来源：黄怡中制作

三役好转买进讯号：

①转换线突破基线：条件符合（A、C 点处）。

② K 线突破云层：条件符合（A、C 点处）。

③迟行线突破 K 线：条件符合（A、C 点处）。

三役逆转卖出讯号：

①转换线跌破基线：条件符合（B 点处）。

② K 线跌破云层：条件不符合（B 点处），3 月下旬才出现短暂时间的符合条件，但在云层的支撑下，又反弹而上。

③迟行线跌破 K 线：条件不符合（B 点处）。

交易机会总结：

在 A 与 C 点附近都是投资人要持有仓位的位置。相对地，B 点位置是调仓操作的好时机，同时在D点位置附近也是调仓的必然操作，但是到了2019年5月初的时候，市场价格才开始确认下跌走势。**这时，投资人在D点的调仓操作下，几乎是空仓了。**

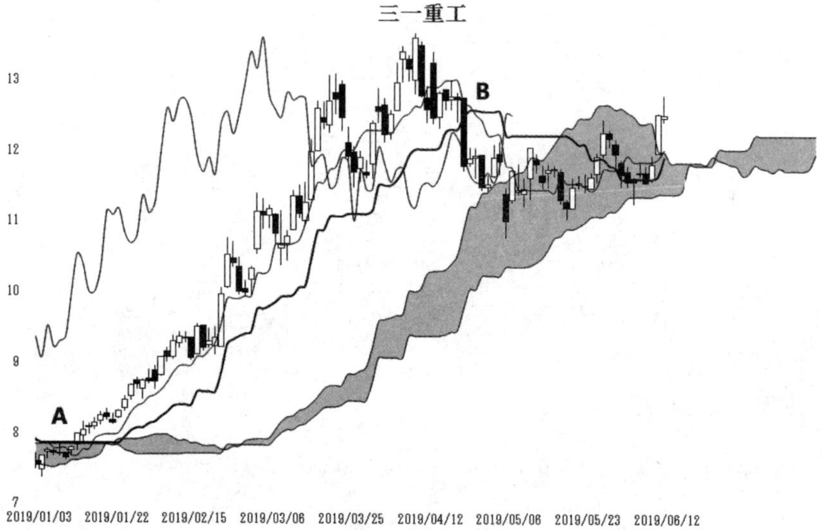

图10-8 三一重工

资料来源：黄怡中制作

三役好转买进讯号：

①转换线突破基线：条件符合（A点处）。

②K线突破云层：条件符合（A点处）。

③迟行线突破K线：条件符合（A点处）。

三役逆转卖出讯号：

①转换线跌破基线：条件符合（B点处）。

②K线跌破云层：条件不符合（B点处）。

③迟行线跌破K线：条件不符合（B点处）。

交易机会总结：

在A点位置建立仓位后，慢慢地在合适位置进行加仓操作，这只股票的走势如同前面所讲的，走势很有龙头股的味道，也就是走着强者恒强的走势。到了B点附近，弱势格局越来越明显，进行减仓操作是合理的策略。但是在价格迟迟没有跌破云层的前提下，投资人倒是可以持有部分底仓，以等待下一次机会到来。当然，如果投资人不耐久盘，一度清仓后，再等机会也是可以。

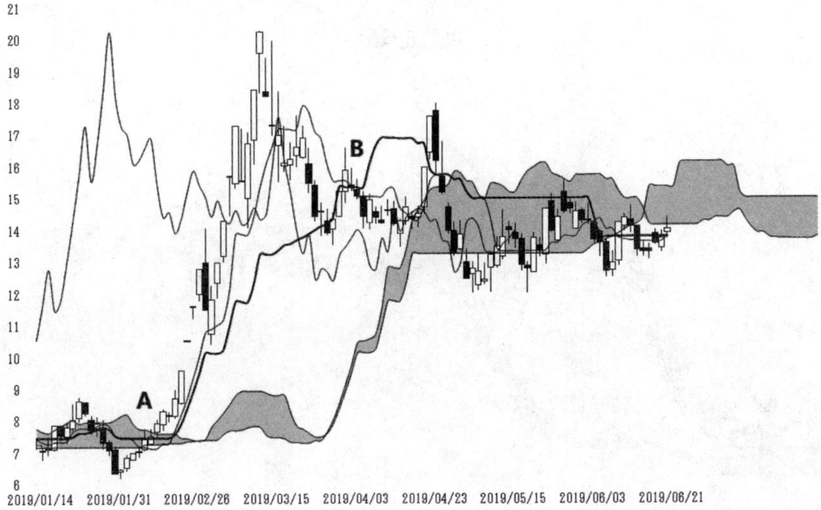

图10-9　市北高新

资料来源：黄怡中制作

三役好转买进讯号：

①转换线突破基线：条件符合（A点处）。

②K线突破云层：条件符合（A点处）。

③迟行线突破K线：条件符合（A点处）。

三役逆转卖出讯号：

①转换线跌破基线：条件符合（B点处）。

②K线跌破云层：条件不符合（B点处）。

③迟行线跌破K线：条件不符合（B点处）。

交易机会总结：

这只股票与三一重工的走势有些相似，尤其是A与B位置的变化。比较不同的是，市北高新在4月底之后，呈现的是比较弱势的走法，有三四次出现价格跌破云层的现象，但时间都很短暂，如果没有耐心或是持有底仓操作的投资人可能早就被洗盘出场了。当然在**目前最后的位置，在云层的压制下，市北高新还是弱势格局**。

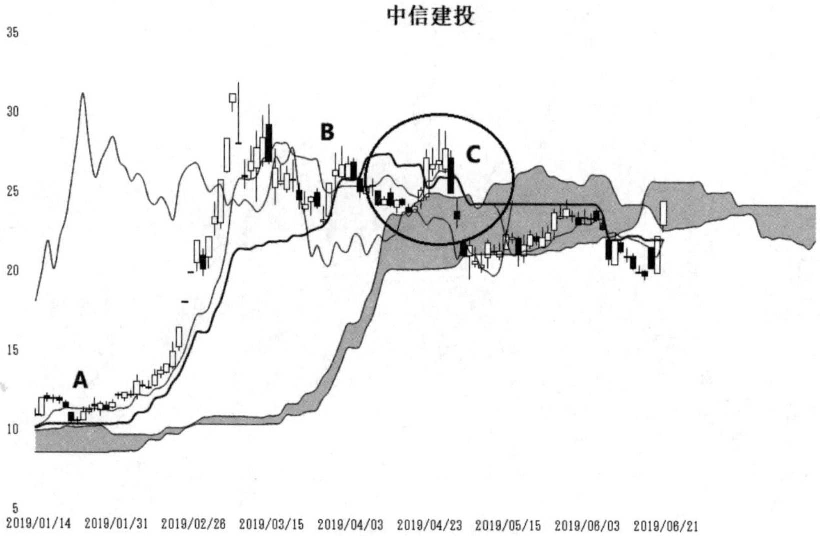

图10-10　中信建投

资料来源：黄怡中制作

三役好转买进讯号：

①转换线突破基线：条件符合（A点处）。

②K线突破云层：条件符合（A点处）。

③迟行线突破K线：条件符合（A点处）。

三役逆转卖出讯号：

①转换线跌破基线：条件符合（B、C点处）。

②K线跌破云层：条件不符合（B点处）。

③迟行线跌破 K 线：条件不符合（B 点处）。

交易机会总结：

这只股票在 A 点位置建仓后，到 B 点之前可以追踪获得的利润约有 200%，如果中间波动过程投资人再进行加仓操作的话，那么利润的绝对值应该更高。比较特别的是，当价格走到 C 点位置时，整个股价的弱势感相当强烈，尤其是 4 月底的三根阴线，算是把投资人给吓坏了，这时候，投资人清仓出场都是合理的操作策略。但是要记得在价格该弱却不弱的时候，把仓位补回去到轻仓状态。

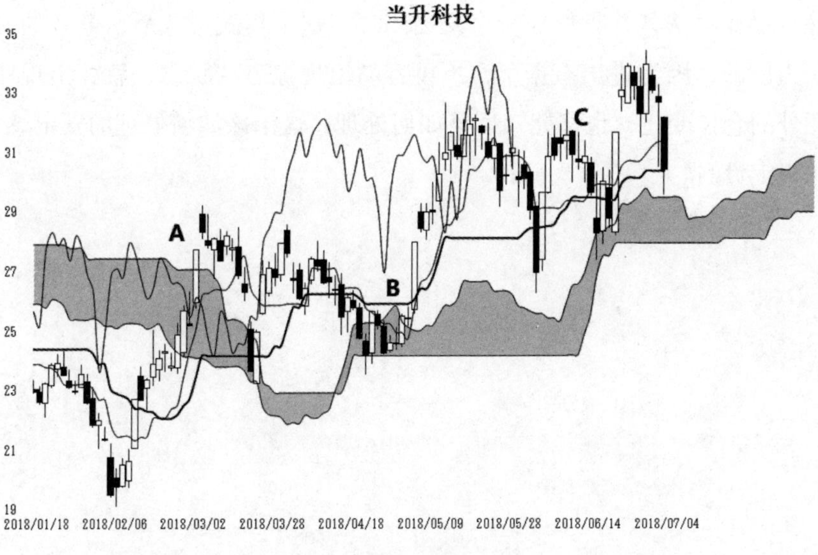

图10-11　当升科技

资料来源：黄怡中制作

三役好转买进讯号：

①转换线突破基线：条件符合（A 点处）。

② K 线突破云层：条件符合（A 点处）。

③迟行线突破 K 线：条件符合（A 点处）。

三役逆转卖出讯号：

①转换线跌破基线：条件不符合（B 点处），但 C 点符合。

② K 线跌破云层：条件不符合（A 点处）。

③迟行线跌破 K 线：条件不符合（A 点处）。

三役好转买进与三役逆转卖出再总结

三役策略的使用或许适合保守的日本人，但不一定完全适合日本市场以外的投资人，因此，才有笔者个人在一目均衡表的三役策略基础上的各种操作手法，并且形成一个交易闭环，这个模式形成后，笔者的交易压力剧减，因为进出有据了，不再容易出现惊恐的状态，就算出现比较意外的仓位变化，也都能知道该如何处理，这个该如何处理的安定感，是相当宝贵的。

第十一章 “小型成长股”操作模式

小型成长股有点像是找龙头股的味道，但笔者并不这么看，而是希望从小型与成长股的链接上，找到弹性比较好的股票，因为越是活泼的股票越能展示一目均衡表的可用之处。

那么，不就是有趋势的股票才能赚钱，如果下跌或震荡的股票就没有赚钱机会了？笔者不讳言这是事实！但也仅限于股票市场，如果在期货与期权市场，则不是那么局限。更何况在震荡时期的操作模式则必须加入其他的交易手法。

笔者虽因资金安全考量，一直避免操作小型股，但是小型股经常趋势明显且波动快速。

那么，投资人该如何应用一目均衡表与小型股呢？笔者的建议是资金配置。就是把大比例资金分配在权重股，然后小部分资金配置在小型股，等投资人的交易能力更加熟练，懂得如何在风险与报酬之间游走、分配之后，可以慢慢地把大资金分配到小型股的操作里。总而言之，要冒更大风险之前，一定要把风险管理这门重要技术学会才行。

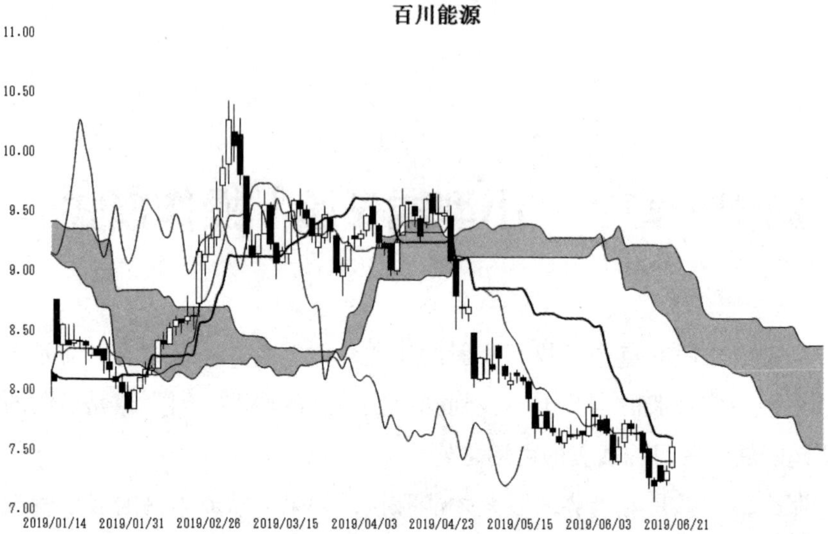

图11-1 小盘——百川能源

资料来源：黄怡中制作

①从 2019 年 1 月底之前，在下降云层压制后，价格反弹至云层内，是否建仓比较难决策，笔者做法会是买个 1、2 手作为测试。

②后续如果跌破云层就把底仓止损。相对地，如果股价持续上扬，那么表示市场开始转向了，投资人可以在突破云层时，三役好转逻辑成形了，进行相应的加码操作。笔者会在非三役好转模式下进行加码。投资人可以看到股价来到云层之上时，基准线与转换线已经形成黄金交叉了，在当时就可以进行加码的。之后，强势的行情直到站上 10 元后才开始回调。

③之后，股价在 10 以下，云层之上开始走震荡格局，在云层之上波动，就代表云层呈现了支撑作用。

④再到 4 月 23 日附近，股价正式跌破云层，走出更加明显的下跌走势，云层也向下波动，基准线与转换线也是死亡交叉格局。

⑤直到 6 月底好像有止跌的现象，因为迟行线与云层、云层与股价之间的乖离程度已经不断在扩大当中，如果此时股价能止跌，那么，做多 1 手的试单机会可能会再出现。必须严格注意仓量控制，还有基准线

与转换线、云层的压力是否解除。

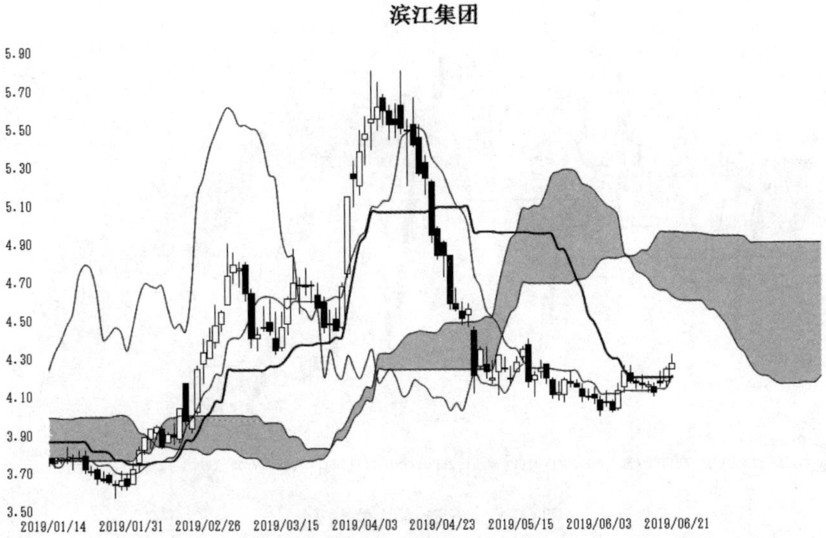

图11-2 小盘——滨江集团

资料来源：黄怡中制作

①接近 2019 年 1 月底时，股价虽在云层下，但开始了反弹。此时可以建立试单仓位。

②后续在三役好转格局下进行加码。

③到了 4.9 元正乖离扩大中，同时不再强者恒强；开始做减码准备，或实际进行部分加码，也都是合理的操作。

④在基准线与转换线之上，休整一段时间后，斜率再度往上蹿升，这时再一次进行试单，或是在原有底仓上进行加码操作。

⑤到了 5.9 元附近，又是相同模式，正乖离扩大中，同时价格不再呈现强者恒强状态时，可以开始进行减码，如果投资人完全出清股票也不能算错，到底是获利了结出场。此时，若价格再度往上攻坚时，就会考验投资人的再进场能力。

⑥之后，股价、斜率与正乖离收敛形成一路偏空格局，没有进场操作机会。

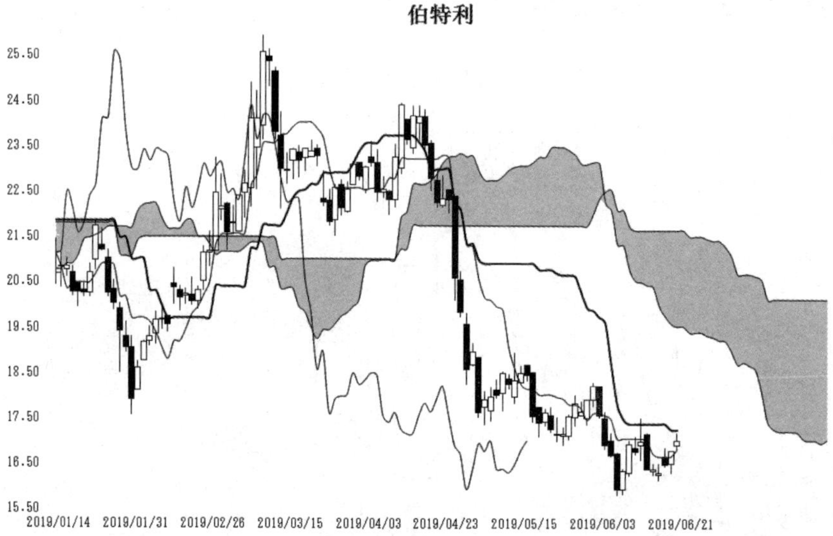

图11-3 小盘——伯特利

资料来源：黄怡中制作

①在 2019 年 1 月底，股价负乖离过大，持续观察机会。到了 2 月中旬，基准线与转换线形成黄金交叉，可以建立基本仓位。止损价位设在 17.5 元以下。当然，投资人在买进之后，价格没有持续走高就不能加码，除非价格再继续走强。

②试单后，股价上涨，同时，在 3 月初形成了三役好转格局，又是一个加码机会。到了 25.5 元迟行线正乖离过大，股价与云层也是正乖离扩大现象，此时可以开始减码。若没有及时获利了结，在 4 月底的反弹无力状态下，也必要先行减码，如果连这样的价格走势都不能减码，表示投资人的交易心理可能出现了过度期待情绪，这对于加减码操作来说，是一个很大的缺憾，严重的话会直接影响绩效。

③之后行情没有进场机会。就一个下跌走势，之前若还是没有依据一目均衡表操作逻辑的话，就好像一次没有报酬的时间浪费。

④到 6 月中旬似乎有负乖离过大的进场机会，但是条件还弱了些。投资人如果进场试单，要注意基准线与转换线、云层的压力才好。

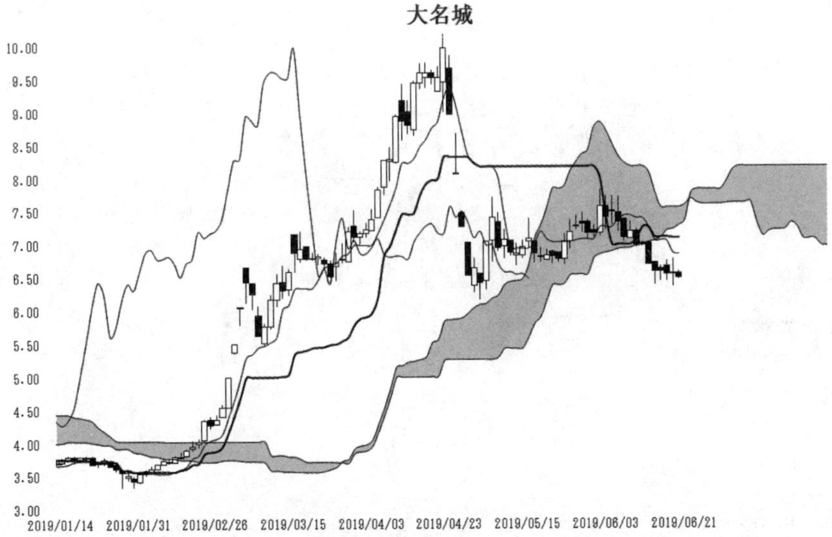

图11-4 小盘——大名城

资料来源：黄怡中制作

①在2019年2月初，负乖离过大，积极投资人可以建立试单，保守投资人在2月底价格站上云层，形成三役好转时再进场也是一种可行的模式。

②之后，不论是迟行线、基准线与转换线、股价本身都在往上攻坚，形势上非常有利于做多的投资人。

③在攻坚过程中，市场几度有些微的回调现象，但幅度不大，同时在基准线与转换线的支撑下，投资人若有减码操作，应该可以在斜率继续往上蹿升时，再把仓位回补；这样的操作也是合理的。

④直到看见10元，价格突然开始急跌，这是让人非常措手不及的走势，投资人如果能快速减码（那时应该做不到清仓操作），把利润确定下来，也是比较好运气的结果。若是在5月初那样的格局才出场，那么这是一次比较不好的结果。

⑤依据笔者的理解，当出现这种快速行情，最后能保有一定的利润也算是可以的一次操作。

⑥之后，在云层内波动，斜率走平也就没有进场机会。

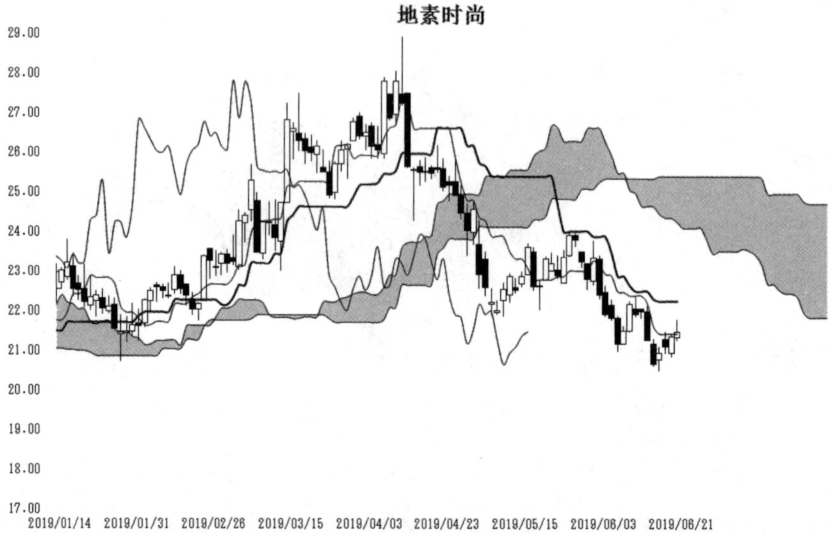

图11-5 小盘——地素时尚

资料来源：黄怡中制作

①股价一直在云层之上，基准线与转换线也是黄金交叉，但价格与斜率都在沿着云层走跌。

②之后，价格与斜率开始反转，甚至在2月底出现云层的支撑走势。在操作上，笔者会2月底出现回调有支撑的情况下，轻仓进场，止损守在股价跌破云层之下。

③之后，股价跌跌撞撞往上攻坚，但明显地守在基准线与转换线之上，而且这两条重要的趋势线，斜率趋向是往上的、走强的，借此持有股票，甚至可以借着下调到支撑位再度上扬时，进场加码操作。

④到了29元正乖离也持续扩大一段时间，正乖离也足够大了，再加上股价不但没有继续创新高，而且还呈现下跌走势，在正乖离收敛的过程中，投资人就可以开始减码操作了。

⑤在5月中旬位置，股价一度反弹，投资人应该可以进行试单操作，但因为反弹力度不大、时间不长，很快就开始出现云层与基准线的压力走势，也就是短暂的操作机会收场。

⑥由于持续性不足，之后只能用等待来回应市场变化。

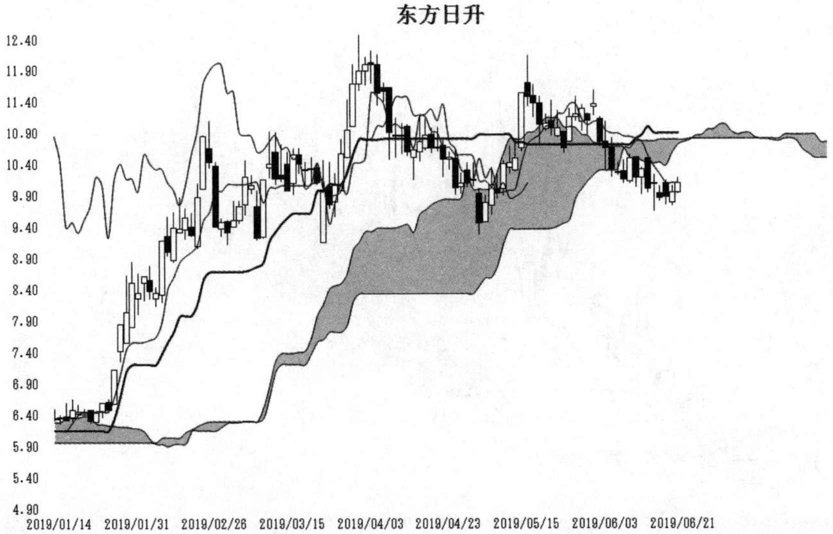

图11-6 小盘——东方日升

资料来源：黄怡中制作

①2019年1月中旬股价在云层之上，形成三役好转格局，进场建立试单操作。当基准线与转换线往上蹿升，或者是斜率开始往上走了，此时进行加码操作也是合理的。

②上涨到10.9元附近，迟行线与相对股价的乖离过大，当日股价与云层间的正乖离也过大，同时，股价不再创新高，加上乖离也开始收敛等等趋势变动对多方不利的判断下，投资人进行减码操作是符合一目均衡表的操作原则的。

③之后，3月中旬的短期操作机会，在试单的操作下，应该没有大幅度的获利机会，如果投资人的操作敏感度低一点的话，说不定会赔钱。当然，笔者认为只要投资人运用一目均衡表的经验足够的话，应该不至于出现亏损。

④在4月底又是一次与三月中旬一样的机会，只是这次的波段幅度更小，也就是操作难度更大，能保持不亏损，也算是不错的交易技术了。

⑤再之后，股价迟迟未能创新高，便是弱势格局，甚至还跌破云层，那么，投资人应该认识到已经没有交易机会。

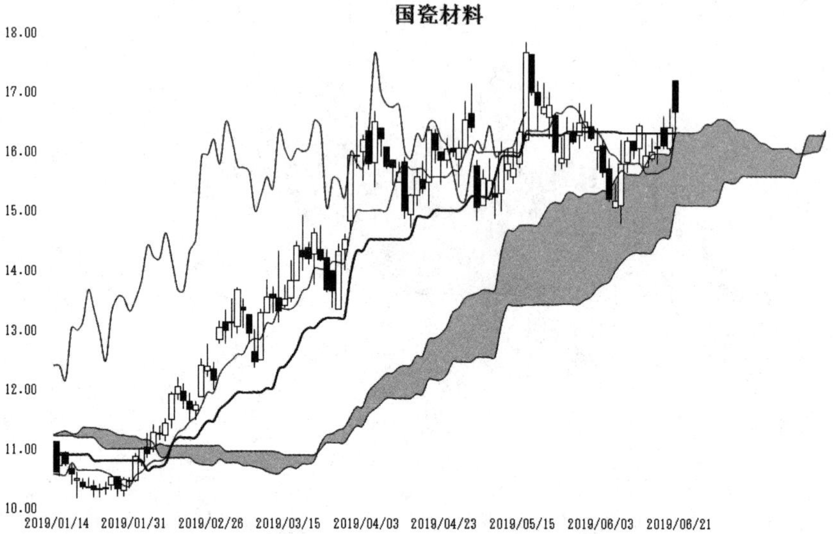

图11-7　小盘——国瓷材料

资料来源：黄怡中制作

①在2019年1月底之前，股价都在基准线与转换线、云层之下，基本上没有进场机会。

②在股价站上云层后，形成了三役好转机会。投资人此时就可以建立试单的仓位了。

③之后，股价往上走势明显，包括基准线与转换线、斜率、迟行线与云层，都是偏多格局。因此，在回调至基准线或转换线，并且得到支撑的时候，投资人应该可以进行加码操作，这是最为合理的加码模式。

④直到17元附近，出现几次难以创新高的结果，那么，在其附近而走势偏弱的时候，都可以进行减码。

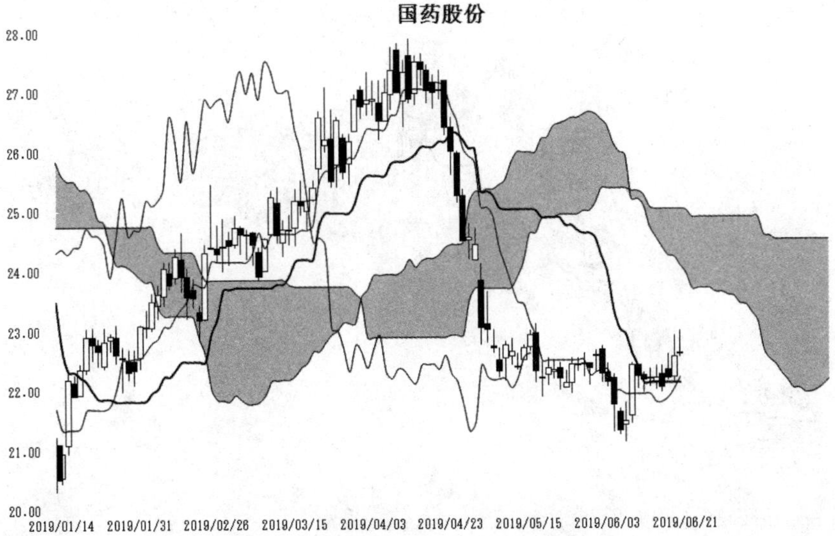

图11-8 小盘——国药股份

资料来源：黄怡中制作

①在1月中旬，当时股价与云层负乖离程度相当的大，同时迟行线与相对应的K线也是负乖离程度颇大，在那样的走势之下，笔者会去建立试单操作，但是止损会更加严格一点，因为当下的市场气氛是很弱的。如果当时真的再创新低价，那么肯定是先止损了。

②相对地，在负乖离程度过大进场操作，也是在截取市场的极端或过度反应后的快速反弹机会。之后，股价并非下跌，而是持续向上攻坚，到了1月底才出现回调。这时可以清仓出场，获利了结。接下来就是股价站上云层的机会。

③这时候的仓位很简单，就是试单操作。如果投资人在之前留有底仓，那么就是加码的机会，因为已经站上云层，基准线与转换线形成黄金交叉，斜率再度向上发展。

④到了28元位置，股价难以创新高，表示之前的强势格局已经产生变化，这时候只是考虑到趋势的停滞，因此进行减码操作即可。直到正乖离开始收敛，同时基准线的斜率也开始出现下弯的征兆，这时是股价走势本质上的改变，撤退是最佳选项。

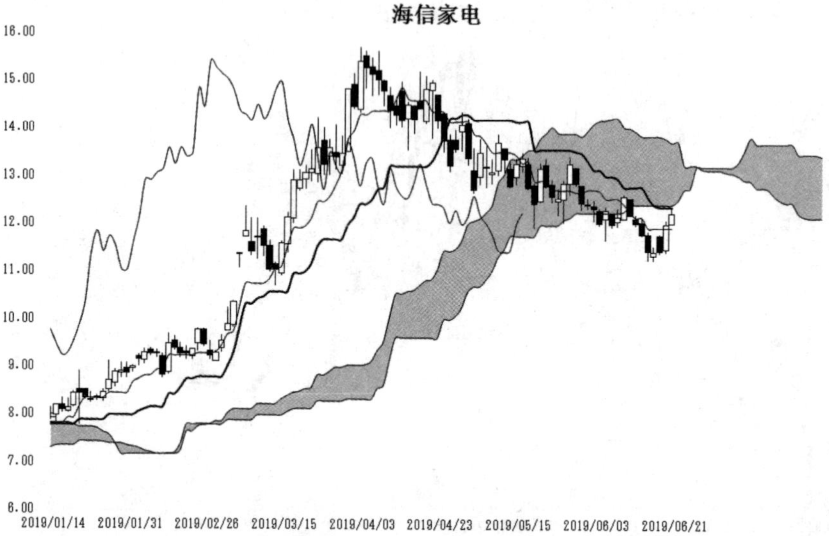

图11-9　小盘——海信家电

资料来源：黄怡中制作

①股价在1月中旬稳定地站上云层，在1月初没有进场建立试单仓位的话，在此时就应该进场操作了。股价站上云层形成了三役好转格局是一个原因，另外一个是基准线与转换线的斜率相对走峭，这个走峭的程度就是斜率的角度，这个角度越是高耸，表示市场对这只股票的企图心更强些，如果要解释主力的攻击心态，斜率的参考与应用是很好的一个工具（逻辑）。

②之后，在3月初有一次回调，但是幅度不大，投资人应该就是小量减码的操作而已。

③就在4月初市场最热的时候，行情已经上涨超过一倍了。在此过程股价的表现都符合一目均衡表三役好转的强者恒强逻辑。

④之后的股价不再创新高，这是一个重要的离场逻辑，没有上涨的股价就是休息，再不然就是下跌，那么，投资人的操作模式，也就清楚明白，唯有先减码再说。在4月23日之前的反弹过程，股价没有成功过，甚至之后的走势都是跌跌撞撞地往下探底，斜率也还是同步下滑，那么，投资人对这只股票，就没有集中持股的理由了。

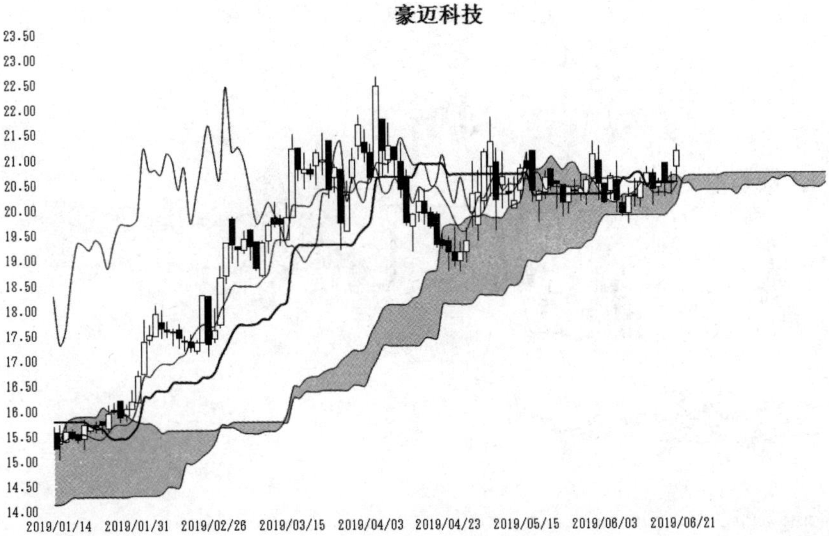

图11-10 小盘——豪迈科技

资料来源：黄怡中制作

①在 1 月底之前，股价被压制在云层之下，到了 2 月初一根大阳线才让走势开始往上走，建立试单仓位。

②之后股价上涨趋势不强，投资人可以看到基准线没有明显斜率。

③在走势不强的情况下，这只股票的操作还是有获利，就是程度不高，这也说明笔者为何强调“斜率”应用的重要性了。一只没有高陡峭走势的股票，总是让投资人心急如焚。

④但是，股价虽是跌跌撞撞，从一目均衡表的三役好转的角度来说，豪迈科技也还是一只可以操作的股票。

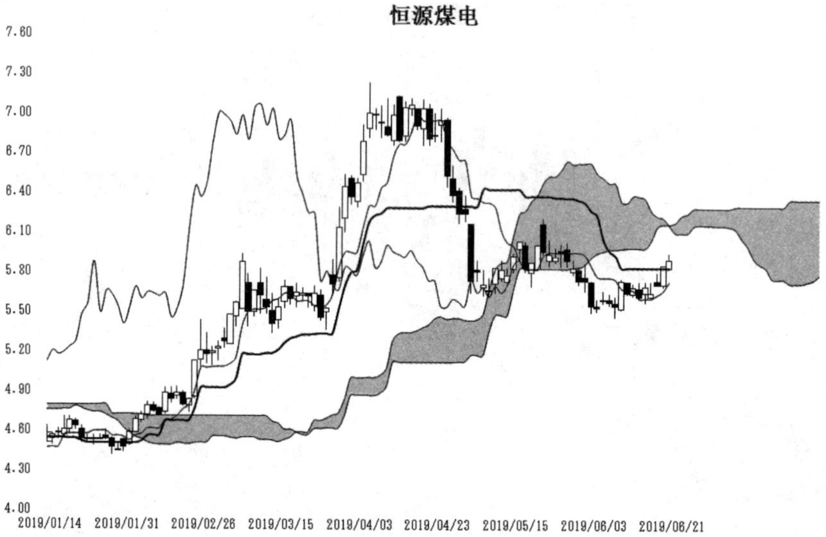

图11-11　小盘——恒源煤电

资料来源：黄怡中制作

①在 2 月中旬站上云层，形成三役好转机会，建立基本仓位。

②之后，股价沿着三役好转逻辑慢慢向上攀爬，持股上笔者通常会在 3 月中旬的整理期间减码，再之后，股价往上攻坚时，就是三月底与 4 月初之间再度加码。直到 4 月下旬股价再度横向整理时，才出现第二次减码操作机会。

③到了 4 月 24 日之后，股价开始下跌，转换线的斜率往下走，此时，空仓是一种选择。如果这只股票的基本面投资人非常认同，那么持有一定的底仓也是一种选择。

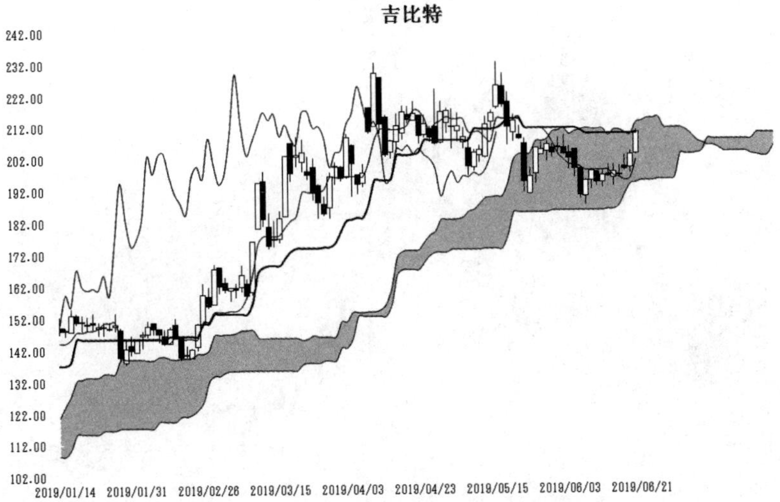

图11-12 小盘——吉比特

资料来源：黄怡中制作

①这只股票在2月底到3月初云层上获得支撑，才开始出现买进机会，建立试单仓量。

②之后，股价沿着三役好转模式向上攻坚。因为这是第二波的向上攻坚位置，股价的走势有点颠簸，投资人在持股信心上，应该不怎么强烈才对，但是从绝对股价来说，也是获利性不错的一只股票。

③到了230元后，股价走势就没给力了，离场等待下个机会。

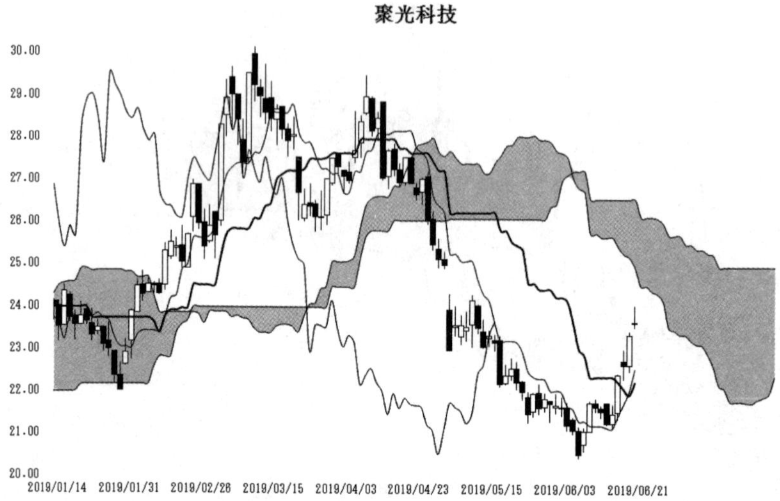

图11-13　小盘——聚光科技

资料来源：黄怡中制作

①股价在2月中旬之前，都没有机会，直到一根大阳线站上云层，走势呈现三役好转格局，才有进行试单的机会。

②随着股价向上攻坚过程，基准线与转换线的斜率还是往上走的，这是必然的事情，因为斜率就是依附股价而形成的。有些投资人会忽视这样简单的情形，认为不够深奥，感觉站不住脚。但这种心理状态是交易经验不够所产生的误解。交易的模型都是越简单越好，而不是越复杂越好。

③那么，这只股票的操作方法就简单了，股价符合三役好转原则，就是持有股票，至于要买进多少的数量才是最好的，笔者的经验是依据斜率的陡峭程度来决定。越在相对底部的股票，斜率越是开始陡峭，那么就要买得越快。这时，投资人又可能会认为这不是追高了吗？是的，就是要追高，一只强势股，斜率必然是高陡峭度的走法，这是绝对的，不是相对的。

④到4月中旬，股价反弹无力，明显形成M头形态，投资人的持股应该是清仓或是最少量的底仓了。笔者的底仓通常是一手。

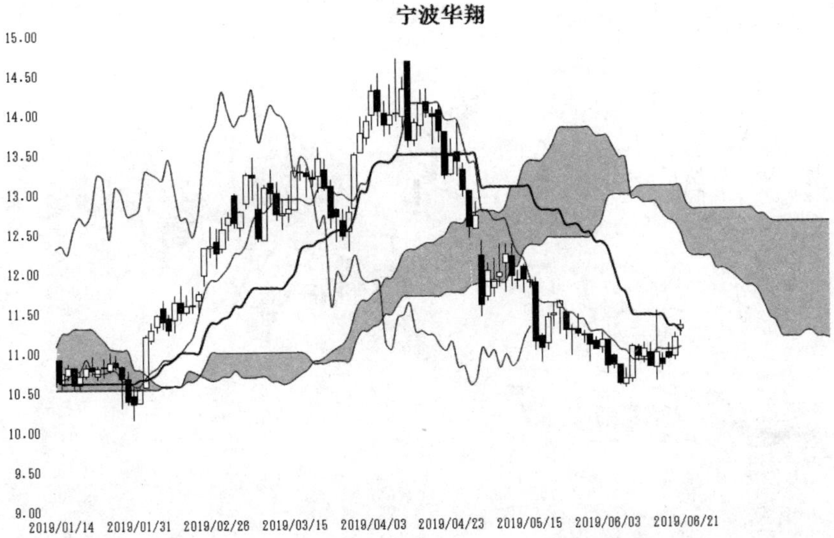

图11-14 小盘——宁波华翔

资料来源：黄怡中制作

①在 1 月底一根大阳线，把股价往上推向三役好转的格局，建立试单的操作。

②之后，股价在 3 月中旬不再出现强者恒强走势，开始减码操作，相信投资人已经看过这么多例子后，应该可以形成自然反应才对。当然，投资人会反问在何处加码？在 2 月中旬，基准线与转换线还是往上走（斜率向上），但股价不是明显过度反应的情况下，笔者会进行加码；还有在 4 月初的回调有支撑的前提下，也会是加码的机会。

③必须说明的是，加码的部分也要分别守住自己的止损线。意思是说，每次进场的单子，不管数量多少，都要守住自己的止损位置，而获利时，则可以一次性地清仓，或者部分减仓。

④在一根大阴线之后，就没有进场的机会了。

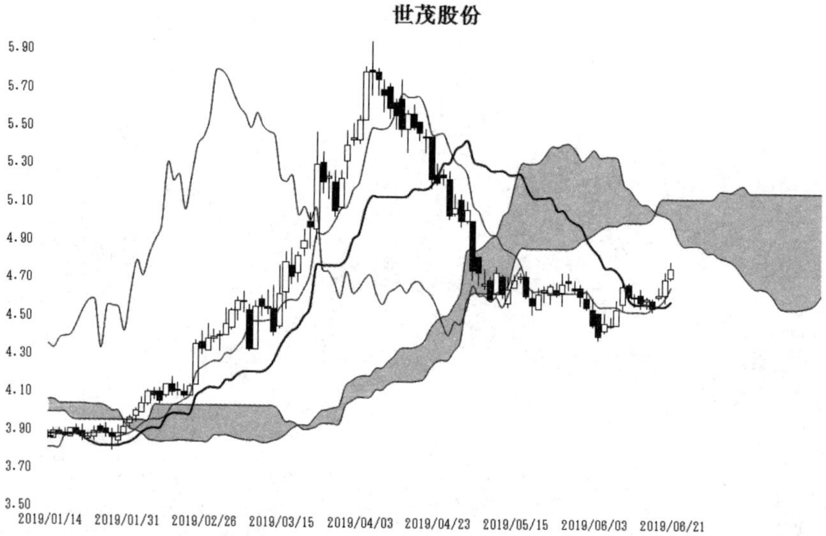

图11-15　小盘——世茂股份

资料来源：黄怡中制作

①持续震荡一段时间，终于在 1 月底站上云层，形成了三役好转格局，可以进行试单操作。

②之后，股价沿着趋势向上模式前进，投资人只需要持有必要的股票数量即可。

③如果投资人有加码能力，就是自有资金足够的话，可以在回调支撑的时候，进场加码。就机会来说，当股价回调到基准线位置，同时展现出再度上扬的态势之时，就是加码时机。

④必然地，各个加码的仓位还是需要建立止损。

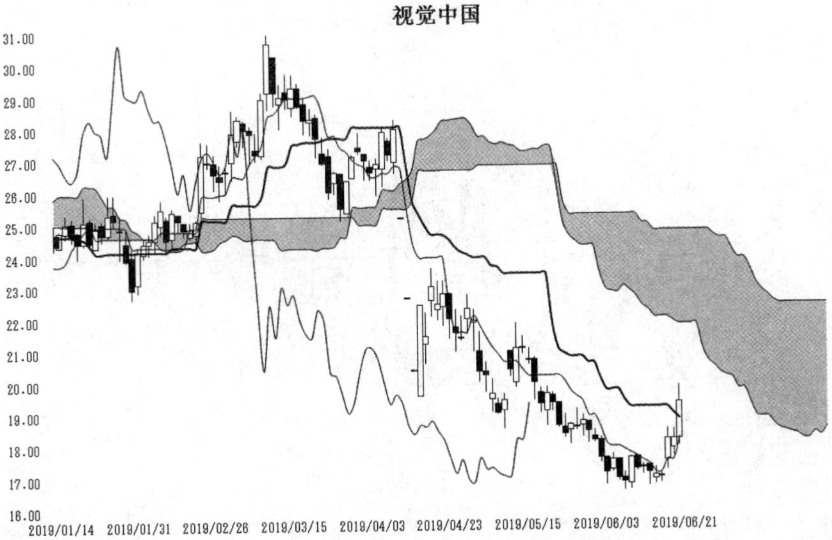

图11-16 小盘——视觉中国

资料来源：黄怡中制作

①在 2019 年进行试单机会后，没两个月股价就开始受到基本面影响而下跌。

②当时受到国旗版权质疑，市场消息面有很大的影响，造成股价的大幅度且快速波动。其实在无量下跌之前，股价虽在云层之上，但是整体走势没有持续创新高价，就是偏弱走势，也给投资人一个重要的警讯，必须进行减码操作了。

③再之后的行情，就没有给投资人再度进场操作机会了。

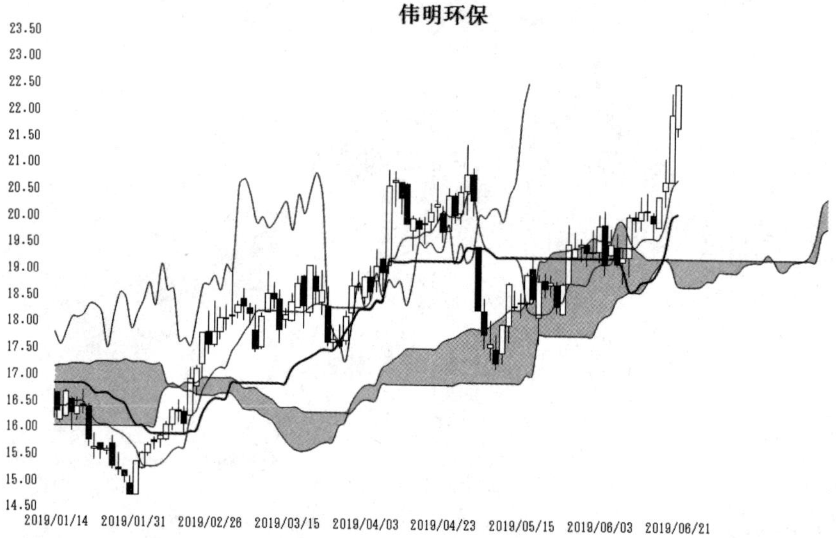

图11-17　小盘——伟明环保

资料来源：黄怡中制作

①股价在1月底出现负乖离过大现象。这个认知有点主观性，投资人可以依据自己的认定进行试单操作。依据笔者的经验只会做极少量的仓位。

②之后股价开始反弹，后来变成反转，在突破云层后可以进行加码操作。

③在3月份出现较弱走势，笔者会进行减码操作，但不会清仓，因为股价虽弱但还在云层之上，减码是为了控制风险。

④在4月再度创新高价，但是强度不高，从基准线与转换线的斜率模样可以清楚理解。到了4月底，股价又开始胶着了，显示这只股票的走势相对脆弱，还是先减码操作。

⑤一直到了5月初，经过一场急跌后，股价又开始反弹，而且急跌过程并没有跌破云层，在这样的逻辑变化下，可以再进场试单操作，而接下来的走势虽然跌跌撞撞但还是往上攻坚的态势，从云层的支撑看可以持有一定的仓位，不能太重。

⑥到6月中旬急涨行情出现了，获利幅度增加后，等股价没能持续

创新高时，开始减仓为佳。

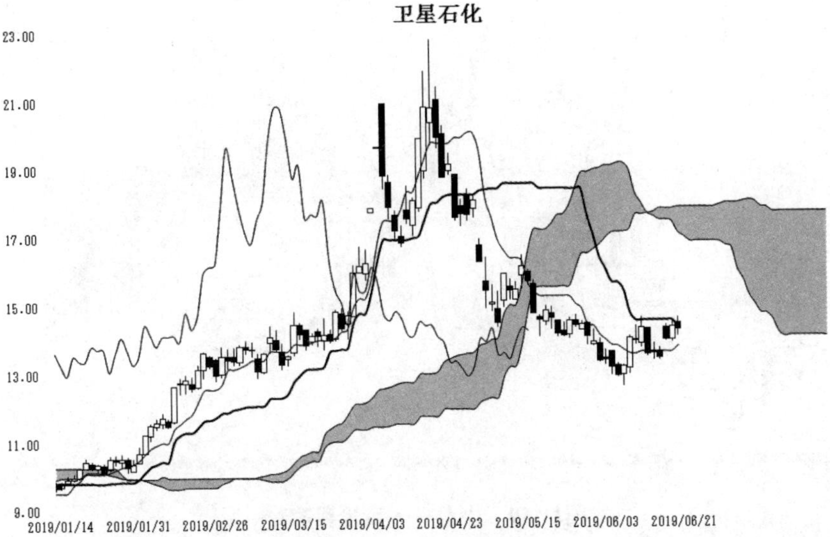

图11-18 小盘——卫星石化

资料来源：黄怡中制作

①这票简单，1月初站上云层，形成三役好转格局，进场试单。

②之后基准线与转换线黄金交叉，迟行线持续上扬。到了4月有两次快速波动。依据笔者的交易习惯，在价格（不论股票、期货与期权）出现快速波动时，都要先减码再说。有人会认为是否加大操作成本，但笔者更重视趋势变动成本。

③之后，没有出现进场机会。

提醒投资人：前面笔者曾提及，一目均衡表有一种重要的观念，那就是过去的压力会是未来的支撑，过去的支撑会是未来的压力。虽然是沿用道琼斯理论的观念，但一目均衡表更是强调如何运用的功夫，在图11-18完全呈现出来。偏多走势由做多者所展现出来，而多方不平衡现象的快速回调修正，则又压制做多者的气焰，多空交互呈现，相当有趣。有兴趣的投资人可以多看看期权市场的Gamma交易与Vega交易（Volatility），会发现更多的多空交互作用现象。

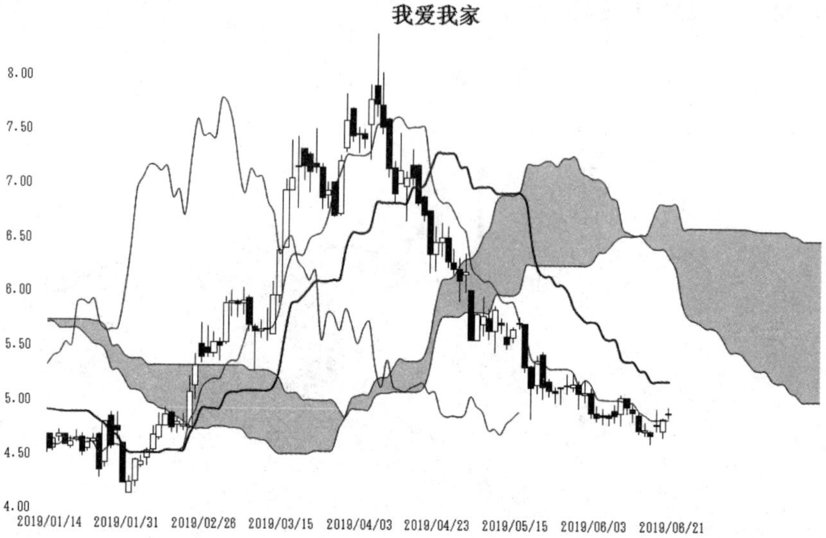

图11-19　小盘——我爱我家

资料来源：黄怡中制作

①在 1 月底之前股票明显的横向整理格局。

②到了 2 月初，股价开始明显上涨，虽还未出现三役好转，但负乖离过大与斜率向上，可以进行试单操作。

③之后股价往上走，表示股价符合做多逻辑，在上升过程的回调有撑位置可以加码，如果投资人保守点的话，也可以不加码。

④到了 4 月初股价来到 8 元附近，迟行线与其对应 K 线、股价与云层之间的正乖离过大，同时股价不再创新高价位的状况下，开始进行减码。

⑤之后，基准线与转换线斜率开始往下弯，表示弱势格局被不断地强化。清仓操作也是合理。笔者的建议是在股价跌破转换线（9 日线）第二次减仓，再跌破基准线（26 日线）时应该可以完全清仓。

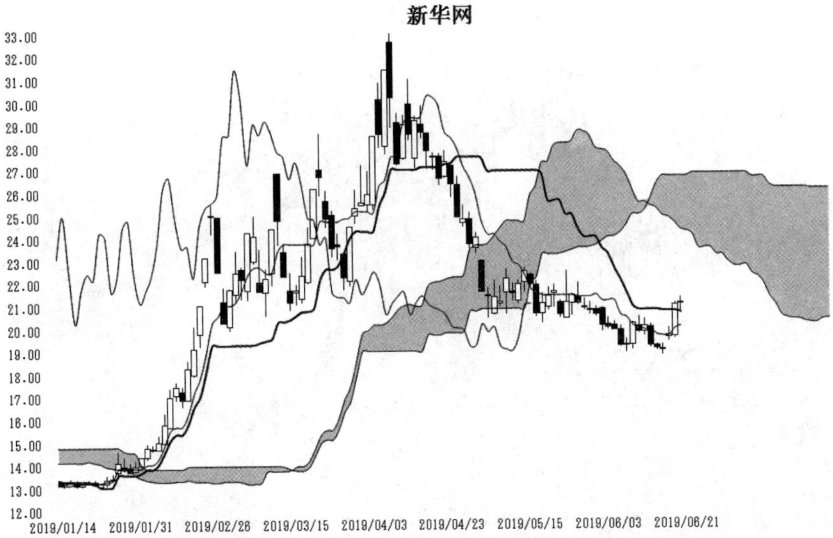

图11-20 小盘——新华网

资料来源：黄怡中制作

①在1月底站上云层，形成三役好转格局，进场试单操作。

②之后，股价稳定上涨，加码机会出现在三月份的震荡期间的回调支撑位置。进行加码的另一个有力逻辑是基准线的斜率一直是往上波动的。

③到了4月上旬，股价开始出现不创新高现象，同时在正乖离开始收敛情况下，皆是强势转弱的模式，此时进行减码是最合理的操作了。

④若有投资人认为这样的操作过于保守或是呆板，那么，笔者要表达的是一目均衡表是一种系统化的、逻辑化的操作模式，不是随意的、纯主观臆测的交易方法。受到一定逻辑规范制约是必要条件，也是能够赚钱的必要信任。

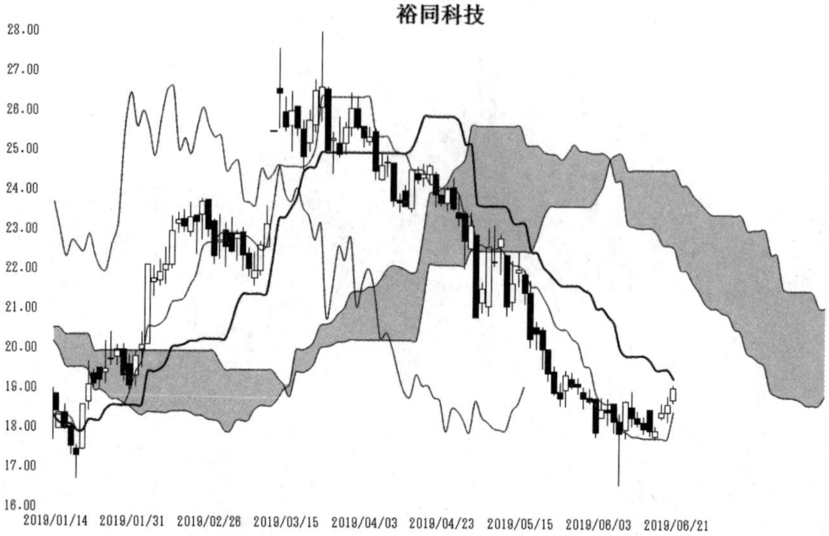

图11-21　小盘——裕同科技

资料来源：黄怡中制作

①在1月中旬之前股价偏弱，直到1月底、2月初股价才站上云层，有了进行试单的机会。

②之后，股价顺势而上，直到股价到24元附近，出现不创新高与正乖离收敛模式，进行减码操作。

③在3月中旬得到基准线的支撑后反弹位置，则可以再度进行试单，又或是留有底仓的话，可以进行加码操作。

④再到3月底，又是一次减码模式与弱势格局，可以进行第一次减码，到了转换线斜率偏弱开始，就可以再度进行第二次减码，直到投资人手中仓位完全出清为止。

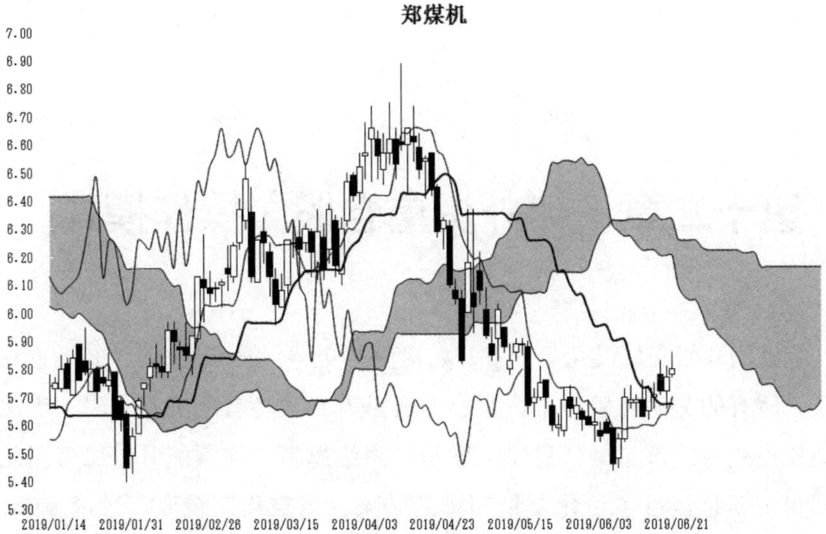

图11-22 小盘——郑煤机

资料来源：黄怡中制作

①在2月初之前，这只股没有很好的机会，从过去的走势来看，只是一个短暂波段的操作机会。直到2月上旬才开始进入云层之内。这个走势的操作，笔者会建议除非消息面有很好的支持，否则保守点，以极少量仓位操作。

②在站上云层之后，进行试单操作。但没多久就遇到上涨压力，就是股价没有呈现持续上涨格局，这波就是短波段操作。再之后的走势也没有出现很积极的强势行情，例如基准线的斜率不是非常陡峭，同时股价也是走横向整理格局，因此，这只票的操作比较没有获利机会。

③在4月初又再次出现上涨无力模式，就是连带转换线斜率也开始往下弯了，这个从1月底以来的型态，虽有底部垫高现象，但其他逻辑条件却不强，到了4月中旬，可以说完全走出了弱势格局，并没有进行试单机会。

第十二章 “外资重仓股”操作模式

笔者刚开始交易没几年，就开始提倡“交易，简单最好”，并一直到现在。所有的交易经验，不论自己的还是看到成功者的交易逻辑，当建立交易模式时应该是减法思维，即是要降维思考，绝不能升维思考。此外，我主要是经过了量化交易训练的结果，**当交易逻辑变得过度复杂，就会导致交易进入统计怪圈困境**。有些人还是在统计因子的怪圈中找到自己的定位，但那是由于**中国市场还是个散户市场，股价与期货的波动率都很大，让统计因子还能奏效**，如果有一天中国股市波动性越来越小，那么统计因子会失去效应，如同国际股票市场，连高频交易的获利性都年年降低，困境已经越来越明显了。

接下来，笔者通过点出重要转变位置与现象的方式，举出 A 股市场波动较小的权重股的多个实例，让投资人能体验到平衡与不平衡的关系。笔者认为，当这个关系清楚之后，一目均衡表的操作也就清楚了，至于仓位的调整，如何加码与减码，在本书这么多例子说明中，投资人也应该有些了然于心的认知才对。

仓位调整的方式，基本上，一般有金字塔与倒金字塔两种，笔者比较建议菱形仓位调整法，它结合了金字塔与倒金字塔的优点，同时去除了两者的缺点，依笔者的经验，算是相当不错的操作模式。**简单讲，菱形仓位操作的重要精神是试单，一定要从试单操作开始任何一个波段机会**。或许投资人有其他更妙的方式，这是笔者愿意相信的方法。

仓位管理这个策略里头的重中之重，投资人要注意的是在不同行情变化、不同价格阶段、不同时空背景，投资人的仓位管理要具有灵活性，不能太过于死板操作，这个度要是能驾驭了，笔者相信投资人就应该能够进入财务自由（强调：不是财富自由）之地了，也要恭喜投资人的交易能力养成成功了。

全部股票 个股盈利预测一览表 [帮助说明] [意见反馈]

序号	代码	名称	相关	最新价	涨跌幅	研报数	机构投资评级(近六个月)					2018实际	2019预测		2020预测		2021预测	
							买入	增持	中性	减持	卖出	收益	收益	市盈率	收益	市盈率	收益	市盈率
1	601766	中国中车	详细 股吧	7.87	-0.51%	30	11	19	0	0	0	0.394	0.463	16.69	0.523	14.76	0.567	13.61
2	603288	海天味业	详细 股吧	99.02	-1.67%	31	13	18	0	0	0	1.616	1.951	50.76	2.312	42.83	2.738	36.17
3	300750	宁德时代	详细 股吧	66.94	-3.08%	35	17	18	0	0	0	1.543	2.031	32.96	2.523	26.53	3.140	21.32
4	600305	恒顺醋业	详细 股吧	14.50	0.00%	29	11	18	0	0	0	0.389	0.434	32.00	0.500	27.69	0.568	24.11
5	601688	华泰证券	详细 股吧	18.75	-1.11%	28	10	17	1	0	0	0.610	0.959	18.28	1.090	16.09	1.215	14.43
6	600588	用友网络	详细 股吧	22.08	-2.21%	33	17	16	0	0	0	0.246	0.358	65.14	0.444	50.79	0.582	40.24
7	600660	福耀玻璃	详细 股吧	21.45	0.94%	23	8	15	0	0	0	1.643	1.622	13.60	1.791	12.32	1.976	11.17
8	002707	众信旅游	详细 股吧	5.68	-1.90%	21	6	15	0	0	0	0.027	0.283	19.99	0.345	16.44	0.408	13.89
9	002594	比亚迪	详细 股吧	49.37	0.96%	28	13	15	0	0	0	1.019	1.301	35.99	1.605	29.20	1.934	24.21
10	600054	黄山旅游	详细 股吧	8.94	-0.89%	21	6	15	0	0	0	0.799	0.578	14.34	0.629	13.18	0.659	12.53
11	300037	新宙邦	详细 股吧	21.09	-2.45%	23	8	15	0	0	0	0.845	1.027	20.33	1.311	15.93	1.644	12.67
12	601633	长城汽车	详细 股吧	8.54	-2.73%	23	7	14	2	0	0	0.571	0.601	12.04	0.696	10.40	0.810	8.94
13	300073	当升科技	详细 股吧	22.15	-1.56%	29	15	14	0	0	0	0.724	0.902	24.31	1.222	17.95	1.573	13.91
14	601211	国泰君安	详细 股吧	15.90	-0.50%	21	6	14	1	0	0	0.753	1.077	14.73	1.226	12.95	1.320	12.01
15	300747	锐科激光	详细 股吧	122.80	-2.23%	26	12	14	0	0	0	3.379	4.399	27.25	5.944	19.96	7.533	15.64
16	002747	埃斯顿	详细 股吧	8.93	-0.78%	20	5	14	1	0	0	0.121	0.171	51.91	0.240	37.18	0.314	28.45
17	300070	碧水源	详细 股吧	7.43	0.13%	21	8	13	0	0	0	0.395	0.551	13.48	0.646	11.50	0.602	12.32
18	000776	广发证券	详细 股吧	12.67	-0.94%	18	4	13	1	0	0	0.564	0.903	13.19	1.054	11.28	1.173	10.14
19	300251	光线传媒	详细 股吧	6.55	-1.95%	24	11	13	0	0	0	0.468	0.286	22.87	0.342	19.15	0.380	17.24
20	002027	分众传媒	详细 股吧	5.29	-2.76%	25	11	13	1	0	0	0.397	0.282	18.72	0.351	15.05	0.404	13.10

图12-1 机构投资评级前20大（近6个月）

资料来源：东方财富 2019.06.06

图 12–1 这个在东方财富上可以找到的资料，从市场对个别股票的推荐来说，越多推荐者不代表股票价格越能带来财富，常常是负面结果。中国中车与海天味业这两只股票就是最好的实例。在最近 6 个月的时段中，两只股票都是被大力推荐的股票，也都是基本面优秀的股票，但是从价格波动的结果来看，其结果一个是持续下跌，一个是持续上涨。如果投资人依据其建议分别买进 50% 资金，也就是投资人做了平均分配的操作，那么结果如何呢？ 2019 年初起，中国中车下跌 12.75%，而海天味业上涨 46%。

从资产配置角度来说，结果还是可以的。如果投资人只买了中国中车或者只买了海天味业，那就是一个地狱一个天堂了，这就牵涉到几率与下注的问题，这有点复杂，对小资金的投资人而言不适合讲得太细节，笔者在此停住了。

接下来，笔者把两只股票的走势在一目均衡表系统的运用上做些说明，投资人就可以更加清楚地理解，寻找标的股票不难，重点是如何操作，一目均衡表可以给投资人答案。

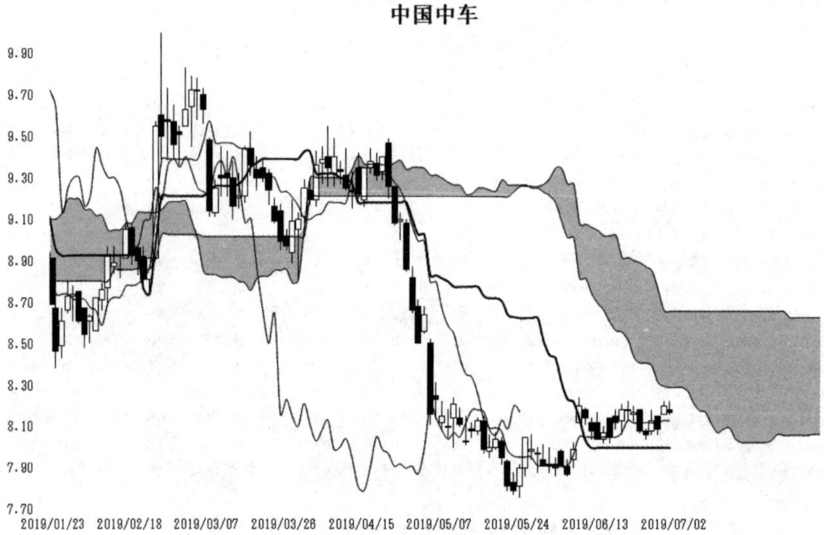

图12-2　中国中车

资料来源：黄怡中制作

①从 2019 年初开始，中国中车没有跟着 A 股市场上涨的脚步，而是在相当窄幅的环境下横向整理到 4 月底。

②如果投资人懂得短线操作，见好就收，也是有赚钱的机会，只是这并非投资人想要的结果。

③到了 4 月底 5 月初的时候，随着 A 股市场开始下跌，中国中车也开始下跌，这种模式是最糟糕的情景，也就是大盘上时中国中车横向整理，而且是窄幅模式；当大盘开始下跌了，中国中车也就跟着下跌了。这个走势可以说非常不符合有那么多家机构投资评级达到增持的评等。

④但是，这就是市场资金流向问题，很好的投资标的却无法让市场资金进驻，**那么，所谓的好公司就没有了操作的价值，因为对投资人来**

说市场大多数是为了赚差价而来的。除非投资人是以价值投资为主，又或者是为了资金暂时停留在这种非常稳健的个股上，那又是另当别论了。

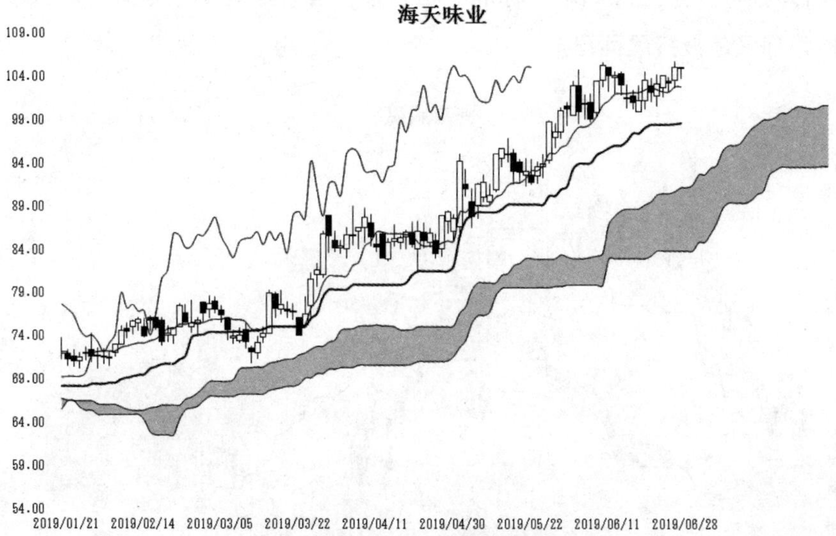

图12-3　海天味业

资料来源：黄怡中制作

①海天味业就不一样了。在2019年初开始，一度在下降云层的支撑下开始企稳，之后，随着大盘走强而上涨。

②在4月中旬出现较为明显的回调，但是上升云层的支撑是明确的，因为海天味业股价一到云层上缘附近就开始回升，之后，虽然也有回调迹象，到那时的下跌幅度缩小了，改由转换线与基准线作为支撑，这显示多方的态度越来越坚定。

③在大盘走势比较弱的时候，整个4月份海天味业只是横向整理，并没有跟着上证指数走弱而下跌，这是强势股的表现。而且转换线与基准线的支撑也是明显的。

④之后，在大盘5月份持续走弱的前提下，海天味业还是强势上涨格局。

从中国中车与海天味业的例子，投资人可以理解，就算市场看好的股票，最后还是要资金净流入，真金白银地买进股票才有意义。而检验**这个买进股票的标准是什么？价格的持续上涨，也就是笔者经常强调的“强者恒强”才是上涨的唯一标准。相对地，股价呈现下跌走势，那么谁来推荐都只是被打脸而已。**

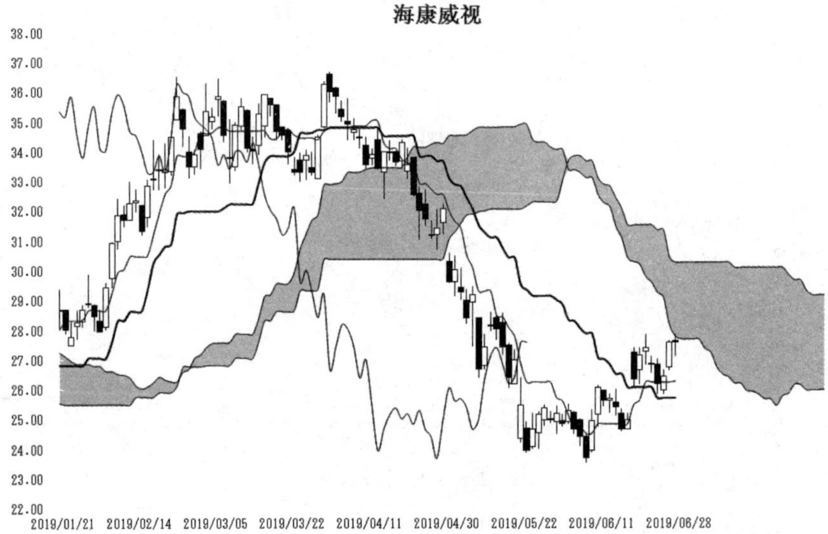

图12-4 外资重仓——海康威视

资料来源：黄怡中制作

①1月底开始做多，三役好转形成，同时股价与斜率同步而上，股价突破空方的压制，多方平衡破坏，股价持续往上攻坚。

②到了2月底，股价不再创新高，多方的平衡破坏力道减缓了，进行仓位减码是最合理的操作策略。

③之后，股价跌入云层，甚至跌破云层，这说明，没有交易机会了，应该以观望为主。

④直到5月底，迟行线、基准线、转换线、云层之间的关系，呈现试单机会。

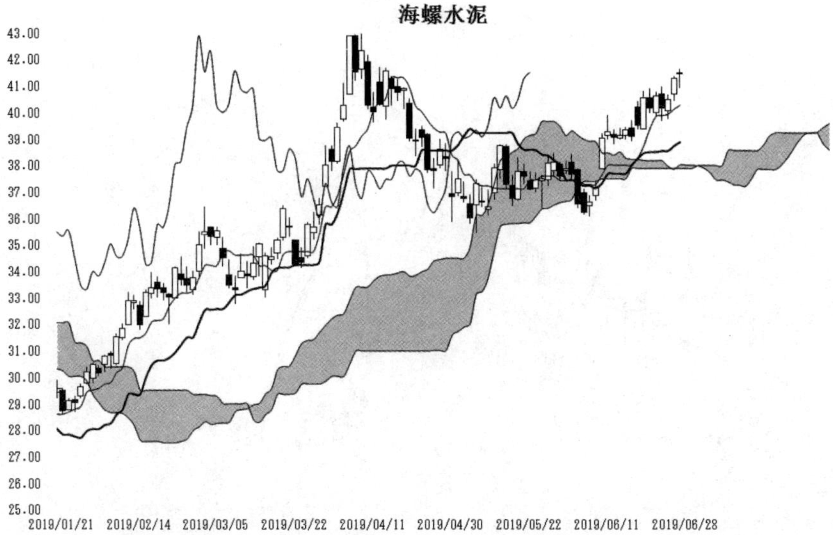

图12-5 外资重仓——海螺水泥

资料来源：黄怡中制作

①2018年12月底，这只股票开始往上走，出现试单机会。

②在2019年1月底股价站上云层后，一路往上攻坚态势不变，直到3月中旬有了一点滞涨现象，但是都还在基准线之上盘整。

③到3月底股价再度攻坚，快速涨到4月初，来到43元位置后，没能持续性上涨，是股价开始走弱的第一象征，进入减码操作模式是必要的策略。

④之后，股价表现几乎没有试单机会。直到6月初才开始的第二次试单机会，进场点应该是在股价站上云层开始，这才是最好的时间点。而或许有投资人认为慢了一点，但从交易逻辑来说，这是再正常不过的模式了。期待投资人能慢慢习惯。

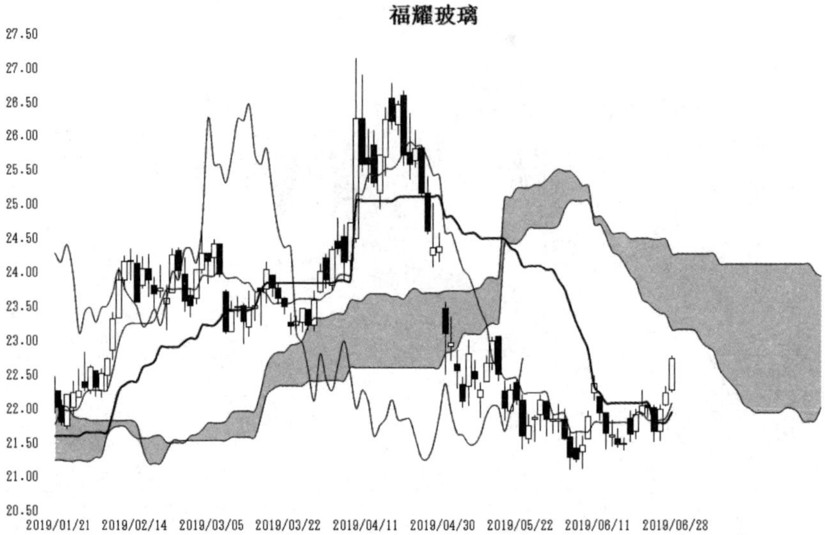

图12-6 外资重仓——福耀玻璃

资料来源：黄怡中制作

①1月底股价终于站上云层，进入试单操作模式。

②结果股价在试单之后，出现弱势格局，此种行情之下，投资人平仓出场是正常操作。

③但是到了3月底，云层支撑与转换线斜率，又开始朝多方有利的方向发展，表示多方平衡破坏再度出现了。

④再到4月中旬，股价来到27元附近，又开始无法创新高的格局。此时减码操作是必要策略。

⑤在6月底似乎有进场机会，但云层的压力还没有解除。当然，如果投资人想要来一次短线操作的旅程，笔者也认为这是合理的。

【笔者心里话】

读者是否发现，事实上，笔者在利用一目均衡表进行股票操作运用的过程中，其模式化、逻辑化，已经相当成熟了？因为任何操盘动作都是在固定的、有效的操盘思维下进行，不会有此时一种说法，彼时又是一种说法的自由模式！

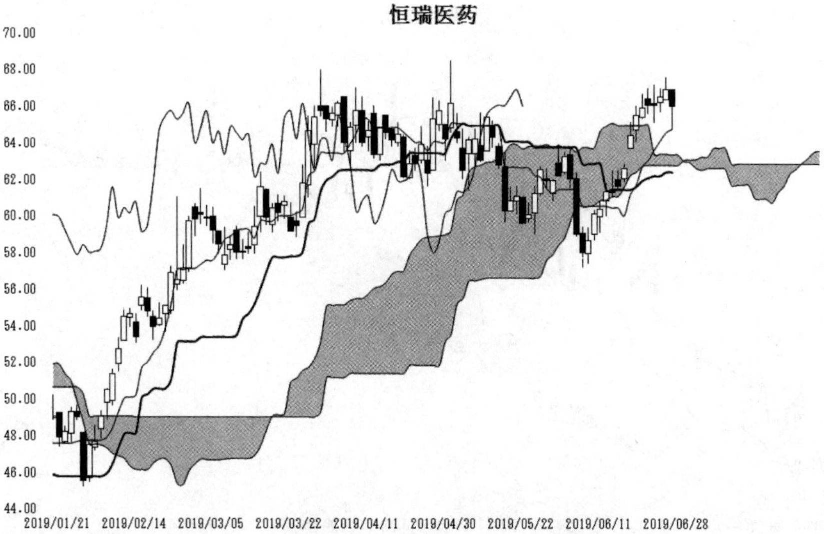

图12-7 外资重仓——恒瑞医药

资料来源：黄怡中制作

①在1月底之前股价有一个短波段操作机会，但在云层压力下，多方平衡破坏程度不够明确，直到接近2月时，股价的多方平衡破坏才显得明白。

②之后，行情有点跌跌撞撞，但是没有破坏多单持有价值，当然依照笔者的操作模式，会在3月初进行减码操作。

③之后，股价基本上就是弱势格局，把持股清仓操作也是合理的策略吧！

④等待过程有点漫长，因为到6月初，股价的波动才又开始有了进场机会，但是也要等到6月底之后，才算是比较符合一目均衡表的操作逻辑，当然，与此同时股价并不怎么给力，走势算是偏弱格局的了。

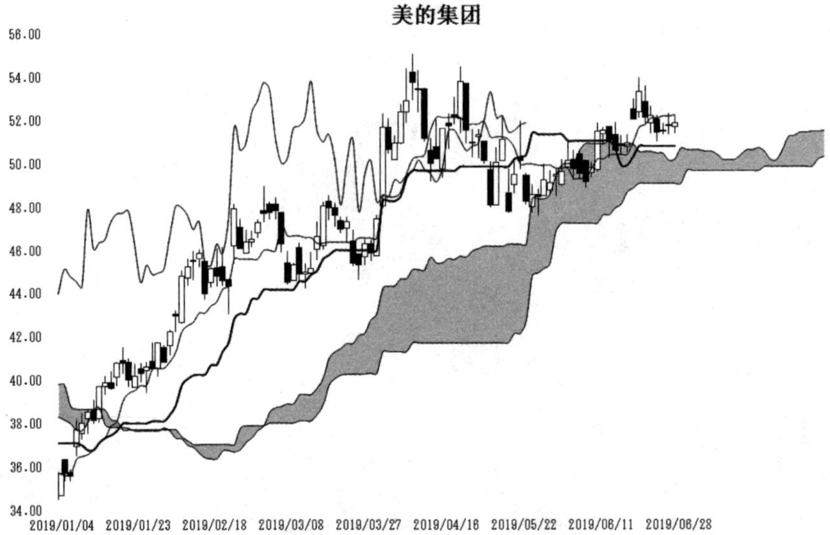

图12-8　外资重仓——美的集团

资料来源：黄怡中制作

①股价有点波动，但到了1月中旬才有机会进行试单操作。这次机会是相当明显的多方平衡破坏，空头已经是投降状态。投资人看基准线与转换线的斜率是足够陡峭的。

②在2月中旬到3月中旬，股价呈现横向整理的小波动走势，减码是必要的操作策略，相信投资人应该已经有了驾驭一目均衡表的基础能力。

③到4月份股价又来一次震荡走势，这是第二次震荡格局，显示虽然股价是上涨格局，但并非强势股模式，第二次不创新高走势，减码甚至清仓都是合理的策略。

④等待再度建仓机会中，股价在4月底开始沿着云层而上涨，这时候笔者会建立少量仓位，主要原因是云层上扬同时股价上涨，没有持股是不对的。

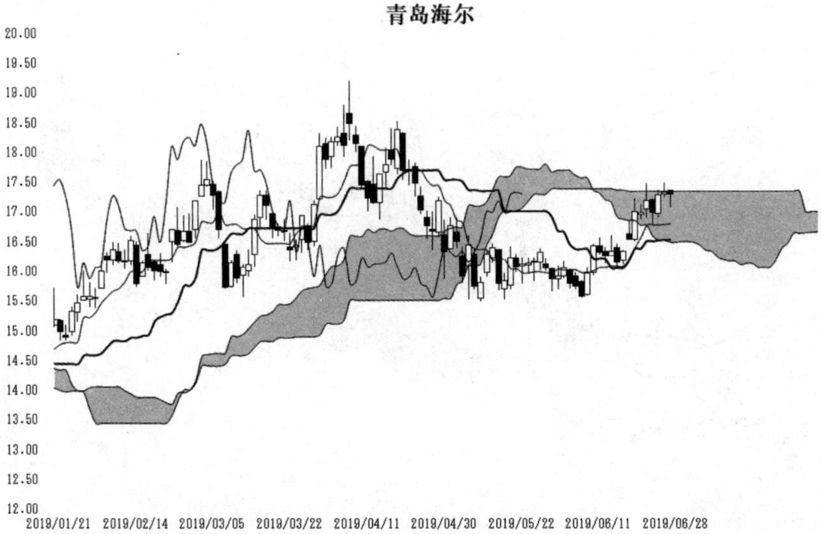

图12-9　外资重仓——青岛海尔

资料来源：黄怡中制作

①基准线与转换线斜率上扬，可以持有多单，但基本上是小量试单模式，这个投资人应该可以理解。

②持有股票过程中，走得不是强势格局，有点鸡肋之感，也就没有了加码的机会。

③就算到了6月初，股价还是弱势。云层压力、基准线与转换线斜率不够支撑进场操作。

④如果投资人在6月10日开始的温和上涨走势中，尝试进场短线操作也在可以理解的范畴之中。但这不属于一目均衡表的操作模式。

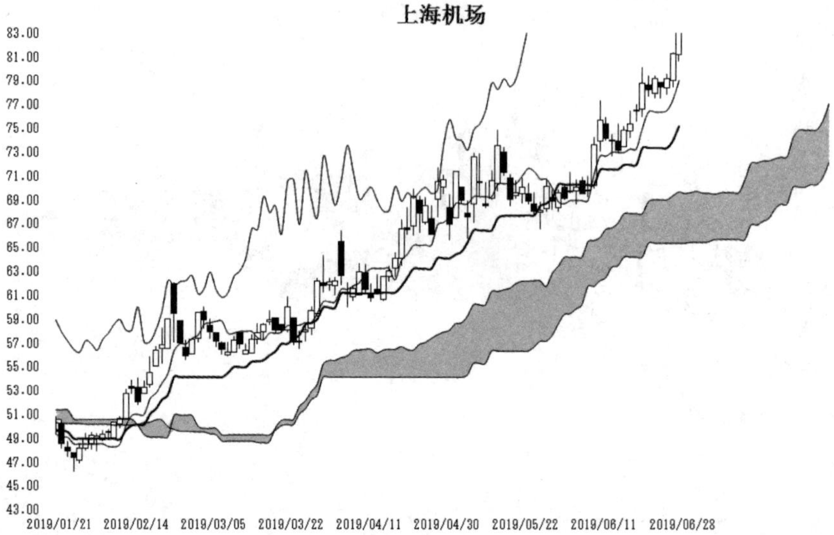

图12-10　外资重仓——上海机场

资料来源：黄怡中制作

①多方平衡破坏之后持续上涨，在一目均衡表持有股票的格局之中，算是不错的交易机会了。

②在持有股票过程中，回调支撑都是投资人进场加码的机会，这个应该没有问题。笔者想多谈的是持股信心问题。

③在持有股票，而且股价表现让投资人持续赚钱的时候，**投资人最需要考虑的是如何卖出的问题，笔者想给投资人的答案是，只要股价表现一直符合一目均衡表的多单持有逻辑没有被破坏，那么就耐心地持有股票，甚至在回调支撑的位置都可以再继续加码操作。投资人把焦点放在基准线的斜率上，投资人应该会发现依据“正斜率不变逻辑”，投资人就应该持有多单，直到弱势格局出现。**

④当然，在持有股票过程中，遇到较弱走势，是否可以减码？笔者的答案是理所当然。仓位管理原本就是某种程度的艺术化操作结果。**但虽说是艺术化结果，还是有一定的操作逻辑，就是在“数量管控”上，笔者并不建议太过死板。**

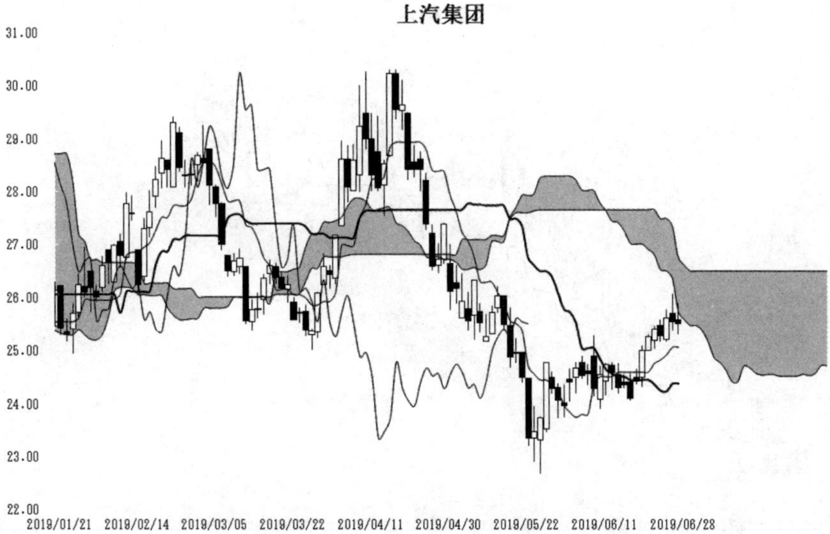

图12-11 外资重仓——上汽集团

资料来源：黄怡中制作

①在2月中旬，云层上得到支撑后，开始往上攻坚。由于前面走势颠簸，同时前一个交易日的大幅度下跌，这里的试单会是比较小量的试单了。

②之后在28元附近，出现正乖离过大，股价没有创新高，同时一度反弹无力，可以出场。

③再到3月底出现反弹，基准线与转换线的斜率反转而上，在站上云层之后，是可以加码的。

④再到30元附近，又重复出现之前在3月初的上涨无力、反弹无力的格局，因此，必须先做减码操作；**当然，如果投资人在此重复出现的行情下，完全出清持仓获利了结出场，也是合理的操作方式。**

⑤后来股价跌破云层，到6月又开始重复2月中旬的股价反弹、斜率上扬走势，如果进场操作试单也是合理的。

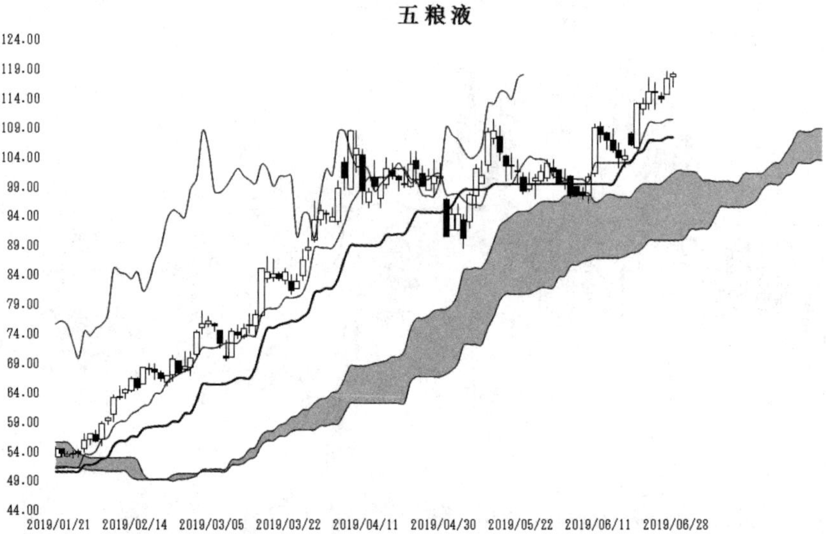

图12-12　外资重仓——五粮液

资料来源：黄怡中制作

①五粮液是随着贵州茅台上涨的一只强势股。在站上云层之后，三役好转格局出现，1 月下旬进场试单是必要也是没有疑问的。

②之后，股价没有迟疑地往上攻坚。迟行线、基准线与转换线、斜率、云层都为多方平衡破坏格局做了有意义的说明。

③到了 4 月初，股价开始走势迟钝，没有创新高的反弹无力格局明显，此时 4 月中旬开始之前就进行减码操作是合理的。

④后续股价处于横向整理模式，且持续了 2 个月之久。

⑤ 6 月 10 日前几个交易日，**股价开始在云层之上逗留，在一个快速上涨的行情下，再度出现多方平衡破坏格局，进场建立基本仓位是合理的操作。**

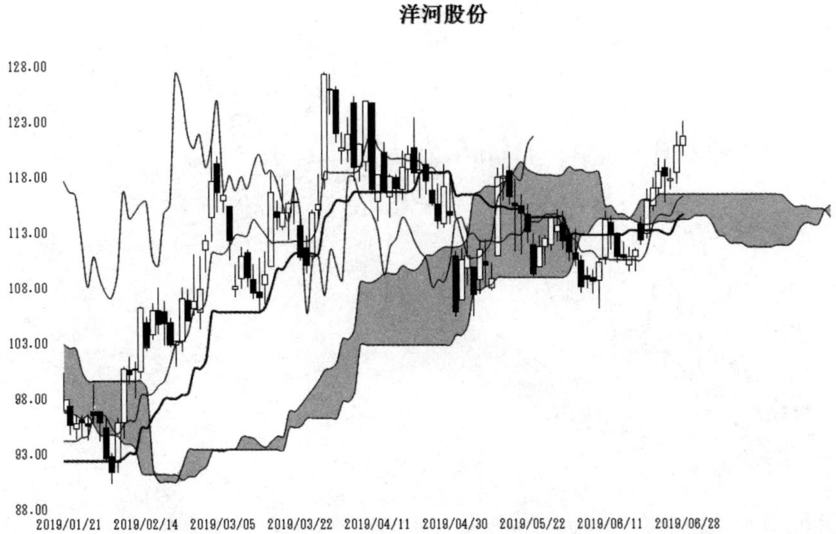

图12-13 外资重仓——洋河股份

资料来源：黄怡中制作

①二月初才开始上涨，之后站上云层，出现三役好转机会，进行试单操作。

②之后，行情颠簸，但基准线与转换线的斜率还是稳定向上延伸。继续持股到120元附近，股价快速反转而下，进行减码。

③后续行情偏弱，直到6月上旬，股价开始止跌，但到6月底才站上云层。积极的投资人在云层下或云层之中，就开始建立仓位。而到了云层之上，才又开始加码操作。

④这个建仓与加码模式，可以由投资人在风险可控的情况下进行操作，笔者屡次强调过，除了逻辑化的进场、加码、减码、出场，在使用多少总仓量进场交易这部分，可由投资人自行斟酌。

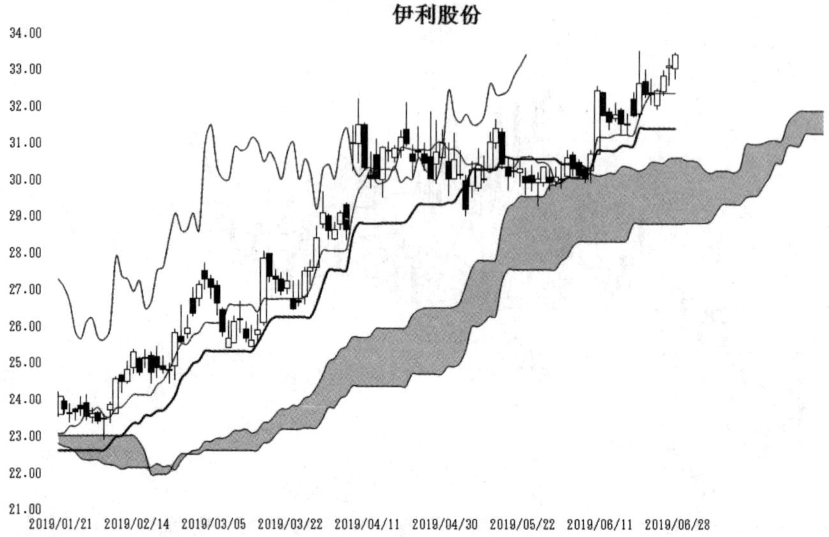

图12-14 外资重仓——伊利股份

资料来源：黄怡中制作

①在1月下旬时，股价持续在云层之上，可以进场试单。

②之后，行情呈现明显的多方平衡破坏格局，而且这个格局不断延续到4月中旬，这是很好的机会。

③在上涨过程中，笔者持续强调要在回调支撑的时候，进场加码操作。这个例子的机会在3月初与3月底共出现两次。

④一个波动走势后，股价开始横向整理，到6月中旬才又出现机会。**这个过程甚是磨人，股票、期货与期权的操作，需要合适的机会，那么，等待机会的出现就是最大的技能了。**

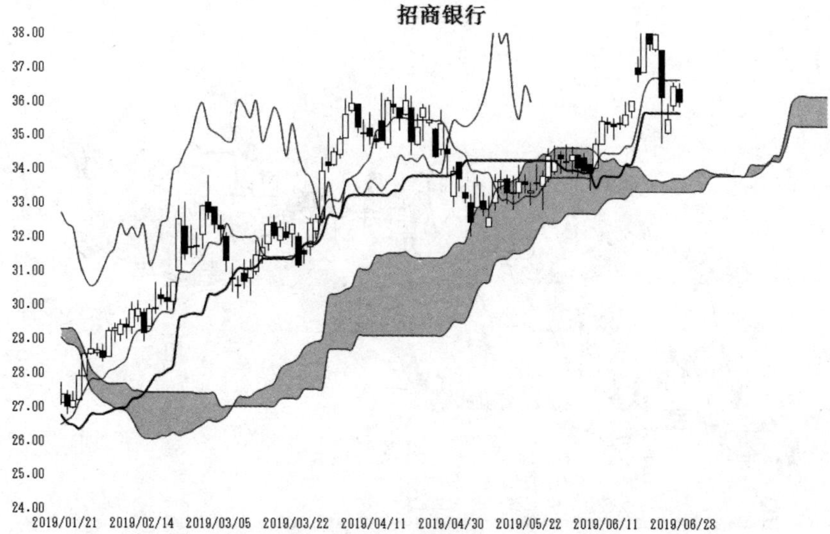

图12-15 外资重仓——招商银行

资料来源：黄怡中制作

①反弹时间在 1 月初，如果投资人积极性比较高，可以在反弹开始，斜率翻转向上时，进场试单操作，相对地，保守的投资人可以在站上云层后进场试单。而在云层之上，即是积极投资人的加码机会。

②到了 33 元附近，开始出现标准模式：迟行线、基准线与转换线、股价与云层的正乖离过大现象，也即是要开始减码操作的逻辑。

③回调后，在基准线有支撑的前提下，寻找回补仓位的机会。在 3 月中旬与 3 月底各出现一次。

④一直到 38 元附近，又再度出现减码机会。由于这次走势延长了将近 10 个交易日，因此，投资人应该可以非常从容地进行调仓才对。

⑤之后，股价在云层的上缘不断小步推进，信心比较弱或短线投资人可能早就清仓出场了。

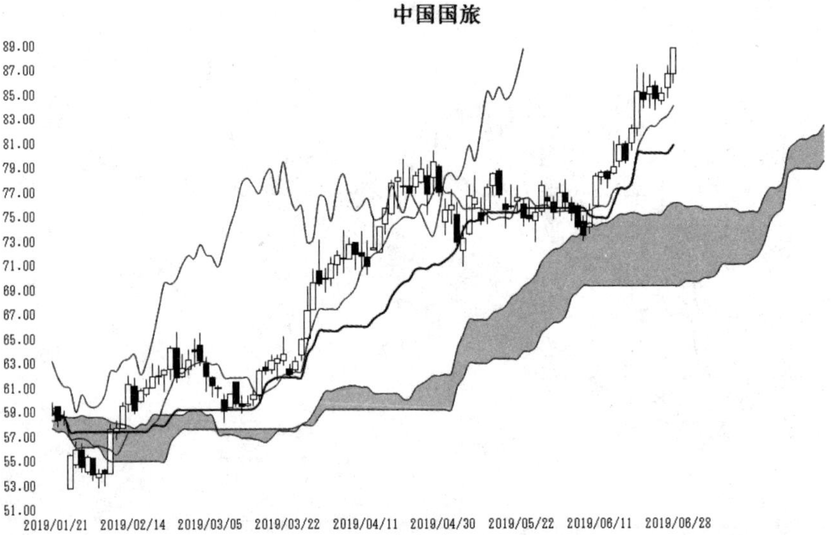

图12-16　外资重仓——中国国旅

资料来源：黄怡中制作

①一月底止跌，到2月初，股价站上云层，这个时候投资人应该可以看到进场交易的机会是如何形成的吧！

②条件就是三役好转为基础，在回调支撑、斜率向上等位置，可以轻量进场操作。

③当股价站上云层时可以第一次进场试单，也可以是投资人的第二次进场加码的机会，如何选取与应用，就看投资人的风险承受能力，还有操盘经验。

④在3月上旬又有一次云层支撑，或说是回调支撑的走势，投资人如何整理仓位，就是在市场上笔者所谓的艺术部分了。

⑤之后，股价在基准线与转换线的支持下，沿路而上，直到80元附近，也是一只强势股的走势。

⑥强势上涨或强势下跌后，股价进入横向整理，几乎是价格波动的基本模式，也是一种常识。那么，4月底到6月中旬的震荡格局，就显得正常。

⑦6月初，在云层的支撑下，再走一波行情。

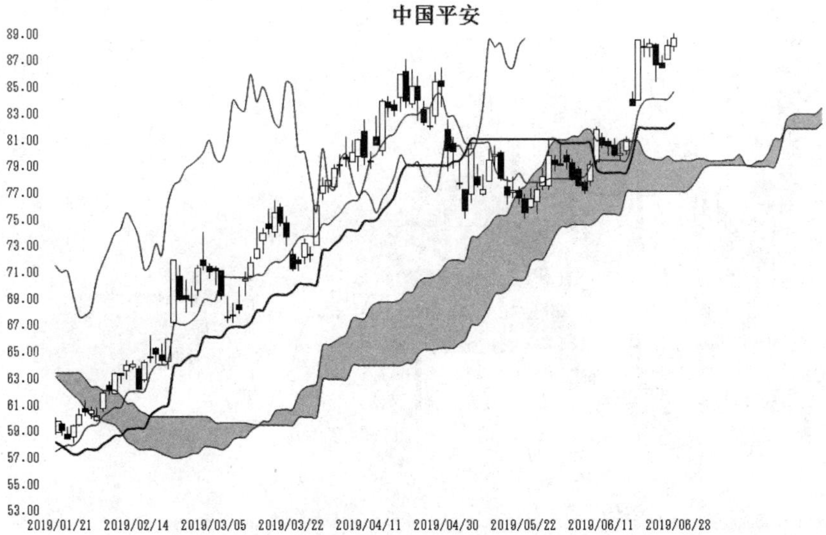

图12-17 外资重仓——中国平安

资料来源：黄怡中制作

①已经在 1 月初开始反弹，还是一样的模式，如果投资人是积极的，那么可以先建立基本的试单仓位；如果投资人是保守的，那么在股价站上云层时，可以进行试单操作。积极投资人可以在云层之上进行加码操作。

②在股价站上云层的时候，当下是多方平衡破坏格局展现力量的起点，这个位置的多空双方虽然还是有点暧昧，但是多方的企图心是非常明显的，因此，对于保守的投资人，已经是最后的进场点了。

③很顺利地，股价一直到 85 元附近才停下来，出现了标准的减码格局。期间，3 月初与 3 月底各有一次，进行回调支撑的加码操作，就看投资人的纪律性高低。最常被问到的是，如果认为是回调支撑，但事后发现错了，该如何处理？笔者只有一句话，有纪律的人会知道怎么做才是正确的。答案是——止损。

④把问题复杂化，不仅赔钱还浪费时间。

⑤当然，笔者也不是说必须要简单到愚昧。所谓的大道至简的定义是，有效的持续赚钱方式，就是操盘的最简单方法。

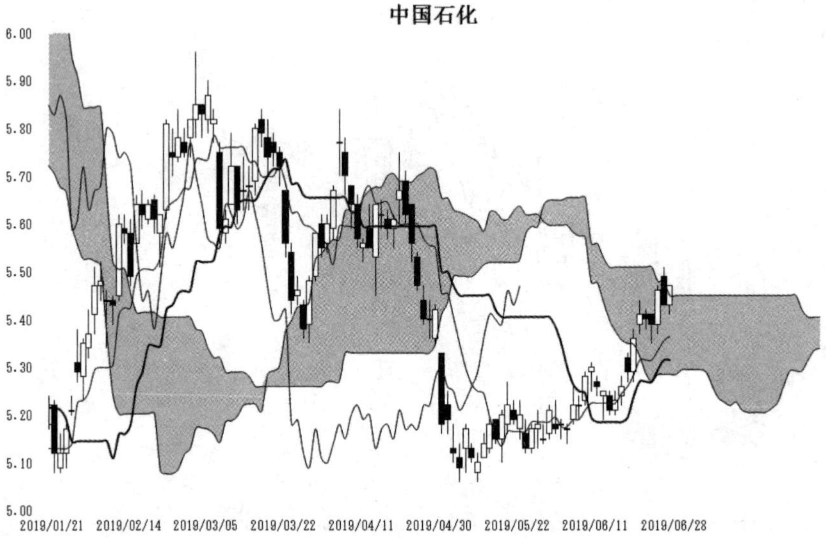

图12-18　外资重仓——中国石化

资料来源：黄怡中制作

①在 1 月初，股价与相对应云层，或是迟行线与相对应的股价，都出现了负乖离过大现象。一样地，积极投资人可以在此建立基本仓位，也就是试单操作，止损守在股价再创新低价位时。笔者会在转换线的斜率往上拐头时进场操作。

②之后，股价向上攀升，算是比较顺利的模式。到了 2 月初的云层边，一般来说，都或多或少有些压力盘出现，可是这次并没有明显的压力，就是一根阴线就带过去了。也是一种强势的表现方式。

③到 3 月中旬，反弹无力，减码。

④后来并没有什么机会可以再进场，除了 5 月中旬开始的反弹波之外。

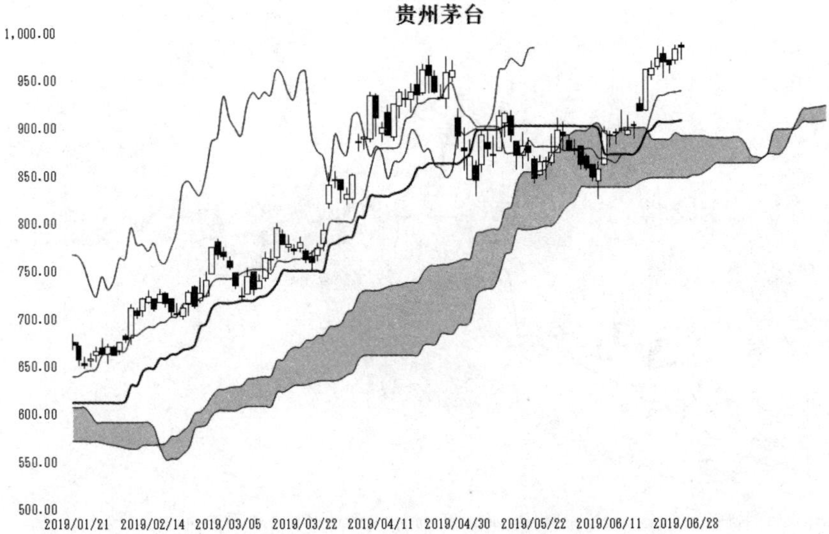

图12-19 外资重仓——贵州茅台

资料来源：黄怡中制作

①贵州茅台，2019年站上1000元的大牛股。在12月底500元附近止跌，之后足足上涨了一倍，正是所谓的强者恒强格局，股价高低从来不是问题。

②在1月初确认反弹向上后，继续持有股票，相信在反弹时的仓位建构中投资人的信心应该是明确的。

③之后，在回调支撑的模式下，股价沿着转换线上涨。

④直到1000元大关被突破，由于大行情走了一段，股价开始进入震荡格局也是在合理的范围之内。

⑤在1月中与3月初的加码机会上，依照笔者的习惯，不论股价高低就是进场建立仓位而已，笔者会告诉自己不要想太多，依照一目均衡表的操作逻辑进场交易就对了。

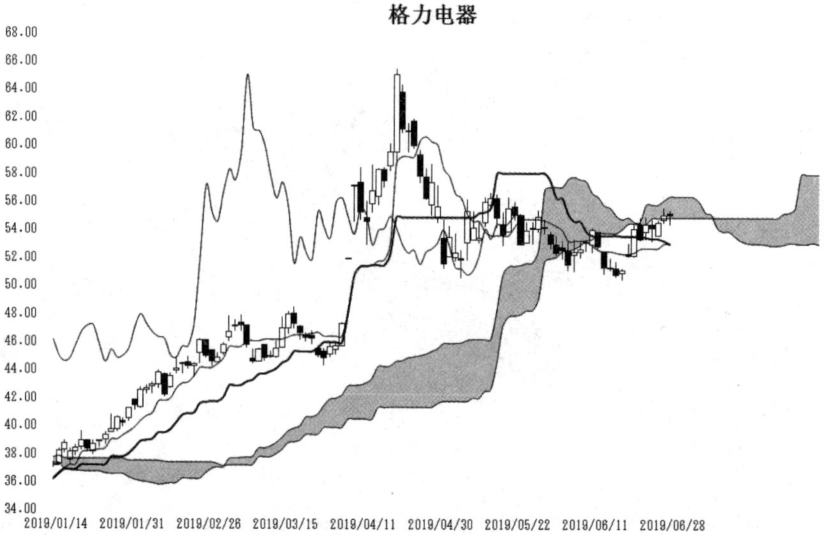

图12-20　外资重仓——格力电器

资料来源：黄怡中制作

①在1月，股价站上云层，出现三役好转机会，多方平衡破坏态势明显，进行试单操作是必要的行为规范。如果投资人没有能够进场操作，那么不仅是违反了纪律，而且还失去了赚钱的机会。

②之后，股价很顺利地往上攻坚，各项条件也在多方平衡破坏后依次向上发展，不论是迟行线、基准线、转换线、股价、斜率都是一致的。直到3月初，股价才开始横向整理，这时就是减码的机会。

③在4月9日那天，股价涨停板了。减码过程中剩下的仓位，仍然有机会继续获利。这时，投资人应该不会告诉笔者说，没有减码那该有多好？这种贪婪的交易心理就是失败者“韭菜”的最大特征。

④到了65元，股价又出现正乖离过大的减码机会。

逻辑化就是大道至简，把问题复杂化，不仅是赔钱还浪费时间。

所以，我们从不把交易系统架构在加法的模式上。当然，笔者也不是说必须要简单到愚昧。

所谓的大道至简的定义是，有效的持续赚钱逻辑、方式、模式、系统，就是操盘的最简单方法。

第十三章 “指数ETF”操作模式

讲起ETF的发展史，它跟笔者进入市场的时间接近，1993年开始在金融市场发酵，最后变成全球一般投资人的最爱。

2000年初起国际指数化投资成为市场潮流，而市场规模从1993年3只ETF基金的8亿美元，增加到2003年的280只ETF基金的2100亿美元；到了2019年，全球ETF市场已经达到2万亿美元。2003年以来ETF已成为历史上发展最快的金融产品。

巴菲特常年鼓吹一般投资人不要买卖股票，而是投资ETF。

这是非常正确的建议，笔者从1990年初期不久，就开始认识学习与交易ETF，也有近20年的时间，对于巴菲特的这个建议是大力支持，也是实践者。

目前笔者的主要股票操作，除了个股外，也是以ETF为主要交易对象。当然，笔者使用的ETF是二倍ETF，是带有杠杆操作的，并且还操作反向ETF，就是能够做空股市的ETF，这样一来，笔者在ETF上的操作就与期货机制是非常接近的。

目前，A股市场没有二倍正向ETF与一倍反向ETF，这是个遗憾，但笔者相信未来必有这些商品在中国市场上诞生，也期待监管单位能听到市场的呼唤。

操作ETF的好处就是不用考虑个股风险，在A股市场到处出雷声时，ETF会是很好的一个交易标的。操作ETF只要考虑市场价格波动的方向与速度就可以了，这是多么令人喜悦的赚钱理财机会。

在笔者的另一部拙作《逻辑化智能交易：趋势追踪与攻防策略》中，也完整地解释了如何应用斜率进行价格方向与速度的操作方法，有兴趣的投资人可以参考看看。

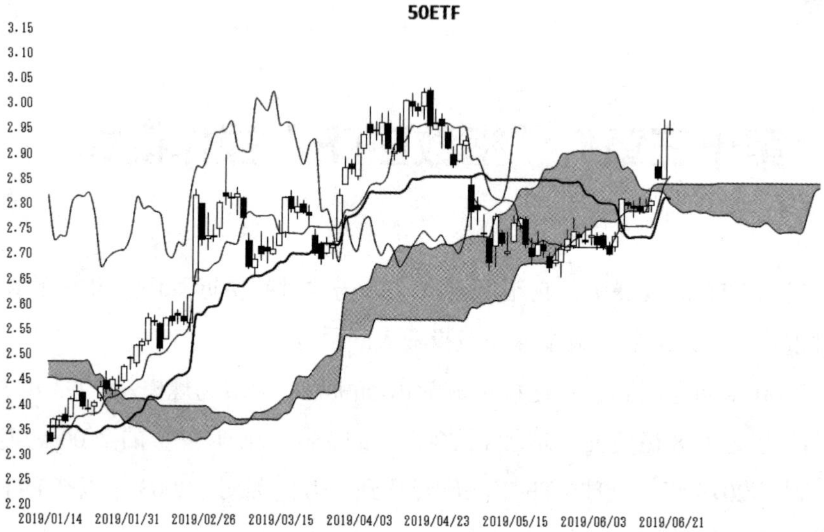

图13-1　ETF——50ETF

资料来源：黄怡中制作

①在1月初有负乖离过大的反弹现象，可以建立基本仓位。

②到了1月底站上云层可以加码。

③到2月底2.8元附近，才出现反弹无力的减码操作机会。

④在转换线的支持下，应该是先减码，在3月底再回补仓位；还是那个交易逻辑，亏的是少赚部分，但避免了一手好牌打成烂牌。

⑤又来到3元附近，一样的减码逻辑。

⑥之后，到6月下旬才站上云层有了持仓机会。

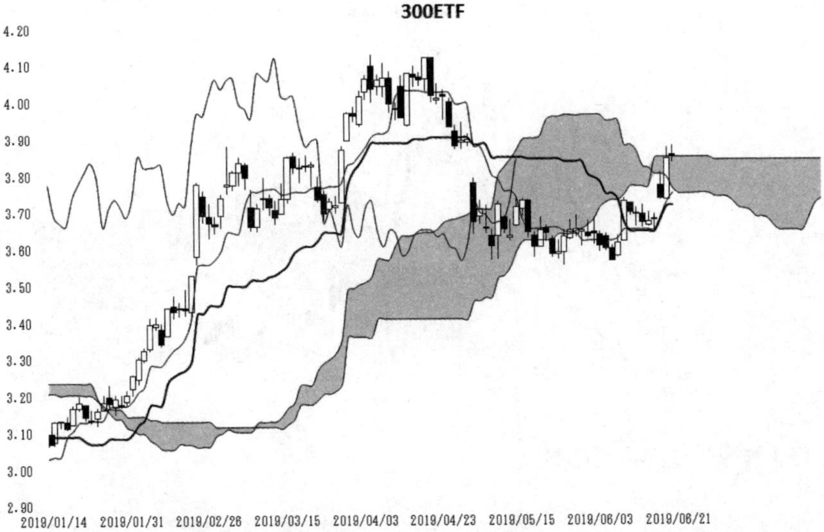

图13-2 ETF——300ETF

资料来源：黄怡中制作

①投资人有没有发现，300ETF 的走势与 50ETF 的走势非常相近，也就是它们的相关性不低。

②投资人可以想想看，在两个相关性很高的 ETF 之间，除了单边操作之外，还可以有多少种类的交易策略可以应用？套期保值策略？套利策略？价差策略？股票多空策略？

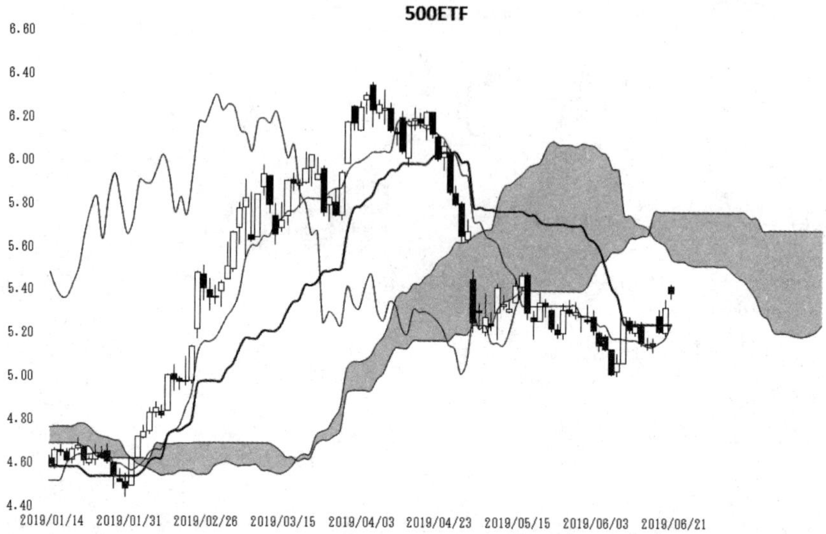

图13-3 ETF——500ETF

资料来源：黄怡中制作

①500ETF的波动，似乎比50ETF与300ETF要落后一些，或说是比较弱势一些，那么投资人又可以想出多少种类的交易模式呢?

②不是笔者爱卖关子，这些操作策略在一般的书籍上，都可以学得到；甚至投资人不需要花一点钱，都可以在网络上找到很有帮助的说明文章。笔者请投资人花点时间去学习一下，学到了就是投资人一辈子的赚钱工具。(只要全球的金融市场不关闭的话，投资人的机会就很多，不是吗？)

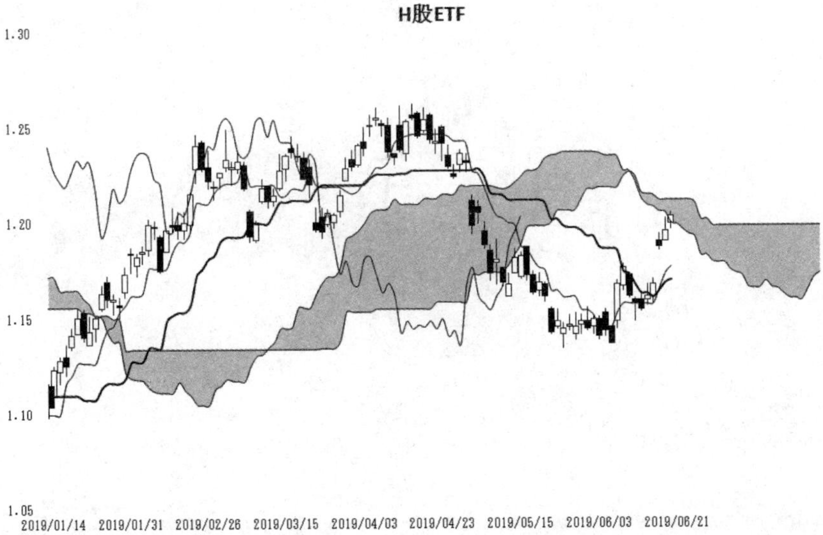

图13-4　ETF——H股ETF

资料来源：黄怡中制作

①在 1 月下旬站上云层，三役好转格局形成，进行试单操作。

②之后，价格顺利往上攻坚，多单继续持有，由于走势不弱，基本上没有类似回调支撑的加码机会。

③到 1.25 元附近开始减码。

④在行情没有持续创下新高同时，投资人应该慢慢地进行减码操作，直到 4 月底经过 3 次反弹无力，加上价格继续下跌，有机会全部清仓。

⑤到了 6 月初才有再度进场机会。

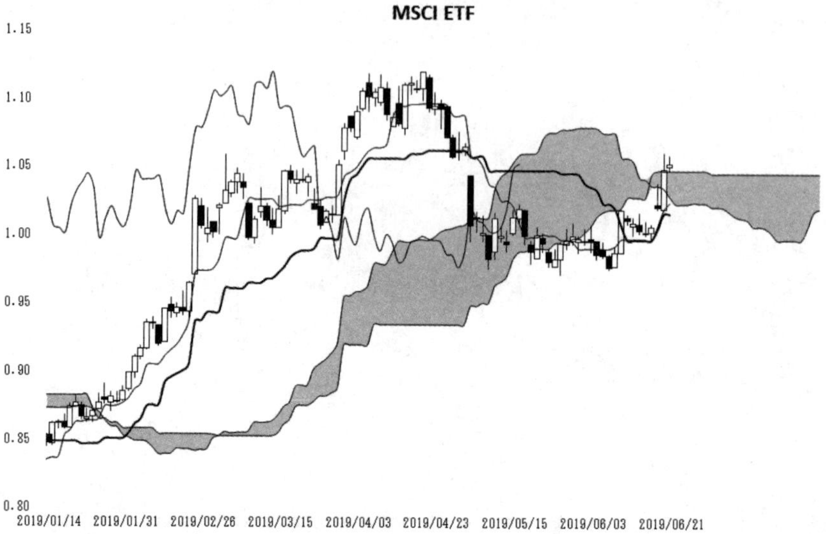

图13-5　ETF——MSCI基金

资料来源：黄怡中制作

①事实上，在1月初就有了进场机会，而真正出现三役好转的时间点是1月底，也是积极投资人的加码机会。这部分，相信投资人已经能够理解了。

②到1元以上，价格开始停顿，是减码的时机。

③之后，在基准线与转换线的支撑下，继续向上攻坚，来到1.1元附近，又再度出现正乖离过大等相关的减码逻辑。**这时进行减码操作的话，就可以名副其实地说，投资人是机械化、逻辑化操作，就算有主观的仓位管理部分，投资人也应该可以负责任地说，自己是客观理性的投资人。**

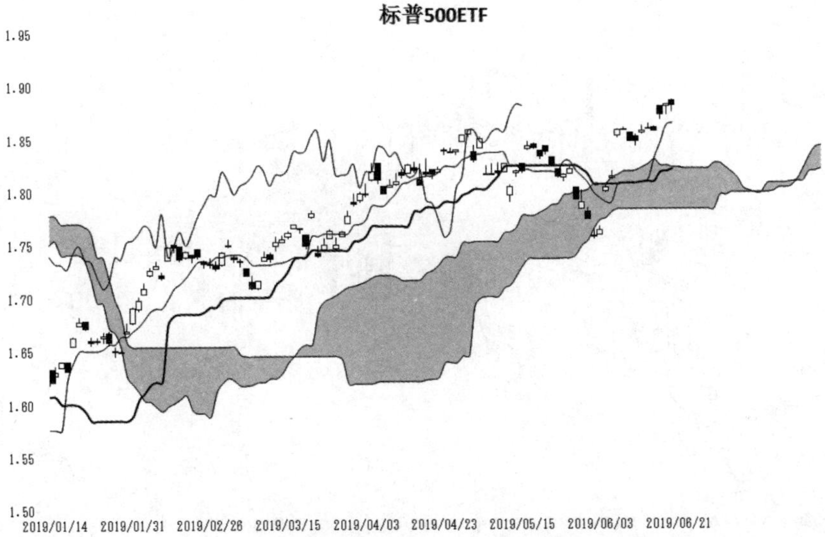

图13-6 ETF——标普500

资料来源：黄怡中制作

①标普 500ETF 在中国市场成交量有限，交易的波动性也不优质，因此，这样的标的物最好避开。

②除非投资人可以利用这个标的来进行超长期的布局操作，意思是说，如果有一天美国股市真的出现像 2008 年那样崩盘式的下跌，或许这种没有流动性的标的也是有利用价值的。

③当然，又有一种操作策略，即是以极少量的方式进行交易。笔者的用意是希望投资人能早日习惯国外股票市场的操作。

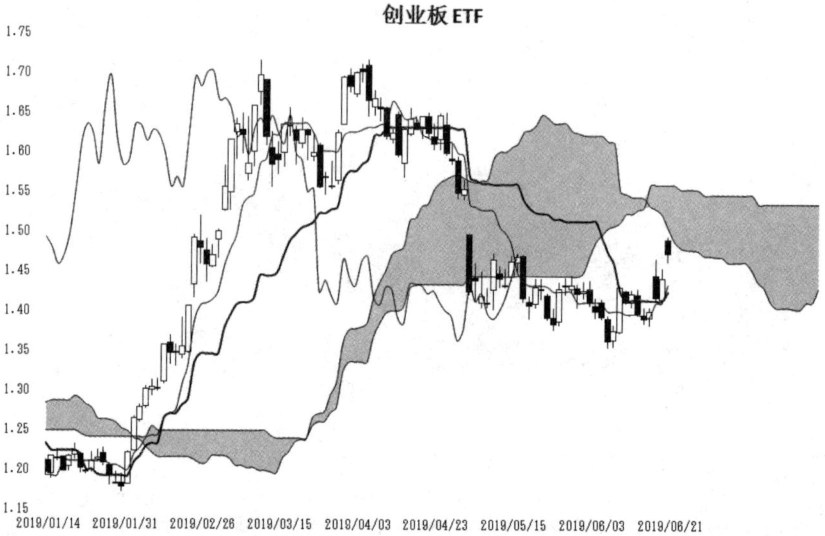

图13-7　ETF——创业板

资料来源：黄怡中制作

①这价格走势是最理想的多方平衡破坏模式，在一段震荡下跌后，价格快速反转而上，形成三役好转格局，投资人的操作就是即刻建立基本仓位，进行试单操作。

②从2月初开始建立仓位后，不论是迟行线、基准线与转换线、云层、斜率皆是在一目均衡表各项逻辑中的优等组合。

③在2月21日与28日有比较微妙的加码机会，因此，在这种快速行情中，投资人的思维要跟上价格波动节奏，否则，这么好的机会就流失了。

④之后，在1.7元附近出现两次反弹无力现象，这是投资人减码的好时机，而且还滚动了33个交易日。

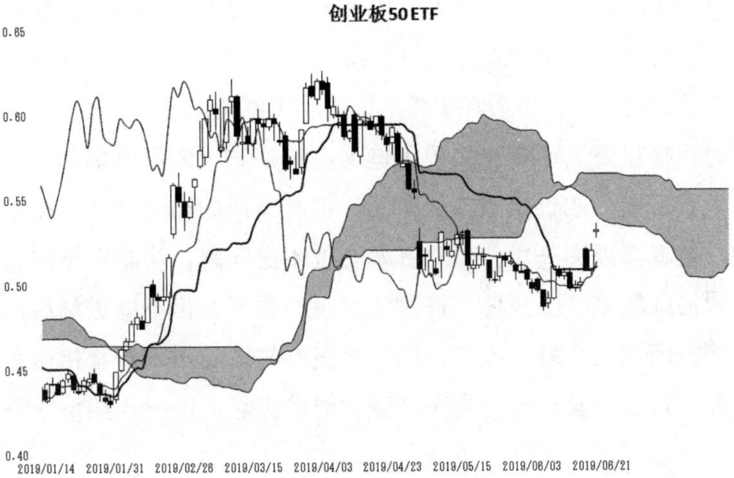

图13-8 ETF——创业板50

资料来源：黄怡中制作

①这个例子可以参考前一个创业板说明，交易基调没有什么不同。有差别的是创业板 50 似乎走得更辛苦些。

②像这两个 ETF，如果有正向与反向机制的话，相信中国 A 股市场会更加活跃，因为这样的机制非常有利于交易策略的制定与运用。

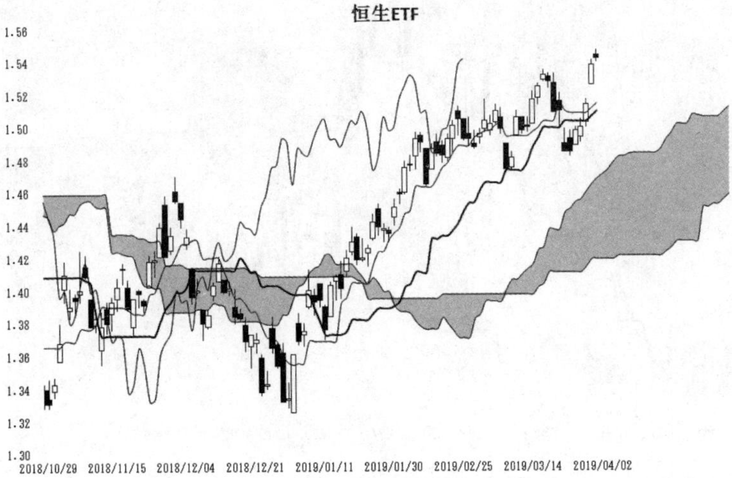

图13-9 ETF——恒生ETF

资料来源：黄怡中制作

①从 2018 年 12 月中旬开始，负乖离过大现象下，积极投资人可以建立基本仓位，保守投资人在 12 月初的站上云层三役好转机会进场，会面对涨多回调的压力，事后在走势上出现了大回调。

②对积极投资人而言，如果是选择在价格站上云层时加码，那么在价格跌入云层前，或价格跌入云层后，都有减码的机会，这一点是必须注意的。笔者再强调一次，建立基本仓位不是问题，问题在于持仓之后价格绝对必须继续往上攻坚，速度快慢没有关系，但不能进场后，价格就开始翻转而下，这表示投资人的建仓逻辑与真实市场走势相违背，这是我们在做短线交易，或者是资产管理时的大忌。这一点期待投资人能牢记。

③到 1 月初，价格又开始另外一次旅程。积极投资人进行试单。

④进行试单后，守住止损线，这些都是标准动作。到 1 月底站上云层，又是一个加码操作的位置。保守的投资人会在此处建立第一次试单的动作。

⑤之后，价格稳定向上，加码机会在回调支撑的节点上。

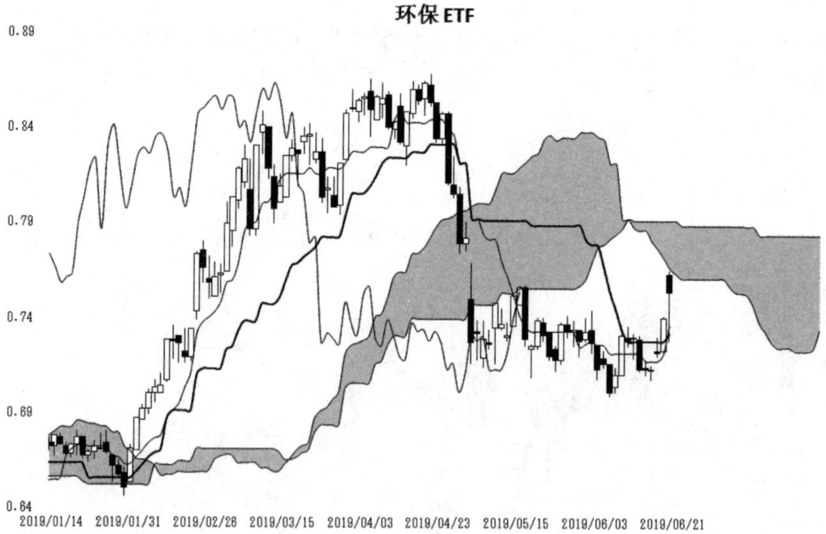

图13-10　ETF——环保ETF

资料来源：黄怡中制作

①原本在云层内波动，保持观望态度。在 2 月初站上云层形成多方平衡破坏格局，进行试单动作，止损守在 1 月 31 日的最低点位置，因为跌破这个价位，表示市场的上升企图心已经被压制了。

②之后，价格走势沿着转换线稳定向上攻坚。每一个回调支撑的机会都是投资人加码的位置。

③到 0.85 元附近，原本向上波动的价格开始受限了，投资人应该已经建立了本能机制，知道应该要减码，这个 3 月中旬到 4 月下旬的每一个不创新高的交易日当中，都是投资人卖出股票进行获利了结的最佳机会。

④之后，股价波动偏弱，没有较好的进场机会。

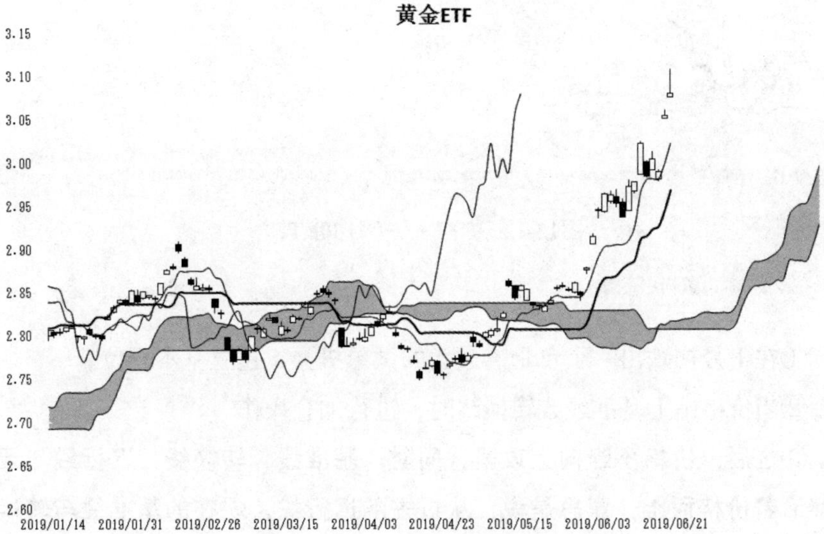

图13-11 ETF——黄金ETF

资料来源：黄怡中制作

①价格横向整理了好一段时间，在 4 月中旬才开始出现负乖离扩大现象，不论是迟行线还是价格。

②在 4 月中旬进行试单操作后，确认价格开始往上反弹，加码机会出现在价格站上云层后，如果投资人积极点的话，可以在价格突破基准

线或转换线之后。

③过了云层，一度小幅回撤，这个小幅度反压，测试了多方的真实意图。结论是多方再度展现魄力，说服了空方弃守。

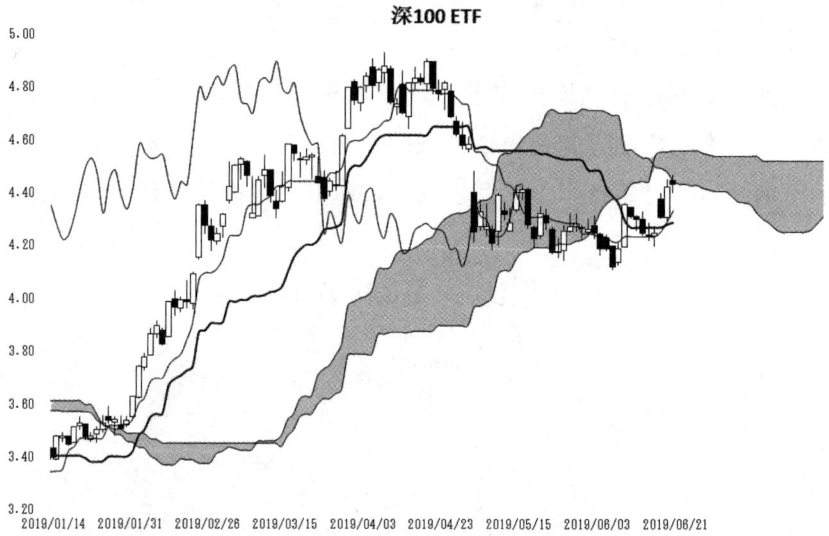

图13-12　ETF——深100ETF

资料来源：黄怡中制作

①在 1 月初跌出一个负乖离过大的试单机会，建立基本仓位。

②当价格站上基准线或转换线时，进行加仓操作。

③之后，价格不断向上攻坚，同时，基准线、转换线、迟行线与云层都沿着价格而上，意思是说，从过去的迟行线，现在的基准线与转换线，未来的云层，都是向上波动模式，这个就是非常标准的多方平衡破坏格局，一旦出现这种模式，投资人的持股方式，就要更加贴近它们才好。因为这是投资人赚钱的绝佳机会。

④趋势完成在于价格没有持续创新高。有两个位置，一个是 3 月中旬前后，第二个是 4 月中旬前后的横向波动状态，意思是说，投资人在持有多单的同时，必须看到持续上涨与创新高的走势，要不就是上涨一

段幅度后，不再有明显向上蹿升模式。这时候，就是投资人获利了结的好时机。

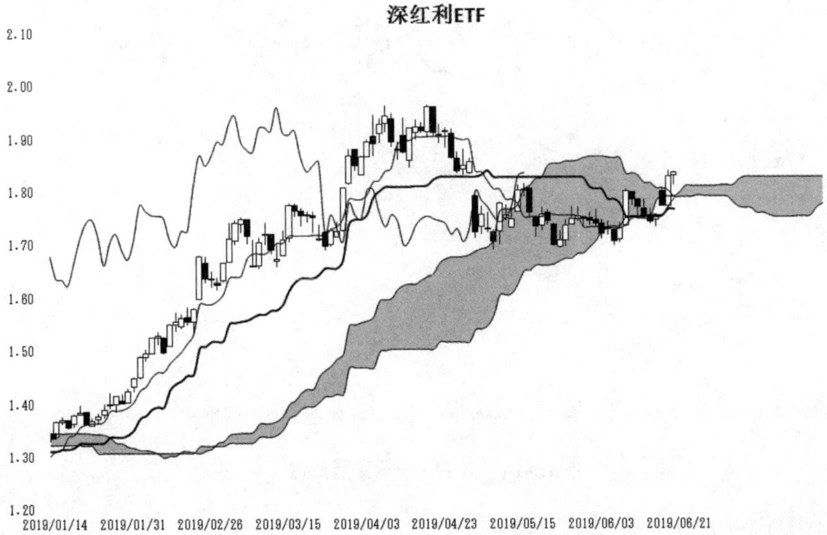

图13-13 ETF——深红利ETF

资料来源：黄怡中制作

①在 1 月初跌出一个负乖离过大的试单机会，建立基本仓位。

②当价格站上云层时，进行试单操作。

③直到 4 月份开始上涨无力，就必须开始减码。或许有投资人会说做不到之类的话，那么，笔者的回答是，如果想用一目均衡表这个交易系统赚钱，就必须做到完全有纪律。

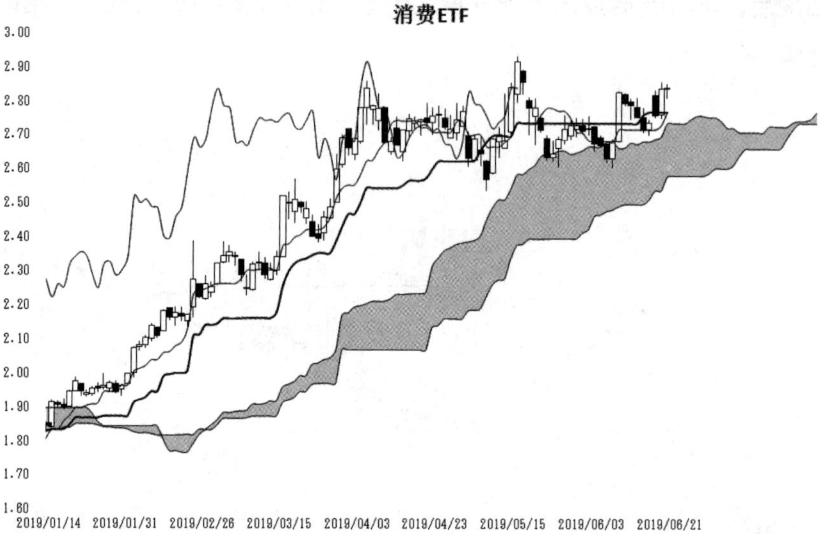

图13-14 ETF——消费ETF

资料来源：黄怡中制作

①在价格站上云层前，消费 ETF 早已经止跌两个多月了。

②终于在 1 月 15 日站上云层，表现出多方平衡破坏的态势。积极的投资人应该在出现止跌走势时，就开始建立试单时所需要的仓位，而保守的投资人会在价格站上云层后，进行试单操作。

③之后，价格逐步上扬，投资人的再加码逻辑是回调支撑的位置，点位上来说，有 3 月初与 3 月底两次。

④过后，行情就没有了更好的机会，属于小打小闹的格局。

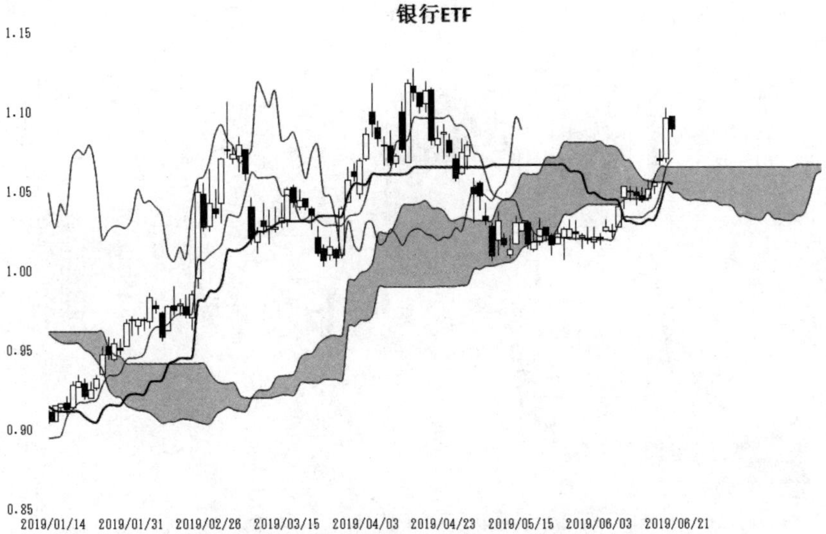

图13-15 ETF——银行ETF

资料来源：黄怡中制作

①在价格上涨到云层之前，在负乖离过大的条件下，积极投资人可以建立底仓。保守投资人可以在价格突破基准线或转换线时进行试单操作，而在价格站上云层后加码。当然，从最原始的一目均衡表建议中，必须在三役好转出现时才进场操作。

②从第三篇开始以来，投资人应该可以看到笔者在使用一目均衡表的交易应用解说中，放入了许多笔者自己的交易经验，也就是区分为积极操作与保守操作，在交易上的加码、减码与平仓逻辑，这在一目均衡表的日本原文中，几乎是看不到的。

③笔者认为这个银行 ETF 标的操作不难，投资人应该可以自己分析一下如何应用。

④一目均衡表的答案是，1 月底三役好转进场，5 月底三役逆转出场。但是，笔者的答案是，1 月初试单，之后在 1 月底加码，然后在 2 月底减码，3 月 29 日的大阳线是另一个回调有撑的加码机会，4 月下旬不再创新高，再次减码或出场。

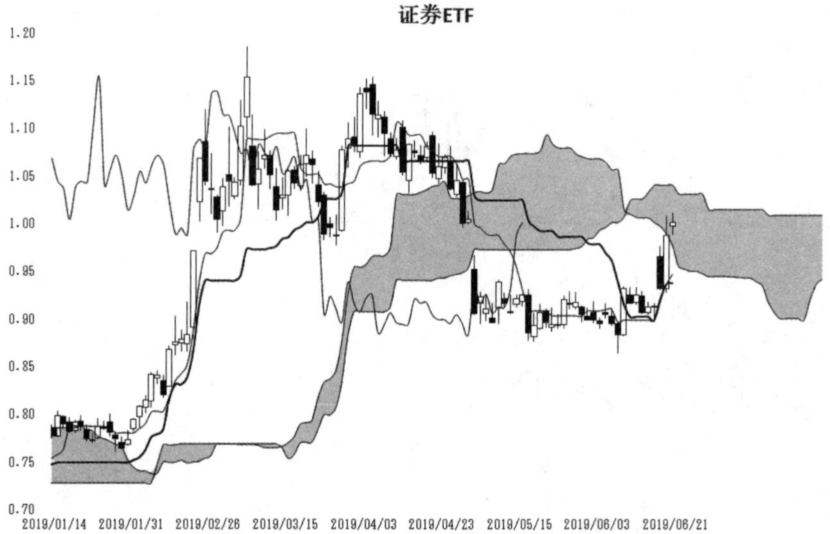

图13-16 ETF——证券ETF

资料来源：黄怡中制作

①在 1 月下旬到月底，价格持续在云层的支撑中波动，到了价格突破基准线与转换线时，投资人的第一次试单机会。

②之后，价格很顺利地往上攻坚，基本上也没有很好的加码机会，这种情况，笔者的处理方式，是在快速攻坚过程中，找短暂回调支撑的机会再加码。当价格走势越快时，加码的积极度就越高，这仅是笔者的习惯，原因在于强势格局加码太慢的话，常常会买在最高点的回调位置。

③到了 2 月底与 4 月初，两个节点是减码的最佳时机。逻辑上是因为没能出现强者恒强的走势，在不利多头的格局下，先减码控制风险为宜，再伺机回补仓位，如果真的出现反转走势，也刚好是减码获利了结的最佳时机。

第十四章　权重股周线观察模式

这部分，笔者让出一些空间，好给投资人练习的机会，并在本书第十五章最后给出笔者的答案。本书最后有贵州茅台的操作逻辑说明，投资人可以思考看看，除了基本面的确认之外，如何跟着一只大牛股在理财市场一起成长。**笔者恳请投资人注意到“简单有效”的事情，“专心致志地重复去做”才能成功。**

或许投资人早已经理解了笔者的操作逻辑与加减仓模式。但最终，笔者还是希望投资人自己能做一些书上的功课，把自己的交易思维写在书上，不断地练习交易逻辑，才能记住该记住的。把自己变成“交易机器”的唯一方法，就是连续练习几千、几万次，如同李小龙说的，他不怕敌人会一万个招式，最怕敌人把一个招式练习了一万遍，因为，只要被敌人击中，就是致命性的一击了。投资人如果能理解李小龙的用意，那么，包括实盘、模拟盘、德州扑克等等交易练习个几十万次，也不算多的吧！

这是周线级别的操作，投资人的耐心如何，只有投资人自己知道，如果这个操作投资人实在做不到，那么，笔者只能说这样的投资人不适合股票投资，比较适合期货与期权的交易操作，这时，投资人所使用的时间周期应该是15分钟，或是更加短线的操作级别。

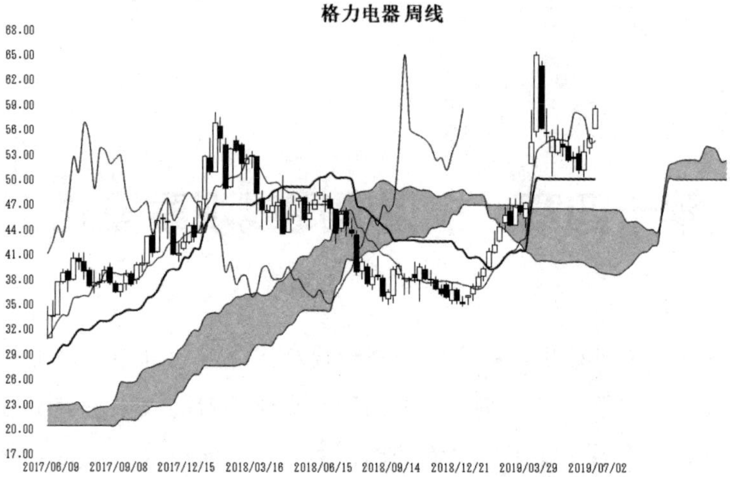

图14-1 周线——格力电器

资料来源：黄怡中制作

①

②

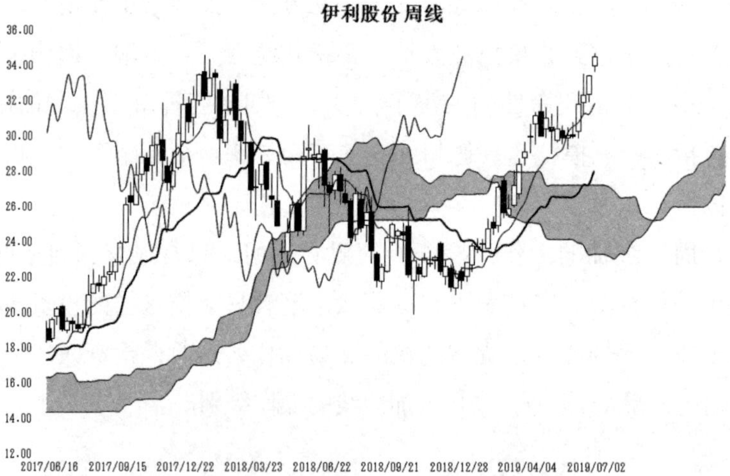

图14-2 周线——伊利股份

资料来源：黄怡中制作

①

②

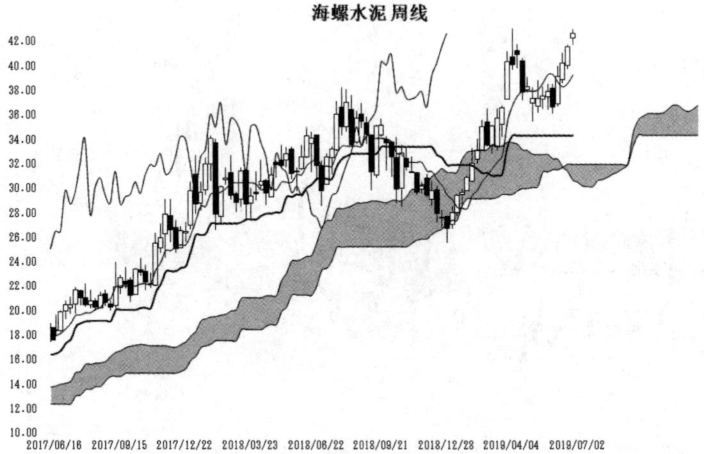

图14-3　周线——海螺水泥

资料来源：黄怡中制作

①

②

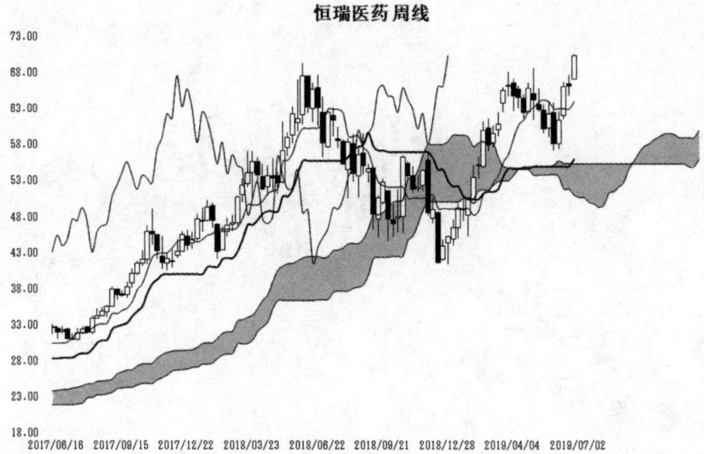

图14-4　周线——恒瑞医药

资料来源：黄怡中制作

①

②

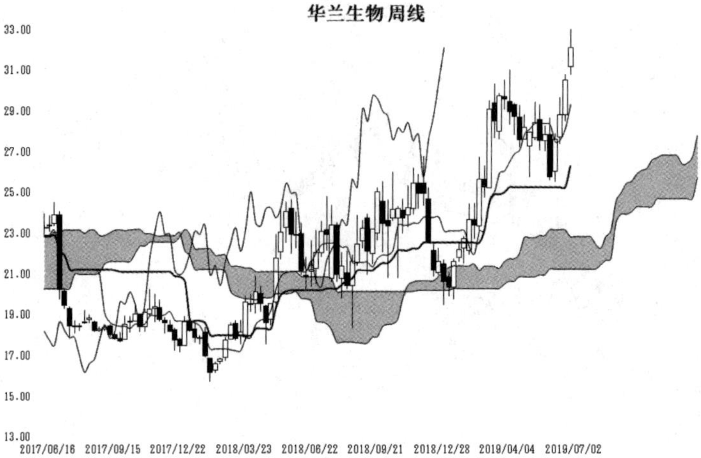

图14-5　周线——华兰生物

资料来源：黄怡中制作

①

②

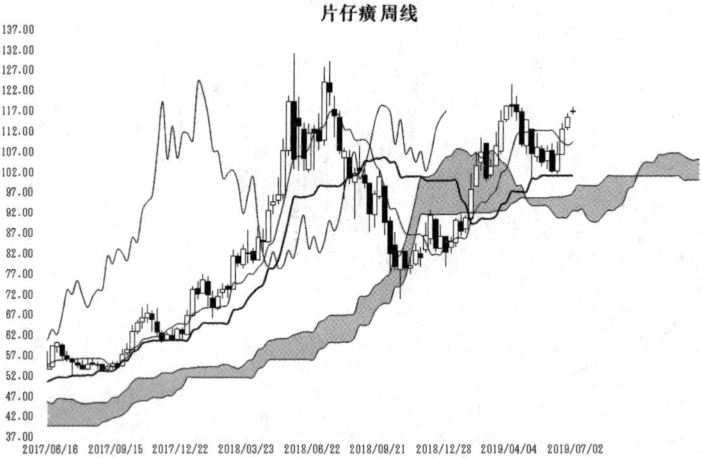

图14-6　周线——片仔癀

资料来源：黄怡中制作

①

②

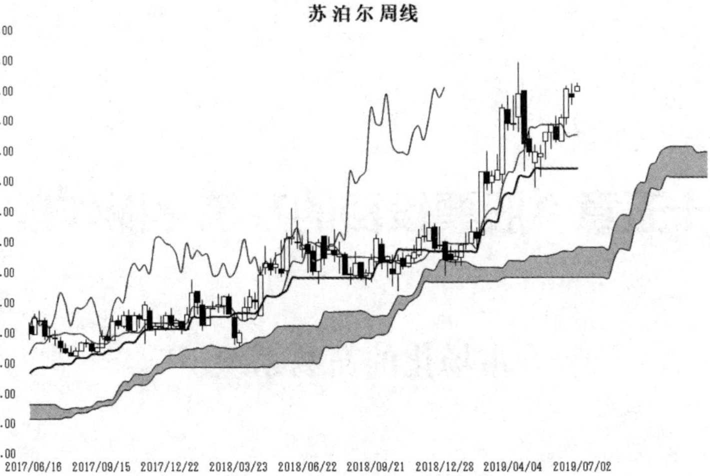

图14-7　周线——苏泊尔

资料来源：黄怡中制作

①

②

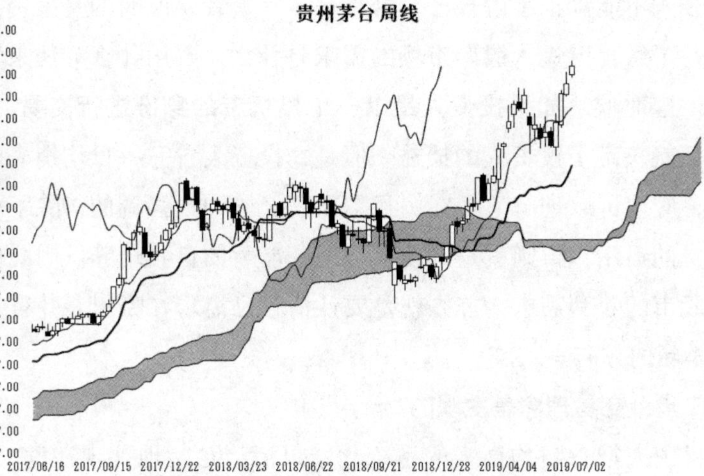

图14-8　周线——贵州茅台

资料来源：黄怡中制作

①

②

第十五章　股票投资的系统化操作模式

市场化的交易系统

既然是交易系统（交易闭环），那么在一目均衡表的基础上，投资人建构属于自己的股票交易系统的步骤该如何呢？为了更贴近内地投资人，笔者参考了网络上的一些做法！以下内容笔者结合了一目均衡表的操作理念与经验，希望对投资人有进一步的帮助。

第一步：尽快认清自己的需求。

很多人不能真正了解自己，这是必然，笔者要说明的是投资人必须清清楚楚了解自己进入股票市场的需求是什么，要用什么方法来实现这个理想。这时候，**如果投资人是以一个投机者的身份进行交易，那么，运气好坏就决定了投资人的损益**。但是，投资人看完一目均衡表的操作模式后，应该可以理解笔者在一目均衡表经验中最强调的，除了一目均衡表本身的运用，再则就是“技术运用”能力的自我培养。因此要满足自己到股市的获利需求，首先就是要认清自己需求在哪里，并且从中得到努力学习的方向。

第二步：交易理念是主观的。

一目山人把一目均衡表的系统化结果清清楚楚地展现在世人面前，**因为一套有效的交易系统不会因为太多人知道了就失去效用，这个甚至是赢家们的共识，就像我们都知道巴菲特的投资理念，但 2021 年的今天，他仍是最优秀、获利最好的投资经理之一**。这种主观性思维是在市场上交易时，对自信与该市场的尊重，交易理念告诉市场，我有自己的方法，我将与你（市场）正面交锋，只要我能持续获利，就是我赢了，而且我们是可以和平相处的。而一套能够盈利的交易系统通常包含了机会如何截取、风险如何掌控、仓位如何管理等三大内容，因此，投资人的交易理念必须符合这三个要求。

第三步：从一目均衡表开始建构自己的交易系统。

如笔者持续强调的，一目均衡表是很好用的交易系统选择，但是否适合每个投资人？笔者比较建议新入门的投资人把一目均衡表做好一定程度的吸收，再慢慢运用一段较长时间后，修改成自己最上手的交易模式。笔者也是用如此的模式，慢慢建构了多套交易系统，每一个交易系统适应的行情不同、适用的资金规模不同、使用的市场条件不同（如股票、期货、期权）。

第四步：若有简单的交易系统可以代码化后检验结果。

当然，投资人也可先从较为简单的交易系统，进行系统代码化建构，并且得到一定测试结果。之后，**随着绩效、回撤、风险、仓位、参数等的多重学习训练，投资人会得到一定的经验值，再通过这些经验值与一目均衡表的应用做上比较，看看哪一种模式是投资人最上手的。**这个过程或是单一选择使用，或是结合两者参考应用，等等方式都是投资人可以自行设计与截取应用的。

第五步：优化参数不是一个可行的操作。

投资人使用各种交易软件进行测试时，最大的困扰是参数使用模式。就算是使用 Python 这种极易上手的程式语言，也会遇到相同问题。笔者建议是，不要在参数选择上花太多时间，因为那是一个无止尽的过程，会耗费投资人非常多的精力与时间，最后得到的结果又常常是模棱两可的。而在一般**参数的选择上必须要考虑：交易周期（长短周期皆应考虑）、长期平均胜率、长期平均盈亏比、交易频率（成本）、盈利边际效益等问题。**

第六步：风险管理、资金管理与资金配置。

风险管理与资金管理常常不能分辨清楚，但与资金配置却有明显的区隔。例如风险指的是市场波动程度，而资金管理指的是管理规模的大小是否匹配投资人的能力(如管理10万?管理1000万?管理1个亿?或更多),再细分下去,资金配置指的是如何把资金分布到投资组合的个股上。通常,**笔者对涨得越凶的股票配置越多的资金,如此才能发挥最大的资金效益。如果把资金配置到下跌的股票,只会扩大亏损范围与亏损程度,那是最不实际的做法,许多投资人不能长期获利,也是在这一部分想得不够清楚所致。**

第七步:耐心是一目均衡表重要因子,也适用其他交易系统。

在股票市场或期货、期权市场进行交易是一生的事业,**投资人必须记住,永远只承担输得起的风险。**耐心等待交易机会的出现,就像前面笔者在介绍一目均衡表的时候,投资人应该可以感受到时间的跨度很长,不是吗?资产的积累上唯有复利可以让财富从量的变化过渡到质的演变,重要的是,巴菲特也常常强调投资需要时间的推演才能达到复利效果。

其实我们在说要建构市场化的交易系统时,首先要对什么是市场化做一个清楚的定义,例如在股票市场、外汇市场、债券市场、大宗物资的现货市场上,所谓交易系统是各有不同的,如果再与期货、期权结合起来,那么,就更加复杂与专业了。

因此笔者以为在市场化认知部分,投资人肯定只是以股票市场为基准,而实际上我们在建构交易系统时,所考量的绝对不只是股票市场,这就是散户操作与法人操作的不同。当投资人在设计交易系统时,也必须考量到投资人的交易对手是谁,他们的实力与交易模式如何,如此考虑下,或许会产生比较周全的交易体系,去面对其他交易对手的挑战。当然,投资人也会犹豫自己本身就是不够专业,如何能打败法人的资源丰富、交易系统专业等呢?时间,投资人只能让时间来解答自己的疑惑,自己的努力方向与结果是否足以对抗市场挑战?笔者的经验倒是比较在意每隔一段时间,笔者自己能否战胜之前的自己,也就是以超越自我为目标,这点或可提供投资人参考吧!

一般投资人如何规避股价的畏高心态

在笔者使用A股市场个股作为说明时，不知道投资人是否发现，笔者并不在意股价的高低，而是以如何在一目均衡表的逻辑操作下，能够得到最佳的收益。笔者的用意是希望投资人能理解，股价高低只是在资金配置上多寡的问题，如果高股价如贵州茅台在300元/每股的时候，投资人从基本面与市场面发现，贵州茅台仍然有上涨空间与机会，那么，当贵州茅台涨到2000元/每股时，投资人也就不会觉得股价太高而产生畏惧之感。

我们可以把投资人对高股价的畏高心态分为以下几点。

①基本上，尤其是刚入门的投资人，对买股的风险评估就是单纯地看股价高低而已。直觉低价股亏损时，赔钱也就较少些的小农心态，造成投资人无法获取高价股的资产成长机会。

②或许也曾经买过高价股，而一但在高价股亏过大钱，就会出现“一朝被蛇咬，十年怕井绳”效应。

③投资人没有逻辑化、计量化的市场分析能力，在持有股票的过程中，更多是无凭无据的听说模式，有时候更是凭借自己的想象与意淫。

④在出现亏损时，很难自我纠正与认赔操作。

⑤投资人未曾建立过一套有效的交易系统经验，导致在市场变化莫测过程中，不断迷失自我，这种没有交易计划、交易策略的状态下，投资人宁愿买低股价赔钱，也不愿买高股价赔钱。

⑥对追涨杀跌的错误认知。投资人可能认为高股价或较高上证指数位置就是一种追高赔钱的错误操作，而殊不知贵州茅台能上涨到2627.88元/每股(2021年2月18日)是从100元、500元、1000元上涨过来的，1000元对很多投资人绝对是高股价，但因为种种原因，它可以再上涨一倍之多。因此，追涨杀跌本身没有错，而投资人之所以认为它是一种错误的交易方法，在于使用了错误的追涨杀跌模式！解决这个问题，就是要靠投资人自身有效交易系统的建构与执行。

最终而言，畏高心态的解决方法是什么？从一目均衡表的角度，以笔者的经验来说，拥有一套有效可持续的交易系统，就能不畏高股价的情绪波动，在该持有时持有，该减码时减码，该加码时加码，如此以往则股价的高低不过是资产增减的变化而已，投资人的情绪则不会受到不可接受的干扰。

成为一个成功投资人的问答

在建构投资人专属的交易系统与如何成为一个成功投资人上，**笔者认为投资人必须要先问自己一些问题，这部分投资人如能有完整的答案，则不输给在法人机构的交易员。**其相关内容如下，投资人可以试着自己做好回答，在自己建构交易系统时，或能更有方向地前进。与市场、与自己有良好的相互理解，对投资人是最好的帮助。

这些问题包括了策略、投资组合建构与风险曝露、交易执行、市场时机、交易专家、风险管理经验、投资人生活、杠杆、投资资金、量化检验、经验判断与直觉等十一个部分，虽然有点多，但投资人若能完全理解，甚至做到优质状态，那么，笔者相信投资人必定能在股票市场里悠游自在，做个快乐的投资人。或许，就能从财富自由，进入财务自由，再进一步到可以拥有时间自由的境地。

当投资人具备了时间自由的条件，不就是我们在股票市场积极经营的目的吗？

策略

①交易策略（理念）应该被归为何类？

②投资人最倚重的投资原则（投资哲学）为何？

③什么样的投资经验，将影响投资人发展投资策略与方法？相比最初，近来的策略有什么变化？

④什么样的情况会修正策略？面对这样的情景，你将如何应对？若是所处团队及交易策略失效，应如何应对？

⑤投资人的策略优势为何？此策略是否持续利用市场的不效率？或有其他观点？

⑥此策略的投资标的和市场范围涵盖哪些商品？

⑦选择不同时间周期的准则为何？决定进行某笔交易的流程为何？

⑧投资人如何做投资研究？试单后，如何确认有效？有使用量化的软件或模型吗？你的量化模型思路为何？

⑨目前为止，你的赚钱策略是什么？哪些期货品种、上市股票、期权等市场，是你最有兴趣的？

⑩你会建立自己的模型（交易策略）吗？你如何与较没经验的投资人合作，创造新的研究方法？

⑪你从不同专家学习到的各种策略，如何有效整合，如何发挥到效用最大？期待交易导师有什么样的协助？

⑫超过多少交易资金，你会改变既有的交易策略？

投资组合建构与风险曝露

①如何建构你的“投资组合及风险管理”？每日的风控标准为何？如何细化这些准则？

②目前各品种的资金配比如何？就配置比例而言，在过去经验当中，试单的最小金额是多少？你是否曾经超额交易？如果有，事情的经过与后续为何？

③投资组合平常的最大仓位为何？对于投资组合而言哪些仓位（品种）最重要？

④对于你认为最重要的品种，你投入的资金占总资金的比例是多少？这些比例是如何确定的？

⑤对于不同流动性的品种，你是否有不一样的仓位配比？投资人如何定义流动性？

⑥总资金使用杠杆是几倍？什么样的情况或环境，会让你改变杠杆

倍数？

⑦投资人是否有使用期权避险？

交易执行

①交易信号发生后，如果你在团队当中，你将会如何执行这些信号？如何避免来自不同交易策略对冲的问题？

②有止损策略吗？仓位止损模式为何？为什么？以及如何平仓？

③股票平均持有时间多长？一年平均周转率（交易总金额／本金）为多少百分比？

④期货平均持有时间多长？

市场时机

①什么样的市场状况对策略是有利的，现在的市况对策略是什么影响？目前的策略使用多少资金？你的失败经验为何？

②此策略在什么样的情景会赚钱？什么样的情景会赔钱？

③什么样的市场因素是此策略最大的挑战？面对此挑战，你如何确定它会成功？

交易专家

①你的学术背景与经验为何？请评估自己的工作经验，或直接的交易经验为何？

③从交易的角度，投资人工作经验的深度与广度是否恰当？这些经验是否表示投资人能成功执行目前的交易中心的策略？

③针对曾经失败过的经验，投资人认为该如何重新出发？

④投资人过去的绩效纪录？此绩效与现在的策略有相关？

⑤投资人与投资人、交易导师与管理阶层的互动如何影响交易？投资人认为交易中心应该如何设定仓位？交易与投资决定与资金控管架构为何？

⑥投资人在过去的团队合作经验为何？是在什么样的领域？有何不

一样的经验？

⑦投资人会投入自有资金，成立新的对冲基金吗？投资人会期待交易中心投资你吗？

风险管理经验

①请投资人明确说明风险管理哲学，自有的投资策略、资金配置与风险曝露之隐含假设为何？

②投资人对交易中心的交易策略，若有不同意见如何反应？是否思考更好的方法，优化策略后再提出讨论？过去的经验为何？为何别人没有接受你的想法？

③投资人怎么辨识风险？利用什么内部方法测量风险？哪一种方法最关键？

④投资人所持有仓位本身，也存在市场风险、信用风险、流动性风险与波动性风险，应该如何衡量与管理？特殊策略中是否有潜在的特殊风险？

⑤投资人的投资组合有经过压力测试？在什么条件下（假设）？谁负责检查压力测试结果？多久执行一次？

⑥此仓位是否有人负责风险管理？此人受过何种训练？此人在过去公司(学校、个人、家庭)内还需负哪些责任？

⑦是什么样的风险管理因素导致最大下跌的经历？哪些投资准则被修改过？

投资人生活

① 开仓前后的生活时间分配，若手上有单子(仓位)的时间调配为何？

②投资人可能遇到重大生活灾难，如家庭事故、个人健康、男女感情等，对此有哪些预防措施？复原计划为何？

③对于重要家人、朋友的突然失去，有何心理准备？

杠杆

①策略应用杠杆之基本原理？投资人如何定义杠杆？如何定义超额杠杆？

②一般杠杆使用程度？最大的杠杆使用为？此仓位曾使用过的最大及最小杠杆？什么因素会导致投资人减少杠杆使用？

③什么情况会造成高杠杆的仓位遭到巨大损失？如何避免？

④曾经持有仓位，最大杠杆是多少？

⑤所使用杠杆比率，曾被经纪商强制取消吗？有的话请提供说明。

投资资金

①曾经管理资产中，最大金额有多少？

② 投资人对自己的管理资产预期成长率为何？

③ 有无设定资产目标与达成计划？

④随着管理资产增加，投资人的策略负荷能力有无设定成长计划？

量化检视

①投资人如何检视自己的历史绩效纪录？

②最高绩效报酬目标多少？此绩效是否达到（客观）？

③会与其他类似策略的仓位做比较吗？若有绩效报酬如何？

④此仓位的 Volatility 为何？

⑤投资人的管理资产时间多长？期间有何变动？当时为何停止交易？

⑥策略的变化造成哪些历史绩效的改变？

⑦投资人的最大回撤（Max. drawdown）期间多久？花了多少时间复原到原来的资产水平？投资人能接受最大的资产减损为多少比例？

⑧绩效为正且最大之月份为？为负且最大之月份为？这些月份是否合乎仓位绩效的预期，是否合乎风险管理的准则？

⑨交易仓位对持有成本的敏感度为何？有多少比例是最佳的？

经验判断与直觉

①就交易经验而言，最重要的经验是什么？

②投资人对自己的投资策略及风险管理如何解释给其他人听？

③投资人如何取得别人的信任？如何处理情绪上的问题？

④投资人持有仓位产生的压力，如何处理？

⑤投资人是否真的对于仓位管理尽心尽力？应该如何做到？

⑥投资人所做的是否合乎其投资逻辑，且能切实按照他所说的去做呢？

操盘时机的一些建议原则

①记得，尽量在极端情境才进场，虽然那是不容易做到的！

②不知道风险在哪？尽量不要建立仓位。

③大部分时间中，除了承认错误、修正错误之外，没有什么事可做。

④投资人常常讲股票的股性问题，其实可以用波动率（股票市场称之为弹性）来解释。

⑤便宜东西要变成昂贵的，一定是要付出必要代价才能成就的。

⑥赌流动性，不是一般投资人可以做的事，但投资人就是喜欢小型股。

⑦机会来自你准备得足够充分，就算那只是一个运气。

⑧市场在高度收敛行情（状态）下，记得绷紧神经。

⑨注意消息面变化是分析师的工作，不是投资人的事。

⑩仓位与趋势共振有多重要，赔钱的知道，赚钱的在乎，韭菜不知道。

⑪没有创新高价的多头是假的；没有创新低价的空头也是假的。

⑫波动率不是代表过去或现在，而是代表未来，虽然真真假假。

⑬跟风是散户市场特征，因此韭菜也多，所以确认动作很重要。

⑭类股轮动是机会，但不是永远的进场机会。

⑮只买强势股，只卖弱势股，那么你就是 Long Short Equity 经理人。

⑯假日前，减轻仓位是必要的。尤其是在 A 股的短期市场策略。

⑰不会试单，就别进场了，常常浪费钱、浪费时间。

⑱短线交易时，成交量的作用性最高。其他时间可以忽略的。

戴维斯双击与三合一交易系统

戴维斯家族最为出名的是，这个家族**打破了富不过三代的魔咒**，2021 年的现在，第三代子孙还在美股市场活跃着，并使用了祖辈的投资智慧，戴维斯双击与戴维斯三击。所谓的戴维斯双击如下。

怎么定义

美国著名基金经理人戴维斯家族在股票市场的交易策略，其内涵是**①股票价格波动的基础是上市公司的获利能力，和②参与交易的投资人对那个获利能力的心理预期，这两者之间的双向互动结果。简单说，个股基本面价值与市场股价之间的共振现象是如何变化的。**

如果两者同步向上，那么对投资人就是最合理的结果；一家公司产生获利使得公司价值提高，那么它的市场价格就应该同步向上。如果没有共振，表示有一方是错估的，进一步讲，这一个或多个错估因素就变得复杂，不在本书讨论范围了。

如何应用

笔者认为投资人在基本面的使用上不需要太复杂，几个主要获利因子就可以判断上市公司基本面的要素，笔者以买进做多角色作为思考角度，提供投资人参考。

先说明一下：**股市参与者角色非常多样，不同参与者对同一件事情的态度是不同的**。另外贵州茅台在2019年7月1日站上每股1000元的历史价位，市场一片哗然，笔者就拿贵州茅台作为参考值，使用时间为2018年底与2019年7月12日的数据。

①市盈率：必须在相对低位。太低了可能是公司出了问题，股价遭到抛弃。贵州茅台32.7倍。

②市净率：思考方式与市盈率一样。贵州茅台11.7倍。

③资产负债率：相对低位较好。没有使用一定的杠杆率，在公司经营率上部分投资人并不看好，笔者以为还是较低为好。贵州茅台26.54%。

④毛利率：越高越好。贵州茅台92%。

⑤净资产收益率：越高越好。贵州茅台34.46%。

⑥每股现金流量增长：以稳定增长为好。贵州茅台80.8%。

⑦研究发展费用率：要有一定的高值。因为一家公司的研发能力不足或毫无研发能力，表示在未来创造持续性利润能力上是会受到质疑的。贵州茅台行业特性考虑成本费用利润率197.7%。成本费用利润率是指上市公司在每付出一元成本费用，经过努力经营可拿回来多少利润，指标越高，利润就越大，反映到公司高层的经营效益越好。

戴维斯双击就是在这七个基本面因子达到相对条件符合之后，同时所处板块为朝阳行业，又或者未来具有发展潜力判断时，投资人可以进行买入操作，建立基本仓位并在一目均衡表的合理条件配合下，进行加码或减码操作。当上市公司基本面绩效不断增长，公司价值提高的同时，市场投资人给予的股票价值预估值也会增加，两者所形成的共振现象，在这个效应循环结果，投资人的操作就能获得Alpha(超额)双倍收益的机会。

进一步说，**如果投资人在资金的应用上，进行必要或一定的杠杆操作，那么就会是“戴维斯三击”的Alpha收益**。

另外，**所谓的戴维斯双杀就是与戴维斯双击刚好相反。在上市价值被市场高估时，同时投资人对该公司的未来业绩，判断出有可能开始下滑，那么，就应该卖出股票，进行总仓量的控制，即是资产管理的风险**

管理基本思维。

戴维斯后的成交量思考

认识笔者的投资人与朋友都知道，笔者对成交量没有什么说法，甚至不大使用成交量。所谓的成交量在于表达买卖双方的多空力量，这个在期货市场是必然要考虑的，甚至在期权市场也是一个重要的参考因子，但是在股票市场并不是绝对的，因为①股票有筹码锁定效应，无量上涨与无量下跌是必然的；②不用成交量也可以做到使用成交量相同的效果。所以，投资人如何分析量价结构都是相对的结论，既然不是绝对结果，那么就是一个非常次要的变动因子。

投资人请看图 15-1，上海机场 (周线图) 的例子是股价在无量增长的情况下，仍然在非常漂亮的斜率对应下，出现持续上涨的最佳实例，这个例子几乎可以不用考虑成交量，只使用一目均衡表中斜率参数的应用就能长期持有上海机场，只需要在震荡与回调时进行减码即可。

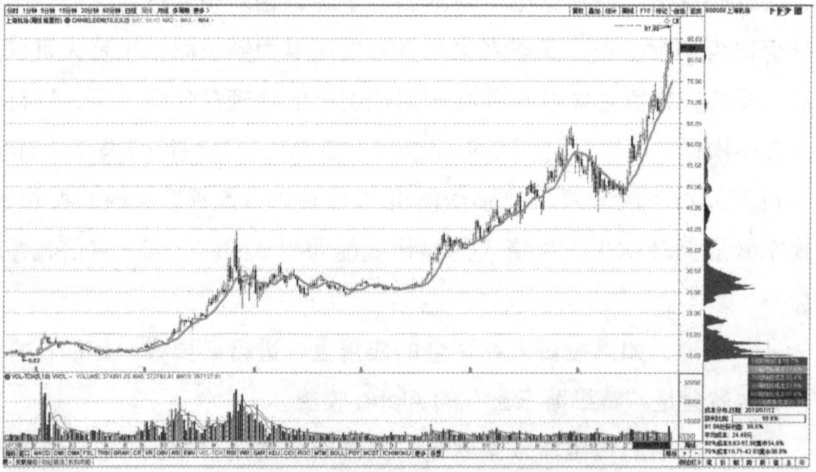

图15-1　上海机场；无量上涨的最佳实例

资料来源：华西证券 华彩人生

当然，成交量在股票市场也不是完全无用。投资人在进行短线的日内交易时，还是要参考成交量的增量配合，这种增量效果就是强化市场多空力量的较佳工具，在获利机会上比较有利于投资人的短线操作，也因此受到短线投资人喜爱，这也是笔者参与短线交易时的重要参考之一。

系统化操作模式的核心经验

从 1995 年进入金融市场以来，笔者的心思一直放在交易上，在经历了银行、股票基金、证券、期货、对冲基金的下单员、投资人、操盘人、基金经理、自营部主管与投资长等的训练之后，笔者认为，在股票、期货与期权操作上，都脱离不了买与卖这个最终结果，而必须在完成这两者之间的正面差价操作，又必须在有系统化的逻辑下，有效地、持续地进行，所以，就有了投资人常常听到的“炒股是一种修行”“交易是科学与艺术的结合”。

所谓的修行就是经验不足，越是股票市场的老者越有价值，就是这个道理，但这位老者如果没有系统化的操作模式，不是只能拿点小资金自我满足，就是只有在买卖过程中寻找自己的乐趣，而这当中只要有了交易快乐，倒也无妨。然而，人总是希望自己成功，能在股票市场上赚到应得的财富。在国外，这样的独立操盘人不少。在市场有了充分的交易经验，通常所谓的修行足够情况下，往往能在市场赚到正差价。

而投资人如果想要操作大笔资金，那么就更加必须有一套属于自己的更精细的交易系统，才能顺利地管理大资金。另一方面，投资人如果不是要操作大资金，但也有一定的资金量，那么科学化的、逻辑化的操作系统就是必要的工具了。

对此，如何才能系统化操作，又能做到大道至简的模式呢？基本上，就笔者的操作系统而言，可以总结为下面的简单系统架构。

三合一系统 = 价值投资 + 数量分析 + 仓位管理

价值投资

①对公司估值的高低判断，在于安全性为前提的持续获利能力增长状况（如前述七个基本面参数，贵州茅台为例）；

②在低风险模式下，建立上市公司的持股；

③总仓位的管理上，避免系统风险与微观风险。

数量分析

接近量化模型的参数路径分析，例如“中美不对称：基本面模型”。不止是基本面、市场面的量化，信息量化也是重要步骤。

仓位管理

利用一目均衡表交易系统，在股价变动上，例如建仓、加仓、减仓与平仓的操作建议，进行系统风险、微观风险的管理与加减码调仓操作。短期投资使用日线，长期投资使用周线。重点是要做到“周线看趋势、日线做调仓”模式，这是笔者多年经验总结出来的非常有效率的模式。

中美不对称：基本面模型

趋势追踪情景结果分析

目前模型偏向模型路径④方向移动，甚至情景 2 的机会也存在于市场认知之中。2019.07.27 路径修正。

基本面主要变数

①特朗普说“我对中国没有敌意，希望两国关系越来越好”。

②特朗普承诺“不再征收新的关税”。

③欢迎留学生来美国留学。

④美方愿同中方达成彼此都可接受的贸易协议。

⑤美方希望通过协商，妥善解决两国贸易平衡问题，为两国企业提供公正待遇。

⑥共同推进以协调、合作、稳定为基调的美中关系。

⑦特朗普说，重视中方在台湾问题上的关切，美方继续奉行一个中国政策。

⑧希望中方能从美国增加进口。

⑨双方进行了非常好的会晤，成效超出预期，两国经贸关系已经重回正轨。

模型路径

①美国伤800，中国伤1000后，停战。中国进入半开放市场，再度进入第二次韬光养晦时代。

②合纵连横情景1

美国伤800，中国伤2000，中国败，绝对开放，中国市场依据美国定义分割市场。

③合纵连横情景2

美国伤800，中国伤200，中国崛起，全球在各领域区分中美两大阵营；又或是美国整体经济停滞，在美国外资开始撤出美国，西方形式民主与重商主义重新修正。**而中国崛起必须先要做好四件事，一是强化社会主义中国特色优势，二是补经济制度与行业短板，三是构建与世界各国的贸易关系，四是建立完善的直接与间接金融投资体系。**

④美国特朗普不再恶言相向，回到2018年之前的状态；或开始进入新型中美合作模式。

⑤持续大国对抗赛，“国家国力发展”与“政治经济拓展”并存。

影响性：中美两大国竞争中，经得起耗损的一方就能赢得掌声。

结论：谁输得起，谁就是赢家。

如此一来，“三合一系统 = 价值投资 + 数量分析 + 仓位管理”应该可以让投资人在股票交易上有更清晰的操作模式架构，进而可以依据自己的经验，再完善成为专属于自己的操盘模式，那么，笔者的心意就真正传达到投资人了。

最后，借由两位投资界巨人的智慧话语，来与投资人共勉！

巴菲特：“投资就是如何给企业估值和如何利用市场情绪。”

索罗斯：“世界经济如同连续剧，戏中有真有假，当你能辨识其真假变化时机，你就有机会积累你的财富。”

投资人如能把这两段话变成自己的基因，相信在小资金的投资理财或大资金的资产管理路上，都可以更有底气，在时间自由的道路上，也能走得比别人更加有效率些！这是笔者的祝愿！

结　语

投资人您在追寻什么？交易什么？

在交易的世界里，千变万化、多彩多姿，令人眼花缭乱，只要投资人愿意花时间下苦工夫，一定会得到比付出去的还要多很多的成果，巴菲特、索罗斯与柯斯托拉尼，还有值得一笔的杰西·李佛摩，都是一样的例子。发明金融市场的欧美人士是如此，正在发展的亚洲更应该有实力与机会比他们更好，这是笔者从来没有改变过的想法，目前如此，未来也是如此。

交易的时候，投资人想要追寻进而相信的是什么？新闻炒作、内线消息、筹码面、基本面、技术面还是策略面，请投资人选择并且做决定。**笔者唯一强烈建议的是，不断追寻、经历、验证并创造一套说服自己并持续相信的交易技术，那么笔者就会更加相信，在将来中国股票市场必定会出现更多的李佛摩、巴菲特、索罗斯、柯斯托拉尼与罗杰斯这类成功的投资人。**

请不要迟疑，“由追寻、经历、验证的过程达到相信的境界，是人生中非常重要的部分”，其实交易世界亦如是！

在伯克希尔·哈撒韦的巴菲特表示，富人专注再创造自身价值，但穷人却专注在自己的工作收入多少上花尽力气，在此不同思维，当然结果就不会是相同的。

从这个思维，如何判断自己是向贫穷走，还是向富有走？简单地问自己三个问题。

①公司老板决定你的命运？你决定自己的命运？

②你是生命（时间）换金钱？还是拥有获利系统？

③你只是活着吃饭？或有意义地创造生命价值？

为了避免持续向贫穷的一端走，我们必须避免走向前者，必须有计划地实现我们的目标，必须往M型社会的高端那头走才行。日本人写的《M型社会》中提到，社会结构改变后，投资人是否已经发现自己正向正确的那一边前进？富裕生活与穷困潦倒常常只有一线之隔，因为财务自由可以教出来，因为你的思维方式决定你的口袋深浅，所以没有什么会比有计划地经营你的生命（时间）更重要。

所以，即便只相信一条平均线（斜率），也一样可以有计划地经营你的财富。把一条平均线用到出神入化，笔者相信一定能在交易过程中得到应该得的回馈。但当资金越来越大时，就归到资金配置能力问题，届时的交易能力就越大，在第三篇一开头的说明中已经提过作为一个交易员、操盘人、投资经理应该具备哪些专业能力。**其中的交易心理应用所占分量不小，这个必须是靠投资人的读书量来改变的。笔者也常常感受到一个交易员的读书量，最能影响到他的交易质量，这是毋庸置疑的事情。**

那么笔者相信什么呢？目前在笔者的交易系统中，已经成熟的就有六套左右，笔者也都持续在追踪并且使用当中的交易系统逻辑。而一目均衡表是其中相当不错的一套，经过第一章开始到这里，相信投资人已经有深刻的体会与体验才对。

最后，笔者相信的是，市场只有绝对的有效因子在影响我们的行为，由这个行为的影响所及，也必然会产生相应的绝对结果，因此，除了绝对因子之外，所有相对的因子，笔者只会参考而已。而绝对因子就是两个认定，一是投资人对公司价值的认定，二是整体市场对公司价格预估的认定：

掌握价值与价格之间相对变化的趋势与时机，加上投资人有效的杠

杆使用，交叉运作结果就生产出资产管理上的价值。如同巴菲特与索罗斯两位投资巨人一样，不仅有财富自由，还有财务自由，更有时间自由，最后能得到精神自由！

愿上帝祝福中国、祝福投资人！

黄怡中　2021 年春天

练习题解答

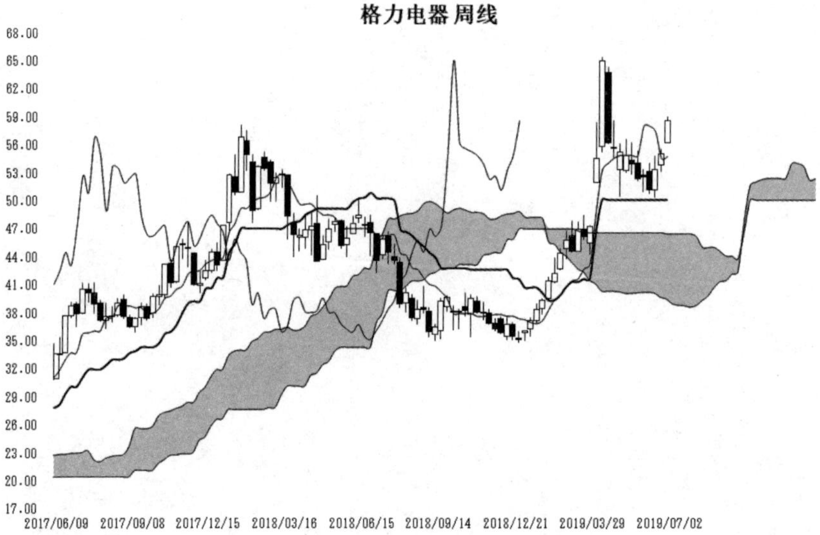

图1　格力电器图14-1答案

资料来源：黄怡中制作

①在 2017 年 6 月上旬持有股票。

②股价沿着基准线与转换线攻坚而上。

③在回调有撑位置加码。2017 年 9 月初与 12 月中旬。

④在 2018 年 1 月开始减码。

⑤减码过程与速度，可以投资人的市场判断进行，最慢应该在 2 月反弹无力的位置。

⑥到了 2019 年 1 月初开始，才又有了另一次做多的机会。

⑦在两年期间，格力电器出现两次操作机会，投资人理解到如何把

握了吗？

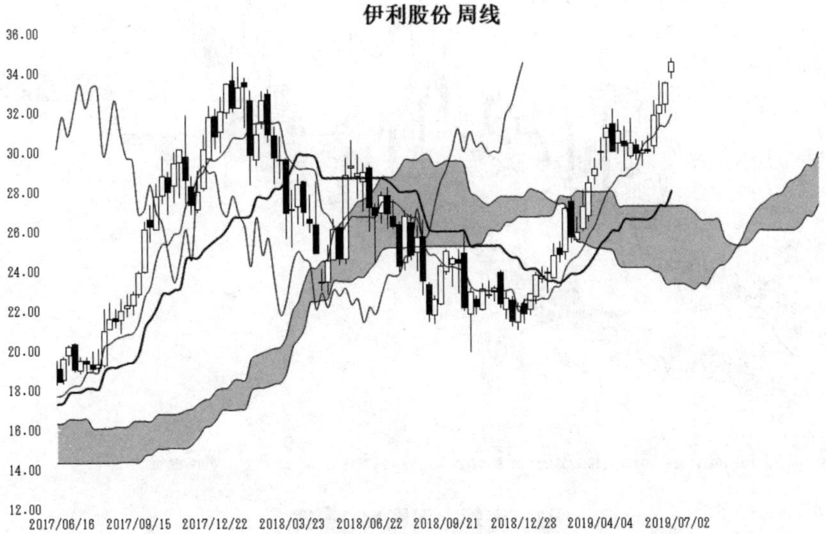

图2　伊利股份图14-2答案

资料来源：黄怡中制作

①在2017年6月初之前横向整理的一段时间，股价也在云层上徘徊许久，投资人在耐心等待后，终于到了5月下旬多头启动攻坚。当股价在云层之上，同时又站上基准线或转换线时，就是投资人建立基本仓位的时候，这个试单的止损守在跌入云层时先减码，出清在跌破云层位置。

②结果行情持续上涨，沿着基准线与转换线的斜率往上走。

③直到34元附近，才出现了比较弱势格局，就是没有持续创新高价，这时是开始减码的最佳时机。后续行情仍然走弱，表示投资人的减码操作是正确的，就沿着偏空趋势进行减仓，直到清仓为止。

④之后在2018年的5月初，出现云层的支撑，有一个短线操作的机会，这个波段的重点还是一样，走势没有强者恒强情况下就是要进行风险管理，减码是必须先做的工作。

⑤到了2019年初，包括迟行线与对应股价、当下股价与对应的云层，都出现了负乖离过大的现象，这时进行试单操作是合理的。直到7月初都是持有股票的态势。

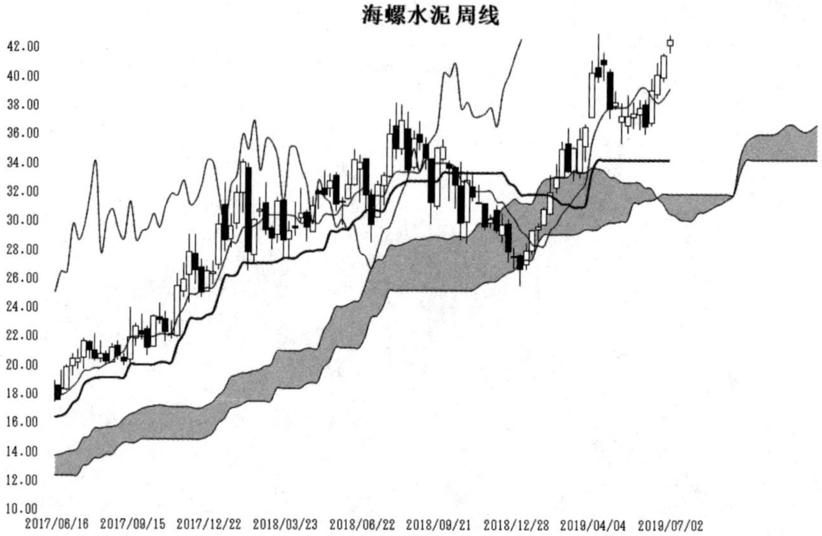

图3　海螺水泥图14-3答案

资料来源：黄怡中制作

①海螺水泥这个走势与前面的伊利股份有点相似，因此，操作模式可以复制。

②但是，**在第二次进场机会时，伊利股份比较弱势，它出现了负乖离过大现象，但是海螺水泥没有。海螺水泥是得到了云层的支撑，这比伊利股份还要强势，因此，在操作积极度上来说，海螺水泥的建仓时机与持有仓量会比较快，也比较多。**

③为何如此？**主要是越强势的股票，笔者会赋予更高的资金配比。这样才能博取更高的资金效益。**

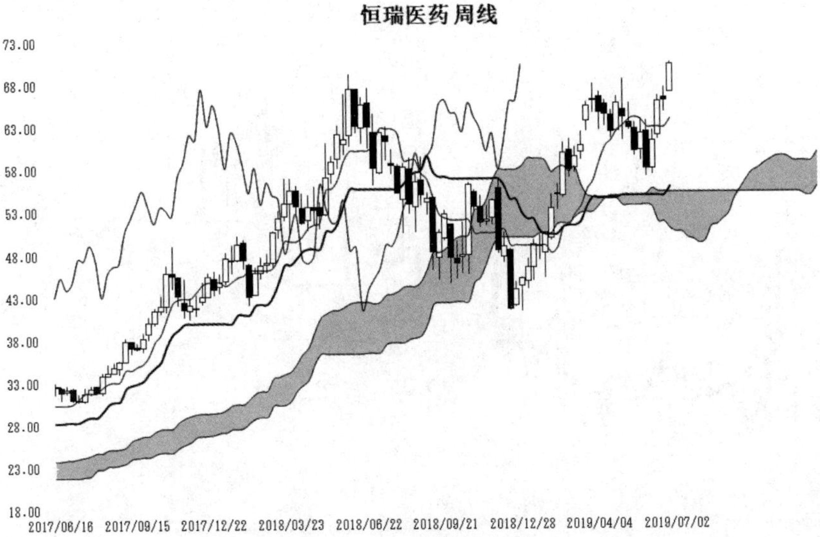

图4　恒瑞医药图14-4答案

资料来源：黄怡中制作

①在2017年7月初股价来到云层与斜率之上，依照三役好转模式，应该已经持有基本仓位，或者说已经试单成功，仓位也正在获利当中，接下来的问题是如何加码？

②沿着基准线与转换线的斜率来说，每一个偏向弱势但很快出现回调有撑的节点，都是投资人可以进行加码操作的机会。

③直到股价涨到68元，开始出现第三次的正乖离过大，却又没有持续创出新高价位的时间点开始，就是投资人开始减码的机会。

④之后，股价到了2018年底又来一次进场机会。这次走势在2019年4月上旬开始出现较大幅度的回调，因为有了4月初到5月中旬股价没有创新高的前提，投资人早应该有了减码操作，此时的仓量是少量的，尔后回调有撑走势，投资人又要把平仓掉的仓位给回补才是。至于回补速度，就看投资人的决策，这个没有一个量化逻辑可用，就是比较主观一些。

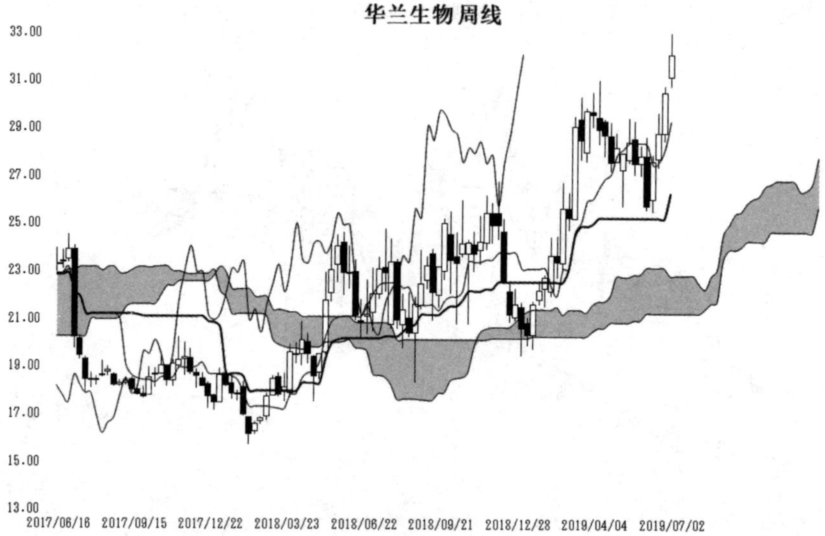

图5　华兰生物图14-5答案

资料来源：黄怡中制作

①这只股票一直是弱势的，直到2018年2月初才开始上扬。进场逻辑是在负乖离过大时，进行试单操作。

②之后，股价走势虽然不积极，但也都在云层之上波动，这属于基本底仓方式的持有，没有创新高，又没有跌出云层之外，投资人会有的操作，应该就是在周线上的高抛低吸。

③在2018年底，股价再次发挥多头攻坚的模式，除了底仓之外，当股价开始积极向上时，投资人的资金配置也应该要相对积极地进场操作了。

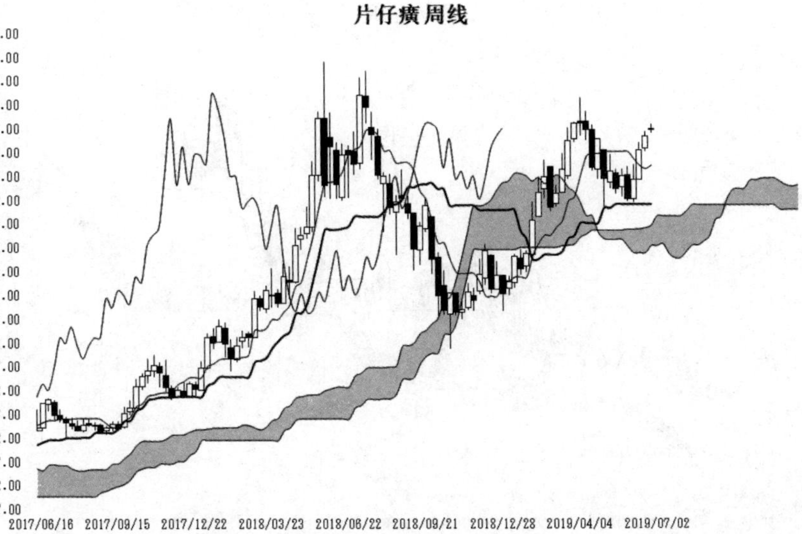

图6　片仔癀图14-6答案

资料来源：黄怡中制作

①股价在2017年6月属于建立试单机会。止损守在股价跌破斜率、股价跌入云层之内，最后防线是股价跌破云层。

②但股价是守在斜率之上的，这时候，投资人的仓位不变，也不能随意进场加码，只能看止损位置有没有被突破。

③加码的位置在股价回调有撑的机会点上，片仔癀这只股票共出现了3次机会，分别是2017年9月底、2018年1月初与2018年3月初，直到132元附近，形成M头后，下跌到云层附近才止跌。

④在2018年11月初的进场再次试单机会中，由于股价持续被压制在云层之下，所以不能太积极操作，使用的试单量也建议不要太多，避免股价出现反弹无力，导致被套牢，成了接盘侠。

⑤所幸股价上涨虽慢，但也持续维持在斜率之上，一段行情也能让投资人有一定获利吧！

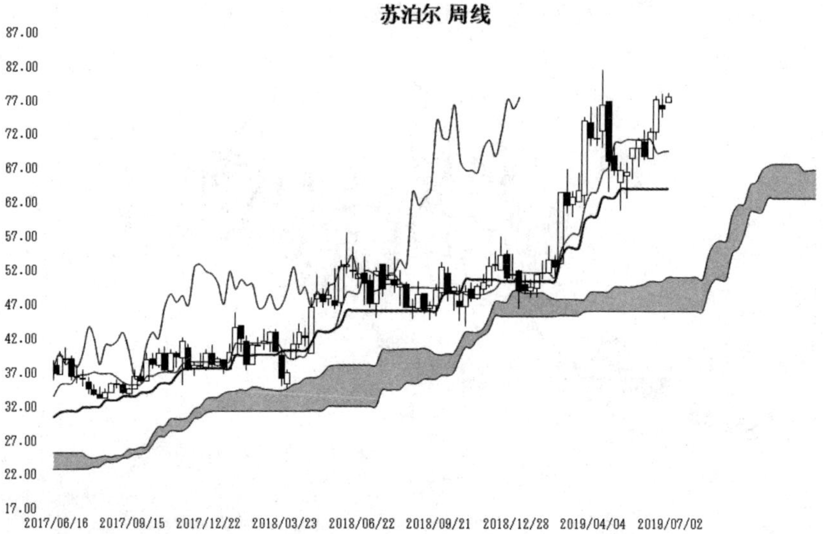

图7　苏泊尔图14-7答案

资料来源：黄怡中制作

①股价在云层之上，也沿着斜率缓慢地向上波动，投资人持有的仓位应该也还是比较少的，主要逻辑是股价没有向上波动的走势，或者说的强势格局并没有出现，因此，持有股票但仓位不能过度。

②而从股价走势与一目均衡表的策略比对来说，偏多格局是有的，只是投资人能否耐住性子持有股票到2019年2月初，行情开始比较强势启动的机会到来。

③如果投资人早早就把股票卖掉了，如果能有其他更好的机会（个股轮动），当然在资金配置上要移动到最有效益（强者恒强股票）的交易标的去。

④对于只能长期持有苏泊尔这只股票的投资人，那么，**只能在市场出现波动时加重资金配置比例，以期得到更好的收益，这是笔者在风险管理中非常重要的逻辑。**

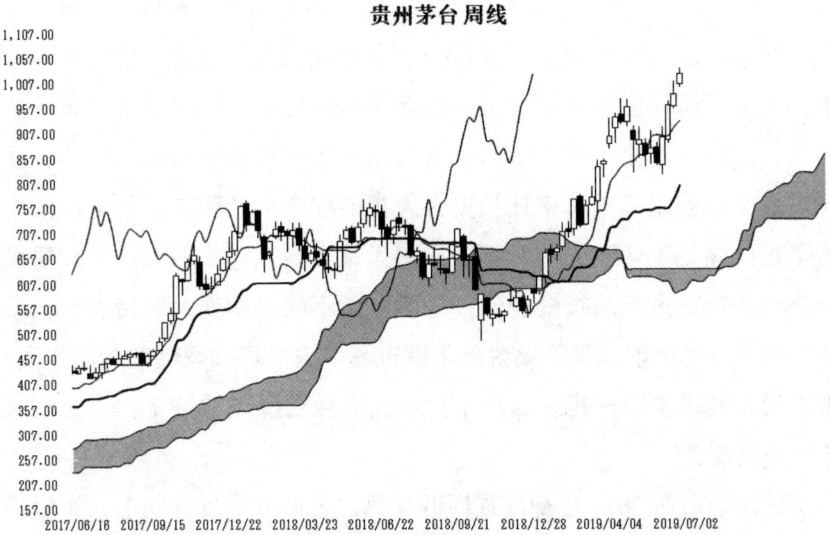

图8　贵州茅台图14-8答案

资料来源：黄怡中制作

①贵州茅台这只票，在A股市场无人不知，只要持有它的投资人，无不有极大的获利，而这样的机会与能力如何做到，笔者试图在本书的最后做一些解释，这有某种程度的事后诸葛亮之嫌，**但是操作模式被逻辑化之后，就可以加以复制。**

②第一，**贵州茅台的基本面与市场人气一直是焦点，也就是基本面数据靠谱，成为投资人持有这只票的底气，同时市场面又有人气支撑。一家所谓的好公司被市场许许多多的投资人认同，为何有人能坚持拿在手上，有些人却不行，除了对公司的研究深刻，产生信心之外，对于研究不是很深入的投资人，在缺乏信心之余，需要的就是交易管理逻辑来辅助了。所以，一目均衡表就是在解决这个问题。**

③第二，贵州茅台在2017年便持续站在基准线与转换线、云层之上，体现了股价的强势格局，但在2018年2月开始出现了无法创新高价位的窘境，这种现象就是减码的时候，尤其是2018年6月底又出现第二次同样的现象时，投资人的敏感度不够高，那么就要承受股价跌破500元关卡的压力。当然，从上帝视角来说，投资人可以说后来还是突

破 1000 元更大的关卡。笔者不在争论对错，而是强调当投资人不做仓位管理的时候，迎面而来的是下跌压力，在中国台湾、日本、欧美国家股市中，笔者看过许多曾经的股王，也有更多的投资人买在所谓万劫不复的高点，这种事情比比皆是。而投资人当然也可以拼着自己的信心，永远持有贵州茅台或其他未来让投资人大喜的股票，然而在报酬与风险之间的管理问题是不会消失的，不管投资人是否在意！一般来说，如果是一个为客户管理资产的投资经理，是不可能不顾风险而大胆持有一只或一堆正在下跌的股票，更不要说是下跌过程中去进行加码持有的动作了。笔者常说，如果要赌一把，客户（投资人）自己操作就好了，何必把钱交给一个赌徒呢？

④贵州茅台在 2019 年初出现回调有撑，进而开始反弹而上，最后进入反转格局，那么这时候投资人持有仓位如果不变，没有进行加码操作，这种没有管理能力而赚不到钱的状态，又是何其令人叹息！

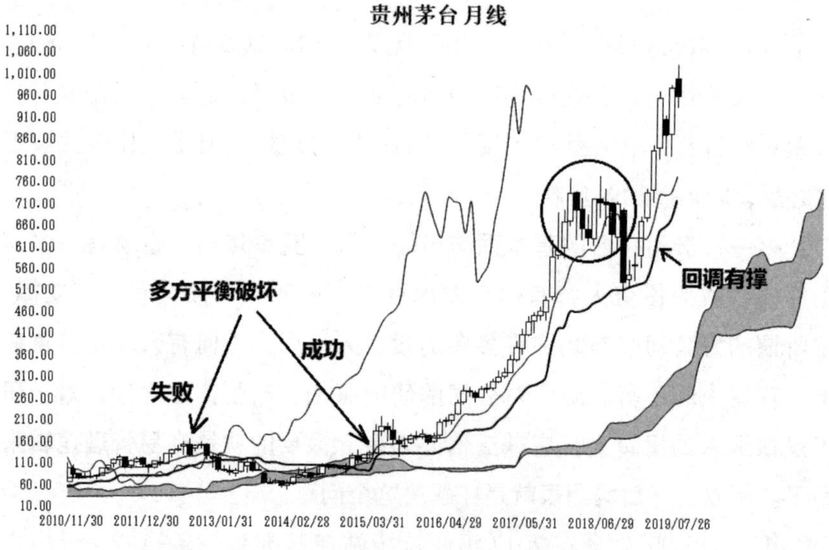

图9　贵州茅台月线图

资料来源：黄怡中制作

① 2010 年 11 月一根大阳线，让股价稳定站在云层之上，虽然上涨

缓慢但持续上升格局是存在的。就股价走势，这波机会是失败的，但时后的基本面如何，本书不去追究，相信有经验的投资人心中自然明白；而新进投资人也就不好追踪了吧！

②之后，股价在云层的支撑下，迎来第二次机会，2014 年 7 月股价沿着云层往上攻坚，这时候，积极投资人可以建立基本仓位而买股试单。当年股市牛气冲天，相信包括保守投资人也是进场操作了的。至于要用多少仓量进行交易，就由投资人决定。

③到了 2015 年 4 月再次迎来进场机会，可是一进场不久（隔月）就开始下跌，因此试单后就不能进行加码，**同时，股价在基准线与转换线之上，最少也要持有股票，不能完全空手，笔者经常跟交易员说，这时候，最少也要持有一张股票，如果空手了，就不会专心致志地注意股价的波动；注意不到股价的波动，意味着投资人不会在最佳时机进场参与；不能在最佳时机参与股票的上涨，意味着投资人的风险会越发高涨；当投资人的风险越高，表示投资人的仓位没有处在优势状态；不能持有优势仓位，表示投资人赔了钱是理所当然的。**

④这一连串的逻辑想通了，股市理财也就更有自信，成功率也就更高了，不是吗？

⑤这一路持有股票，甚至进行加码操作，都是合理的，至于哪个位置进行加码，笔者也多次说明，要在回调有撑的位置慢慢增加仓量而上。从贵州茅台这个月线操作来看，2016 年 10 月之后是最佳时机，这不是事后诸葛亮的说法，笔者在讲的是操作逻辑，而且从本书一开始就在强调一目均衡表的操作思维与交易逻辑。

⑥贵州茅台一路上涨，在笔者写书的当下，最高价来到 1035.6 元，在股票市场几家欢乐几家愁的时候，投资人要的应该是**在不确定的股价波动中，取得确定的报酬**，这是笔者的建议，也是笔者这 25 年来一直不变的工作。

⑦一段上涨后，在 2018 年 1 月到 2019 年 1 月一整年中都在震荡走势当中，也就是没有持续创新高现象，这种没有强者恒强的状态，就是减码的必要时刻；相对地，什么是强者恒强格局，明显是从 2014 年 7 月

到 2018 年 2 月。在强者恒强走势中，回调幅度是小于上涨幅度的，相同逻辑，弱者恒弱走势中，反弹幅度是小于下跌幅度的，聪明的投资人如您，可以理解到不管基本面与市场面的本质了吗？希望您深刻理解并掌握到诀窍！

最后，愿投资人以接近上帝视角的客观态度，观察股票市场，交易金融市场，快意理财世界，至少拥有获得时间自由的能力。

延伸阅读

媲美《富爸爸穷爸爸》，教你如何提前退休

➡《财富自由之路：ETF定投的七堂进阶课》

作者：徐华康

*这本书适合那些愿意用二十年时间轻松简单地实现财务自由的人，而不是那些希望在三五年内快速实现财务自由的人

*什么东西一定会上涨？这么多年来，从股票到衍生品，除了纯粹的套利交易确定性较高外，只有指数在过去十几年来是一直向上的

*投资保守的失恋青年小刘，投资激进的过气女主播静静，神秘的客栈老板老徐，因缘际会相遇在大理，三个人，七堂课，在旅行的故事中走向属于自己的财富自由之路

国内第一本小说体期权交易实战指南

➡《我当交易员的日子：期权波动率交易核心策略与技巧》

作者：徐华康、王美超

*国内罕见的“小说体”期权交易实战指南

*浓缩两位操盘无数的期权“老鬼”的期权波动率交易经验，说透期权波动率交易的核心策略与技巧

*经验丰富的一线期权交易员在期权波动率交易中的所思、所想、所感、所悟，真实再现中国股票期权市场诞生以来的机会与风险

延伸阅读

比《华尔街幽灵》更真实，比《海龟交易法则》更有效

➡《交易的真相》

作者：极地之鹰

*毫不吝啬地和盘托出在交易之路上的经验和教训，层层递进地指出交易历程中存在的误区，一层层地剥掉投资领域里随处可见的“皇帝的新衣”，让“交易的真相”水落石出

*9年交易经验的交易员作者在书中完整公开了自己价值千金的交易系统，并经过历时半年的实验证明其有效性

*言简意赅，不啰嗦、不堆砌，通篇干货，思人所不能思，写人所不敢写

知乎作者赛博格Cyborg对交易系统框架、原理及构建的完美阐释

➡《交易的逻辑与艺术》

作者：陈侃迪

*作者将自己近年来在交易之路上的经验总结毫不吝啬地与读者分享，书中关于交易系统的四种情形和临界点、交易中不可能三角的描述分析，是国内难得的关于交易系统底层逻辑的原创思考

*只要在市场交易，你的交易系统就和市场状况、基本假设及仓位资金管理脱离不了关系，本书给了我们交易人最深刻的心灵深处的问题的解答

延伸阅读

➜《乌合之众：大众心理研究》

“《乌合之众》是一本可怕的书，他将社会大众的心理阴暗面毫不掩饰地暴露在阳光之下，别有用心的人甚至可以利用群体的种种心理弱点作为其权力与财富的抓手。”

——“金融大鳄”索罗斯

➜《大癫狂：非同寻常的大众幻想与群众性癫狂》

“数学不能控制金融市场，而心理因素才是控制市场的关键。更确切地说，只有掌握住群众的本能才能控制市场，即必须了解群众将在何时以何种方式聚在某一种股票货币或商品周围，投资者才有成功的可能。”

——“金融大鳄”索罗斯

“只要如此愚蠢的行为能够继续存在下去，那么一个真正理性的投资者始终有望利用大众的疯狂为自己谋利。具有常识的个体很容易觉察到集体的疯狂，个体将会借此获取巨额的利润。”

——查尔斯·麦基